古代歷史文化 研究輯刊

十七編

王明蓀 主編

第14冊

金朝宰相制度研究

孫孝偉 著

國家圖書館出版品預行編目資料

金朝宰相制度研究／孫孝偉 著 — 初版 — 新北市：花木蘭文
化出版社，2017〔民 106〕
目 4+234 面；19×26 公分
（古代歷史文化研究輯刊 十七編；第 14 冊）
ISBN 978-986-404-954-7（精裝）
1. 宰相制度 2. 金代
618   106001388

ISBN-978-986-404-954-7

古代歷史文化研究輯刊
十七編　第十四冊　　　　　ISBN：978-986-404-954-7

金朝宰相制度研究

作　　者　孫孝偉
主　　編　王明蓀
總 編 輯　杜潔祥
副總編輯　楊嘉樂
編　　輯　許郁翎、王筑　美術編輯　陳逸婷
出　　版　花木蘭文化出版社
社　　長　高小娟
聯絡地址　235 新北市中和區中安街七二號十三樓
　　　　　電話：02-2923-1455／傳眞：02-2923-1452
網　　址　http://www.huamulan.tw 信箱 hml810518@gmail.com
印　　刷　普羅文化出版廣告事業
初　　版　2017 年 3 月
全書字數　217250 字
定　　價　十七編 34 冊（精裝）台幣 68,000 元　　　版權所有・請勿翻印

金朝宰相制度研究

孫孝偉 著

作者簡介

孫孝偉，1972 年生於遼寧省建平縣，歷史學博士，營口理工學院副教授，研究方向為遼金史、中國政治制度史、文化史。曾師從吉林大學武玉環先生攻讀碩士、博士學位，在中國大陸《學習與探索》、《北方論叢》、《北方文物》等學術期刊發表論文近 20 篇。

提　　要

一、緒論：界定基本概念，分析選題的原因和價值，述評研究現狀，總結創新點和難點，闡釋研究思路。

二、正文：對金朝宰相制度進行全面的研究。

金朝宰相制度有兩個來源，其一是女眞舊制，其二是唐、宋、遼三朝的宰相制度。金朝宰相制度經過了長期的演變過程。

金朝宰相，實際任職人數，是 159。皇帝掌握宰相的任命。金朝宰相的出身，在入仕途徑、前任職務、民族宗族、地域分佈上，有所不同。金朝宰相任職過程中，以逐級升遷為主。金朝宰相的去職，有出任其它職官、削職為民、致仕和死亡四種情況。

金朝宰相有議政權和行政權。金朝宰相行使議政權的途徑，是御前奏事和御前議事，尚書省會議，主持百官集議和個人疏奏、接受咨詢、諫諍、封駁。金朝宰相行使行政權的途徑，是發佈命令、監督執行、親自處理政務和兼領其它職務。

金朝宰相間、宰相與左右司、六部、樞密院（元帥府）、臺諫、近侍的關係，以及金朝宰相與皇帝的關係，是由皇帝控制、以宰相群體為中心、推動朝政運行的關係。

綜上所述，金朝時期，宰相制度是政治制度的中心。金朝宰相制度的特點有三：一是宰相多級多員，種族交參，堅持女眞至上的原則；二是議政和行政合一；三是君主臣輔，君定臣行。金朝宰相制度是中國古代宰相制度史上的一環，具有重要的地位。

目
次

緒　論

一、基本概念的界定

本選題題目爲「金朝宰相制度研究」，故須界定題目中「宰相」一詞的涵義。

現代學者中，最早對宰相進行專題研究的當屬李俊先生，其在《中國宰相制度》中，認爲宰相是「對君主負其責任」的「君主之幕僚長」〔註1〕。當代學者祝總斌先生在《兩漢魏晉南北朝宰相制度研究》中提到宰相，認爲「根據我國兩千多年的宰相歷史，它必須具備兩個條件，缺一不可，即必須擁有議政權，和必須擁有監督百官執行權」〔註2〕。他們對「宰相」一詞的理解，在學術界得到認同。

李俊先生在其《中國宰相制度》中提出，「在國家組織尚未確實形成，君權尚未確實建立之際，雖政治社會上已或不免有『宰』或『相』或其它類似之名，但均非宰相之實」〔註3〕，這一點已經得到學界的認同。生女眞完顏部在景祖至康宗時期，國家政權尚未形成；金朝太祖、太宗時期，國家政權雖然已經形成，但皇帝與大臣的地位相對平等，全國集權於中央、中央集權於皇帝的政治制度尚未確立。因此，這兩個時期的國相和勃極烈，是與宰相有區別的概念。所以，本選題不對國相和勃極烈做具體而全面的研究，僅從金

〔註1〕 李俊：《中國宰相制度》，商務印書館 1947 年，第 1 頁。
〔註2〕 祝總斌：《兩漢魏晉南北朝宰相制度研究》，中國社會科學出版社 1990 年，第 5 頁。
〔註3〕 李俊：《中國宰相制度》，商務印書館 1947 年，第 1 頁。

朝宰相制度研究的需要出發，在二者與金朝宰相制度的來源的關係方面作一定的考察。

金朝時期有領三省事一職。領三省事是金熙宗時期官制中輔佐天子、統領百官、平章萬機的重臣，如宗翰、宗幹、宗弼任領三省事，「熙宗在位，宗翰、宗幹、宗弼相繼秉政，帝臨朝端默」〔註4〕，即是一例。因此，領三省事在政務運行中具有議政權和行政權，應是事實上的宰相。

金朝時期有尚書令、左丞相、右丞相各一員，平章政事二員。《金史》卷五十五《百官志一》「尚書省」條：「尚書令一員，正一品。總領紀綱，儀刑端揆。左丞相、右丞相各一員，從一品。平章政事二員，從一品。為宰相，掌丞天子，平章萬機。」〔註5〕其中，左丞相、右丞相各一員和平章政事二員是「宰相」，與本選題「金朝宰相制度研究」中的「宰相」一詞的涵義一致。但是，尚書令是否是「宰相」，需要辯證。

世宗時期，南宋范成大出使金朝，其《攬轡錄》中有關於金朝宰相的記載，即「所謂官制者，曰三師──太師、太傅、太保；曰三公──太尉、司徒、司空；曰尚書省，有令及左右丞相，又有平章政事，為宰相官」〔註6〕。宣宗時期，元好問為章宗時期的平章政事張萬公所作的神道碑文，即《平章政事壽國張文貞公神道碑》，其中有關於金朝宰相的陳述，即「自尚書令而下，左右丞相、平章政事二人，為宰相」〔註7〕。元朝史臣修《金史》，在《金史》卷八十九「贊」中提到「金制，尚書令、左右丞相、平章政事，是謂宰相。」〔註8〕上述三者的觀點說明，金朝官制中的尚書令，在當時的宋、金兩朝和嗣後的元朝學者看來是「宰相」。

金朝時期有左丞、右丞各一員，參知政事二員。《金史》卷五十五《百官志一》「尚書省」條：「左丞、右丞各一員，正二品。參知政事二員，從二品。為執政官，為宰相之貳，佐治省事」〔註9〕。《攬轡錄》中，有「左右丞、參

〔註4〕 《金史》卷63《熙宗悼平皇后傳》，中華書局1975年，第1503頁。

〔註5〕 《金史》卷55《百官志一》，中華書局1975年，第1217頁。

〔註6〕 〔宋〕徐夢莘：《三朝北盟會編》卷245，上海古籍出版社2008年6月第2版，第1759頁。

〔註7〕 〔金〕元好問：《平章政事壽國張文貞公神道碑》，《遺山先生文集》卷16，四部叢刊初編縮本，商務印書館1936年，第164頁。

〔註8〕 《金史》卷89「贊」，中華書局1975年，第1990頁。

〔註9〕 《金史》卷55《百官志一》，中華書局1975年，第1217頁。

知政事爲執政官」〔註10〕。《平章政事壽國張文貞公神道碑》中有「尚書左右丞、參知政事二人爲執政官」〔註11〕。《金史》卷八十九「贊」中提到「左右丞、參知政事，是謂執政」〔註12〕。四者一致。據此，左丞、右丞各一員，參知政事二員均爲執政。需要指出的是，在文獻中，左丞、右丞、參知政事雖名爲「執政」，但史料中，其掌握議政權和行政權的記載，與前引《金史》卷五十五《百官志一》的「宰相」相同。因此，從學術研究的角度看，《金史》卷五十五《百官志一》中的左丞、右丞、參知政事都是「宰相」。

綜上所述，本選題認爲，「金朝宰相制度研究」一題中的「宰相」一詞，與《金史》卷五十五《百官志一》中的「宰相」一詞的指涉範圍有所不同。《金史》卷五十五《百官志一》中的「宰相」僅指左丞相、右丞相、平章政事。「金朝宰相制度研究」一題中的「宰相」所指，是領三省事、尚書令、左丞相、右丞相、平章政事、左丞、右丞、參知政事。因此，本選題是以上述人員爲中心，以「金朝宰相制度研究」爲名，作整體的考察和研究的。

二、選題原因及價值

金朝是女眞族建立的政權，是兼制北方諸民族居住區和中原漢族居住區的王朝。正是由於這樣的特點，金朝對於民族融合，對於中國古代政治、經濟、文化的發展作出了突出貢獻。從這個角度來說，研究金朝歷史應該成爲中國史學工作者責無旁貸的責任和義務。宰相是金朝高級官員，宰相制度在金朝政治制度中具有重要地位。本文以金朝爲研究範圍，以宰相制度爲研究對象，以期揭示金朝皇帝與宰相的關係，以及金朝宰相制度的歷史作用、特點、歷史地位。

對金朝宰相制度進行全面和系統的研究具有三個方面的價值。

其一，宰相制度是金朝政治制度的中心，與中央行政、軍事、監察制度存在著全面的聯繫，與皇帝權力的消長有直接的關係。因此，對金朝宰相制度進行全面和系統的研究對於理解金朝中央決策和行政制度具有重要的意義。

〔註10〕〔宋〕徐夢莘：《三朝北盟會編》卷 245，上海古籍出版社 2008 年 6 月第 2版，第 1759 頁。

〔註11〕〔金〕元好問：《平章政事壽國張文貞公神道碑》，《遺山先生文集》卷 16，四部叢刊初編縮本，商務印書館 1936 年，第 164 頁。

〔註12〕《金史》卷 89「贊」，中華書局 1975 年，第 1990 頁。

其二，金朝是女眞族建立的政權。金朝宰相制度的來源和演變、金朝宰相的任免、金朝宰相的職權，以及金朝宰相制度與行政、軍事、監察等制度的關係，與其作爲一個以女眞族爲中心的多民族政權的特點密切相關。因此，對這些方面進行全面和系統的考察，能夠加深對金朝時期各民族的政治地位及其與金朝國家政權的關係的認識。

其三，歷史研究的目的在於給現實社會提供借鑒和指導。金朝宰相制度研究能夠爲當前中國的人事制度改革提供借鑒，對正確處理民族問題也當有所助益。

三、研究現狀述評

目前，在中國宰相制度研究領域，已有多部著作問世，如祝總斌先生的《兩漢魏晉南北朝宰相制度研究》、袁剛先生的《隋唐中樞體制的發展演變》、諸葛憶兵先生的《宋代宰輔制度研究》、張帆先生的《元代宰相制度研究》等。這些著作對本選題的研究有一定的啓發。但是，尚未見到對金朝宰相制度進行全面研究的著作。

儘管如此，長期以來，有爲數眾多的學者在與本選題相關的領域做了大量的工作，爲我們的研究奠定了基礎，創造了條件。

（一）金朝宰相制度的來源和演變

清黃大華有《金宰輔年表》〔註13〕，對金朝宰相和樞密使的任職年代進行了詳細的排比，是目前所見與此有關的最早的年表。在其年表中，黃大華對中書門下平章事和尚書省自領三省事至參知政事這兩類官員均視作宰相，將樞密院官員和尚書省官員均視作宰輔，與金朝實際情況有一定距離。因此，黃大華《金宰輔年表》雖具有一定的學術價值，但將其作爲對金朝宰相制度進行全面研究的基礎顯然是不合適的。

二十世紀三十年至六十年代之間，日本學者鳥山喜一、白鳥庫吉、三上次男等先生對金朝的太師和國相、孛堇和勃極烈、三省制和一省制進行了研究，其中以三上次男先生最具代表性，其著作集中在《金史研究》〔註14〕中。其後，中國大陸和臺灣地區的學者在這些方面進行了長期的考察。

在金朝宰相制度的來源上，三上次男先生認爲，金熙宗時期，把原來的

〔註13〕黃大華：《金宰輔年表》，二十五史補編本，中華書局 1955 年。
〔註14〕〔日〕三上次男：《金史研究》，中央公論美術出版社 1970～1972 年。

勃極烈宗翰、宗磐、宗幹任命爲師、傅、保，「並領三省事」。這是模仿唐代的「三省制」，並參考了遼制的結果。三上次男先生對有關三省的史料、三省設置的年代、具體的組織形式和權限進行考察，認爲這一制度雖然形式上和唐代相似，但是，和唐制最大的不同點，在於總括政務的宰相是尙書省的左、右丞相及受委託的平章政事；還有，左丞相兼作爲門下省長官的侍中，右丞相兼作爲中書省長官的中書令。這是和宋制的相似點。

　　楊樹藩先生在《遼金中央政治制度》〔註15〕一書的下部第一章「統治主體」的第二節「輔弼」部份，對三師領三省事的來源進行了論述，認爲是沿自遼朝制度。武玉環先生在《金朝中央官制的改革》一文中對唐、宋、金三朝中央官制進行了列表分析，認爲金朝中央官制來源於唐、宋。

　　三上次男先生把金朝官制分爲四個階段：（一）女眞族發迹前，在其發源地區，即「按出虎水」地區，有原始的「國相」制度。（二）阿骨打建國之初，有「勃極烈」制度。勃極烈體制到天會十三年（1135 年）被廢止，它在不同時期，在政權中的地位各不相同。三上次男先生對此過程進行了比較詳細的考察。（三）熙宗天會十三年的官制改革，廢除勃極烈制，採用尙書、中書、門下三省。（四）到了海陵王時代，正隆元年（1156 年），又廢除中書、門下二省，形成尙書省制度。尙書省爲唯一的最高宰相機構，尙書令爲全國最高行政長官。他具體地論證了尙書省的運作情況和各個官員的職能，並論證了尙書省確立的政治意義和有關問題。在從三省到一省轉變的原因上，三上次男先生認爲，一是體制上的必然，一是政治上的需要。他還指出，在整個金朝興亡過程中，三省制度也有相當的變化，最主要的特點，就是尙書省的不斷強化。

　　二十世紀四十年代，李俊先生在《中國宰相制度》一書的第四章「宋遼金元」部份對金朝宰相機構的演變作了一定篇幅的闡述。二十世紀六十年代，張金鑑先生在《中國政治制度史》〔註16〕第四章「宰輔制度」的第六節「近世的宰輔制度」部份對金朝尙書省職官設置有所述及。陶晉生先生在《金代的政治結構》〔註17〕一文中對金朝宰相有所涉及。三位學者的研究雖稍嫌簡略且偶有歧誤，但對金朝宰相制度的研究仍多有啓發。

〔註15〕楊樹藩：《遼金中央政治制度》，（臺北）商務印書館 1978 年。
〔註16〕張金鑑：《中國政治制度史》，三民書局 1978 年。
〔註17〕陶晉生：《金代的政治結構》，《歷史語言研究所集刊》41 本 4 分。

同一時期，楊樹藩先生的研究較為系統和深入。楊樹藩先生《遼金中央政治制度》〔註18〕是臺灣地區學者對金朝宰相制度進行研究的代表作。第二章「政務機構」第一節「尚書省」部份，楊樹藩對尚書省進行了研究。在「概說」部份，楊樹藩先生對宰相制度的沿革進行了闡述。在「組織」部份，楊樹藩先生對金代宰相機構的職官設置進行了表述。

二十世紀八十年代以來，趙冬暉、程妮娜、王世蓮、楊保隆、王景義等諸位先生對勃極烈制度進行了研究〔註19〕。他們的成果，增進了學界對勃極烈制度的理解，為探索金朝宰相制度的演變提供了條件。王曾瑜先生對「字董」與「勃極烈」的語義，以及對勃極烈制度的理解，與上述學者的觀點有所不同，為我們的研究提供了新的視角。〔註20〕

1987年，張博泉先生在《金天會四年「建尚書省」微議》〔註21〕一文中對金朝漢官制度的改革進行了分層次的研究，其觀點是：第一個層次，是踵遼時的南北面制度，在原遼南面漢人地區行漢官制，時間從太祖天輔七年（1123年）到太宗天會三年（1125年）。第二個層次是合遼、北宋制於一，出現在天會四年（1126年）滅亡北宋的年份中。第三個層次，始於太宗天會末，全面實行於熙宗時期，即在全國範圍內推行漢官制。第四個層次是第三個層次的發展和深化，廢除中書、門下二省，只存尚書省，把地域性的差異統一，最後完成金朝自己的官制。這樣的論述，體現了金朝尚書省演變的進程。

在吳宗國先生主編《中國古代官僚政治制度研究》的「回歸與創新——金元」部份〔註22〕，張帆先生把金朝一省制度的確立過程劃分為四個階段：一是太祖天輔七年至太宗天會四年；二是太宗天會四年至天會十二年（1134

〔註18〕楊樹藩：《遼金中央政治制度》，（臺北）商務印書館1978年。

〔註19〕趙冬暉：《金初勃極烈官制的特點》，《遼金史論集》第1輯，上海古籍出版社1987年，第371～380頁；程妮娜：《金代政治制度研究》，吉林大學出版社1999年，第3～37頁；王世蓮：《字董・勃極烈考釋》，《吉林大學社會科學學報》1987年4期，第49～53頁；楊保隆：《試談金代廢除勃極烈制度的最初動因》，《社會科學戰線》1994年1期，第185～192頁；王景義：《略論金代勃極烈制度的歷史作用》，《綏化師專學報》1996年4期，第76～79頁；《略論金代的勃極烈制度》，《社會科學輯刊》1997年第3期，第90～93頁。

〔註20〕王曾瑜：《金朝軍制》，河北大學出版社2004年，第1～4頁。

〔註21〕張博泉：《金天會四年「建尚書省」微議》，《社會科學輯刊》1987年第4期，第35～38頁。

〔註22〕吳宗國：《中國古代官僚政治制度研究》，北京大學出版社2004年，第310～339頁。

年）；三是太宗天會十二年至海陵王正隆元年；四是海陵王正隆元年以後。張帆先生的四個階段，與張博泉先生的四個層次，在觀點上有所異同。

趙冬暉、武玉環二位先生從政治制度改革方面對金朝宰相制度的演變進行了論述。其中趙冬暉先生《論金熙宗時期國家政體的轉變》〔註23〕一文對天會四年所建尚書省和天會十二年所建之三省的關係進行了說明。其觀點是：天會四年產生的三省機構，不是金朝的中央機構，而是設在燕雲地區，管理漢地事務的地區性的行政機構。天會十二年，三省在籌建之中。天會十三年建立三省六部。新的中央機構中，三省是新的中央機構的核心，而尚書省又是三省的核心。趙冬暉先生對政體變化的原因進行了分析，認爲政體變化的原因：第一，比較明顯的原因，是受中原封建專制政治制度的影響。第二，根本的原因，是女眞社會經濟關係的變化引起了改革政治體制的需要。

武玉環先生在《金朝中央官制的改革》〔註24〕一文中對金朝中央官制改革的原因進行了研究，認爲金朝中央官制改革的基本原因在於適應對漢族地區的統治和女眞族由奴隸制向封建制演變的需要，金朝統治階級內部的矛盾即皇權與相權、集權與分權的矛盾和中原封建制度、封建思想文化的影響與滲透是另外兩個原因。

程妮娜先生在《金代一省制度述論》和《論金代的三省制度》〔註25〕二文中對金朝的一省制度和三省制度進行了詳細的研究，對於一省制度和三省制度的演變和一省制度和三省制度下以宰相爲中心的職官設置等諸多問題提出了自己的見解。在《論金代的三省制度》中，程妮娜先生認爲，在天會四年詔書頒佈以後，金朝中央與中原同步進行改革，官制改革是自下而上，先建基層機構，後立最高機構。中原地區封建基礎比較雄厚，故於天會八年（1130年）初首先完成改革。天會十二年，金朝中央官制的改革尚未全面實行，太宗就去世了。天會十三年正月，熙宗即位，開始著手廢止金政權最高的奴隸制中央機構——國論勃極烈制度，全面實行封建三省六部制的改革。在宗幹等人的輔佐下，熙宗採取以相位易兵權、以相位易儲貳的方法消除了來自皇室內部的威脅，使三省制爲中心的中央官制改革得以成功。在《金代一省制

〔註23〕趙冬暉：《論金熙宗時期國家政體的轉變》，《遼金史論集》第 2 輯，書目文獻出版社1987 年，第 226～244 頁。

〔註24〕武玉環：《金朝中央官制的改革》，《北方文物》1987 年第 2 期，第 74～80 頁。

〔註25〕程妮娜：《金代一省制度述論》，《北方文物》1998 年第 2 期，第 66～71 頁；《論金代的三省制度》，《社會科學輯刊》1998 年第 6 期，第 107～113 頁。

度述論》中，程妮娜先生對海陵王時期的官制改革進行了研究，認爲金朝一省制度的特點是：第一，宰執人數減少，皇帝更加專制；第二，監察機構增加，尚書省內各主要機構間的制約關係加強；第三，軍事、經濟、文化機構健全，封建職能明顯加強。《金代一省制度述論》和《論金代的三省制度》是對金朝宰相機構尚書省的演變做總結性工作的兩篇文章。

（二）宰相的任免

李俊先生在《中國宰相制度》一書的第四章「宋遼金元」部份對金朝宰相的名稱和選任有一定的闡述。

楊樹藩先生在《遼金中央政治制度》一書的下部第二章「政務機構」的「宰執之任免」部份認爲，金朝宰相雖有漢人擔任，但原則上多用女眞人。宰相主政，其任用不循常資。任用宰相的標準不一，有以軍功選任者，有以練達政事而選任者，有以地方政府的高級首長選任者，有由行臺丞相選任者，有由執政遞陞者。金朝時期，宰相基於人君不納其言，或自身健康不佳，皆自動求免。宰相懈怠有司，天子則免其相職。同時，楊樹藩先生對金朝宰相的人選進行了分層次的考察，認爲金朝宰相除相位外，多封有爵位；金朝平章政事多以富於行政經驗，縱無過人之才，亦須性格淳厚者選充之；執政之選，除以有謀慮之士選充外，或以優異之地方長官或以中央各部首長升任。

同一時期，吳鳳霞、程妮娜、周峰、王德朋等四位先生從金朝宰相的任用政策的角度對金代宰相群體進行專題研究。

吳鳳霞先生對金朝宰相的民族成分進行了列表統計〔註 26〕，認爲自海陵王正隆年間至哀宗時期其民族成分有兩個明顯的變化特點：其一，世宗以後與海陵正隆年間不同，海陵正隆年間任相沒有明顯的民族界限，世宗時期及其以後女眞人囊括尚書令和左丞相職位；其二，世宗時期渤海人的比例較大，自章宗時期開始以女眞人和漢人爲主。

程妮娜先生《論金世宗、章宗時期宰執的任用政策》〔註 27〕一文從對宰相的任用的角度對金世宗和金章宗時期的宰相的民族和身份進行了考察，得出世宗和章宗時期對宰相的任用實行以女眞人爲主的政策、重用文人的政策

〔註 26〕吳鳳霞：《金代尚書省若干問題探討》，《遼金史論集》第 8 輯，吉林文史出版社 1994 年，第 206～216 頁。

〔註 27〕程妮娜：《論金世宗、章宗時期宰執的任用政策》，《史學集刊》1998 年第 1 期，第 17～23 頁。

和依靠皇親國戚的政策的觀點。

　　周峰先生撰文《略論完顏亮對宰執的任用》〔註 28〕對海陵王時期對宰相的任用進行了研究，對這個時期的宰相進行了分類整理，認爲海陵王完顏亮任用的宰相有四種人：謀弒熙宗集團成員、宗室及親戚故舊、前朝舊臣和提拔的新人。周峰先生認爲，海陵王時期宰相的特點有：一是出任宰相人員的民族成分包括了當時的女眞、漢族、契丹、渤海、奚族等主要民族，倚重女眞人，而以其它民族爲輔；二是完顏亮所任用的宰相，大部份都是前朝所任用的大臣；三是完顏亮所任用的宰相中，政績出色的很少，而多貪鄙、平庸之人；四是由於完顏亮對宰相缺乏應有的尊重，經常予以杖責，因而宰相難免時刻惴惴不安，不求有功，但求無過，也就難免有何政績。周峰先生的結論是完顏亮的宰相任用政策是失敗的。

　　王德朋先生在《金代漢族士人研究》一書，涉及金朝後期宰相的任用問題〔註 29〕，認爲宣宗和哀宗兩朝漢人任左右丞相和平章政事的數量呈明顯增長趨勢。

　　吳鳳霞、程妮娜、周峰、王德朋等四位先生的研究爲我們對金朝宰相進行群體研究提供了思路。

（三）宰相職權的行使

　　清代學者趙翼《廿二史箚記》卷二十八「金初漢人宰相」條和「金中葉以後宰相不與兵事」條〔註 30〕，對金朝初期的漢人韓企先任宰相一事的標誌性意義以及金朝中葉以後宰相在軍事方面的職權的變化有所關注。

　　三上次男先生對宰相的權限有所考察，惜失之簡略。李俊先生在《中國宰相制度》一書的第四章「宋遼金元」部份對金朝宰相的權限有所論述〔註 31〕，惜失之簡略且多有歧誤。

　　在《遼金中央政治制度》一書的下部第二章「政務機構」第一節「尙書省」的「職權」部份，楊樹藩先生認爲宰相有政策奏請權、人事權、對百官監督權、對地方各機構指揮權、對皇帝諫諍權等權力。宰相在越權的情況下，

〔註 28〕周峰：《略論完顏亮對宰執的任用》，《哈爾濱學院學報》2002 年第 5 期，第 109～115 頁。

〔註 29〕王德朋：《金代漢族士人研究》，中國社會科學出版社 2006 年，第 94～99 頁。

〔註 30〕〔清〕趙翼撰，王樹民校證：《廿二史箚記校證》，中華書局 1984 年，第 642 頁。

〔註 31〕李俊：《中國宰相制度》，商務印書館 1947 年，第 172～252 頁。

負有懲戒處分之責。天子有合法正當之詔命，宰相必須執行，故有承詔奉行之責。值得注意的是，楊樹藩先生對金朝宰相職權的研究中運用了通過研究決策程序對宰相職權進行動態考察的方法，對我們的研究具有方法學上的指導意義。

（四）宰相間、宰相與左右司、宰相與其它中央機構的關係

在吳宗國先生主編的《中國古代官僚政治制度研究》一書中，張帆先生在「回歸與創新——金元」部份從中國古代政治制度發展的角度對金元時期的宰相制度做了一定篇幅的論述〔註 32〕，對金元尚書省僚屬機構左右司進行了探索，對尚書省下屬各個機構進行了細緻的考證和分析，對其職官設置進行了研究。在這樣的研究中，作者對金朝與元朝的政治制度的繼承關係給予了關注。

在現存成果中，有王曾瑜、程妮娜、徐松巍、蔣松岩、李錫厚、周峰等諸位先生對金朝樞密院、臺諫、近侍等方面所作的研究〔註 33〕，但尚未見到從宰相與樞密院、臺諫、近侍的關係的角度進行專題研究的文章，這給我們的研究奠定了基礎，又留下了一定的空間。

（五）宰相與皇帝的關係

劉肅勇先生《論金世宗分相權》對金朝皇權與相權問題進行了研究〔註 34〕，認為金世宗對中樞班子控制極嚴，除了在集體議事的形式下，還施用一些權術，駕馭這個群體。其一，是當朝一品尚書令虛位不設，或令一些老臣暫時充任。其二，是左丞相和右丞相同時設置，權限平等，互相牽制。其三，是宰相的使用和提拔，本著順格登階梯式的步步升遷政策，並用資格老、親屬近及敢於抨擊時弊的御史大夫監察宰相，使其小心翼翼。其四，是對一些朝臣施以特殊恩惠，使其不忘皇恩，不與不忠不肖之徒同謀不軌。其五，是

〔註 32〕吳宗國主編：《中國古代官僚政治制度研究》，北京大學出版社 2004 年，第 310～339 頁。

〔註 33〕程妮娜：《金朝前期軍政合一的統治機構都元帥府初探》，《吉林大學社會科學學報》1999 年第 3 期，第 27～31 頁；程妮娜：《金前期軍政合一機構都元帥府職能探析》，《史學集刊》2000 年第 2 期，第 17～21 頁；王曾瑜：《金朝軍制》，河北大學出版社 2004 年，第 10～14 頁；徐松巍：《金代監察制度特點芻議》，《求是學刊》1991 年第 3 期，第 83～86 頁；程妮娜：《金代監察制度探析》，《中國史研究》2000 年 1 期，第 109～116 頁；李錫厚：《金朝的「郎君」與「近侍」》，《社會科學輯刊》1995 年第 5 期，第 104～109 頁；周峰：《金代近侍初探》，《內蒙古社會科學》1998 年第 2 期，第 33～37 頁。

〔註 34〕劉肅勇：《論金世宗分相權》《社會科學輯刊》1988 年第 3 期，第 75～77 頁。

把兵權控制在手中，並使文臣與武將分權。這些措施確保大定王朝的長治久安的同時也產生了一些弊端：金世宗晚年同樣受到了群小的包圍；對忠順者寵愛備至不思更新，導致大定晚期中樞要臣的普遍老齡化；特別看重上層官員的控制和配備而忽視基層，致使大定朝地方吏治效率低下。

在吳宗國先生主編的《中國古代官僚政治制度研究》一書的「回歸與創新──金元」部份，張帆先生集中闡述了對金朝皇權的觀點，涉及金初的貴族政治和金朝皇權的上升兩個方面，在邏輯上形成了一定的對比。〔註35〕張帆先生在金朝皇權方面的研究，對於加深學界對金朝皇權與相權的消長的認識，是十分必要的。

張博泉、羅繼祖、宋德金、董克昌、崔文印、王德忠、程妮娜、楊軍、周峰等諸位先生對金朝太祖、太宗、熙宗、海陵王、世宗、章宗的研究〔註36〕，加深了對於金朝皇帝的認識，爲本選題展開對金朝皇權與相權關係的考察提供了條件。

此外，張博泉、王可賓、范壽琨、齊心、方衍、辛更儒、梁錦秀等諸位先生對金朝宰相進行了個案研究〔註37〕，涉及金朝宰相完顏宗翰、完顏宗幹、完顏希尹、完顏宗弼、韓昉、蔡松年、李石、梁肅、高汝礪等二十餘人。其

〔註35〕吳宗國主編：《中國古代官僚政治制度研究》，北京大學出版社 2004 年，290～297 頁。

〔註36〕張博泉、程妮娜：《完顏阿骨打略論》，《遼金史論集》第 1 輯，上海古籍出版社 1987，第 336～356 頁；張博泉：《試論金世宗的治世思想及其得失》，《北方文物》1983 年 3 期，第 1～9 頁；羅繼祖：《完顏亮小議》，《遼金史論集》2 輯，書目文獻出版社 1987 年，第 256～261 頁；宋德金：《金章宗簡論》，《民族研究》1988 年 4 期，第 55～64 頁；董克昌：《怎樣評價完顏亮的功過──兼與劉肅勇同志商榷》，《北方文物》1989 年 4 期，第 62～68 頁；崔文印：《略論金海陵王完顏亮的評價問題》，《遼金史論集》第 1 輯，上海古籍出版社 1987 年，第 357～360 頁；王德忠：《金世宗與宋孝宗之比較研究》，《史學月刊》1999 年 6 期，第 37～42 頁；楊軍：《金熙宗心理變態原因初探》，《吉林大學古籍研究所建所二十週年紀念文集》，吉林文史出版社 2004 年，第 270～284 頁；劉肅勇：《金世宗傳》，三秦出版社 1986 年；周峰：《完顏亮評傳》，民族出版社 2002 年；周峰：《金章宗傳》，中國廣播電視出版社，2003 年。

〔註37〕張博泉：《略論完顏宗弼》，《學習與探索》1983 年第 5 期，第 122～128 頁；王可賓：《完顏希尹新證》，《史學集刊》1989 年第 2 期，第 17～21 頁；《完顏希尹新解》，《北方文物》1996 年第 4 期，第 56～62 頁；范壽琨：《李石族屬新證》，《學習與探索》1983 年第 5 期，第 142～142 頁；范壽琨：《關於金朝重臣李石的幾個問題考證》，《社會科學戰線》1988 年第 3 期，第 141～143 頁；齊心：《略論韓昉》，《遼金史論集》第 3 輯，書目文獻出版社 1987 年，第 220～227 頁；方衍：《論金兀朮》（上下）《黑龍江民族叢刊》1987 年第 2、3 期，第 62～66 頁、第 56～60 頁；辛更儒：《有關完顏宗弼生平和評價的幾個問題》，《學習與探索》1993 年第 6 期，第 131～137 頁；梁錦秀：《論金代漢族宰相高汝礪》，《民族研究》1998 年第 2 期，第 74～84 頁。

中，對於金朝宰相完顏希尹和完顏宗弼的研究最爲充分，各有論文二十餘篇和十餘篇之多。這些學者的研究，多涉及金朝宰相的出身、仕歷、軍功、政績等方面，爲我們對金朝宰相進行群體考察提供了方便。

通過對現有現有成果的梳理，我們認爲，長期以來，金朝宰相制度一直是中外學術界關注的焦點。中外學術界在金朝宰相制度相關課題上取得了一定數量的成果，這些成果加深了我們的認識，爲我們的研究奠定了基礎，創造了條件。

同時，也應注意到，學術界對金朝宰相制度的研究尚存在著若干需要加強的地方。

其一，目前學術界對於金朝宰相機構與勃極烈貴族會議，以及金朝宰相機構與唐、宋、遼三朝宰相機構的繼承關係上的考察較爲全面，但在金朝宰相制度的來源問題上的意見尚不夠統一；雖然對於金朝官制的改革取得了比較一致的觀點，但對於金朝宰相制度的演變所作的研究不多。這個方面的研究，需要進一步加強。

其二，目前學術界對宰相的前任任職機構的考察不多；在宰相的選任方面的研究成果尚顯單薄，觀點也不夠統一；對宰相的免職安排的專題研究尚未出現；對宰相個體的考察多集中在女眞族宗室貴族出身的宰相上，對於漢、渤海、奚、契丹等其它民族，以及女眞族一般貴族和平民出身的宰相的關注不夠。因此，這個方面的研究亦有待加強。

其三，相關研究成果多是對於金朝宰相職權的靜態考察，對於中央決策和執行程序中的金朝宰相職權進行動態考察的成果不多。這樣一來，對宰相職權的行使過程和行使方式的考察不全面和不深入，直接影響到對宰相職權的全面認識。

其四，目前學術界對金朝的行政制度、軍事制度、監察制度和近侍制度的研究很多，但是對宰相間、宰相與左右司、宰相與六部、宰相與樞密院、臺諫、近侍的關係的考察很少，這直接影響到對皇帝與宰相關係的認識和理解。

其五，當前學術成果對金朝皇帝的研究多集中在金朝前、中期諸帝，對衛紹王、宣宗和哀宗的研究不多；對皇權與相權多是從政治集團之間關係的角度有所涉及，對二者之間的關係進行專題研究的僅有一篇，這樣的局面對於全面理解金朝皇帝與宰相之間關係是不夠的。金朝宰相制度是中國古代宰

相制度發展過程的一個中間環節，這樣的局面對於理解金朝時期中央集權的
程度也是不夠的。因此，這個方面的研究需要加強。

　　綜上所述，目前學術界對金朝宰相制度的研究已經積纍了一定的基礎性
和方向性成果，是進一步研究的有利條件。但是，我們也應該注意到，目前
學術界對金朝宰相制度的研究仍不夠全面和不夠深入。特別值得注意的是，
對於金朝宰相制度進行全面和系統的研究的著作尚未出現，這與宰相制度作
爲金朝政治制度的中心的地位是不相稱的。因此，在梳理史料的基礎上，考
察金朝宰相制度的來源和演變，宰相的任免，宰相職權的行使，宰相間、宰
相與左右司、宰相與六部、宰相與樞密院、臺諫、近侍的關係，揭示金朝皇
帝與宰相的關係，揭示金朝宰相制度的作用、特點，以及金朝宰相制度在中
國古代王朝宰相制度史中的地位，是十分必要的。

四、創新點和難點

（一）創新點

本書在以下一些方面取得了突破和創新。

1、探索金朝宰相制度與女眞國相制和勃極烈制的關係，探索金朝宰相制
　　度與唐、宋、遼宰相制度關係，在宰相的職官名稱、運行方式、控制
　　機制方面，進行整合性闡述，並分階段闡述金朝宰相制度的演變。

2、界定金朝宰相的範圍，確定金朝宰相人數爲 159，製作《金朝宰相簡
　　表》，列其姓名與史料來源。在此基礎上，製表 30 個，全面分析金朝
　　宰相的出身、陞降、任職時間、去職安排。

3、闡述金朝宰相的議政權和行政權的行使途徑，即御前奏事和御前議
　　事，尚書省會議，主持百官集議和個人疏奏、接受咨詢、諫諍、封駁，
　　與發佈命令、監督執行、親自處理政務、兼領其它職務，考察金朝的
　　中央決策體制和行政體制。

4、理清金朝宰相與樞密院、宰相與臺諫、宰相與近侍的關係，對清朝學
　　者趙翼「金中葉以後宰相不與兵事」〔註38〕的觀點進行辨析，指出其
　　與史實不符。

5、考察金朝皇帝對宰相的控制機制。在此基礎上，分階段闡述金朝皇帝

〔註38〕〔清〕趙翼著，王樹民校證：《廿二史箚記校證》，中華書局 1984 年，第 642
　　　　頁。

與宰相的關係。這些，實際上也是對金朝皇權與相權消長的考察。

6、總結金朝宰相制度的歷史作用，指出金朝宰相制度的三個特點，確定其在中國宰相制度史上的地位。

（二）難點

本選題在研究過程中將遇到的主要困難是，按研究思路，相關研究成果不多；在已有研究成果中，在一些問題的認識上有分歧。所以，在研究的過程中，需要對各種史料進行全面的搜集整理和分類排比，並對相關研究成果中的分歧進行系統辨析。同時，需要統計大量的相關數據，並列表考察。本人踏入金史研究領域的時間短，在理論修養、知識儲備、方法訓練等各個方面都不夠。因此，從事本論題的研究，對本人而言，是具有一定難度的一個問題。

五、研究思路

本選題在對金朝宰相制度進行研究的過程中，把「二重證據法」作為基礎性的研究方法，以《金史》為主要史料來源，同時大量運用筆記、地方志、會典會要、歷代類書等傳世文獻和官印、碑刻等考古資料，並對其中的歧異之處進行辨析，力爭對本選題中的若干專題逐一考察，從而形成一個全面而系統的研究成果。

第一，在歷史唯物主義指導下，以唯物辯證法的方法論為基礎，通過對金朝宰相制度史料的梳理、分析和考辨，在宰相職位的設置情況、宰相制度的運行方式、皇帝對宰相的控制機制方面，力圖釐清與金朝宰相制度來源有關的基本線索，分析相關問題。在此基礎上，運用歷史學的研究方法，對金朝宰相制度的演變分階段進行闡述，以期展示金朝宰相制度的動態發展過程。

第二，在歷史唯物主義指導下，以唯物辯證法的方法論為基礎，用歷史學和統計學相結合的方法，通過對史料的梳理和統計，對金朝宰相的人數和宰相任免的決策過程、宰相的出身、宰相職位的陞降、宰相的任職時間、宰相的去職安排進行動態的考察。

第三，在歷史唯物主義指導下，以唯物辯證法的方法論為基礎，用歷史學的方法，在對有關史料進行整理和分析的基礎上，對金朝宰相的議政權和行政權及其行使過程進行全面的動態的考察，力圖再現金朝時期以宰相機構為中心的決策和執行體制的整體面貌。

　　第四，金朝時期，宰相間、宰相與左右司、宰相與六部，宰相與其它中央機構保持聯繫。因此，本選題採用歷史學與行政學相結合的方法，從宏觀上對宰相間、宰相與左右司、宰相與六部、宰相其它中央機構的關係進行全面考察，用以說明各個雙方之間的合作及皇帝控制宰相的情況。

　　第五，金朝時期，宰相在政務運行中的地位、皇帝對宰相的控制機制、皇帝與宰相的關係是宰相制度研究的中心內容之一。因此，本選題採用歷史學和行政學相結合的方法，在確定金朝宰相在政務運行中的地位的基礎上，對金朝時期皇帝對宰相的控制機制進行考察，並分階段闡述金朝皇帝與宰相的關係。

　　由於時間和精力所限，主要是學識有限，書稿雖勉強完成，但錯謬難免，因以師友見教為盼。

第一章　金朝宰相制度的來源和演變

金朝宰相制度，與女眞舊制和中原王朝的宰相制度有一定的淵源。有金一代，在百二十年中，金朝宰相制度從萌芽到衰落，經過了長期的演變的過程。這些，是本章需要考察的問題。

第一節　金朝宰相制度的來源

金朝宰相制度的來源，是一個需要進行全面研究的課題。在耙梳史料和分類排比的基礎上進行考察，筆者認爲，金朝宰相制度的來源有兩個：一是女眞舊制，二是唐、宋、遼三朝的宰相制度。

一、金朝宰相制度來源之一

金朝宰相制度的來源之一，是女眞舊制中的國相制和勃極烈制。國相制和勃極烈制雖有一定的承接關係，但二者又有一定的區別。

（一）國相制

有關史籍中，能夠檢索到「國相」一詞。「國相」在金史學界是一個眾說紛紜的問題。

1、含義

「國相」有兩種書寫方式，其一是女眞文，其二是漢文。

「國相」一詞，出現在《大金得勝陀頌碑》、《金史》、《三朝北盟會編》。其中，《大金得勝陀頌碑》中，女眞文和漢文的「國相」同時出現。《金史》和《三朝北盟會編》中，僅有漢文「國相」出現。這三種史料，是學界探索「國相」含義的主要依據。

　　對女眞文「國相」的含義的探索，學界一般以《大金得勝陀頌碑》中的「國相」爲依據。王可賓先生根據金啓孮先生《女眞文辭典》推證，「國相」的本意爲「國之衆部長」，也可釋爲「國論衆勃菫」。〔註1〕愛新覺羅·烏拉熙春先生認爲，「國相」的女眞語對應詞義是「永生的智者」〔註2〕。

　　對漢文「國相」的含義的探索，學界一般以《大金得勝陀頌碑》、《金史》、《三朝北盟會編》中的「國相」爲依據。

　　《大金得勝陀頌碑》，大定二十五年（1185年）立，上距金朝開國，已經有七十年。《大金得勝陀頌碑》中的文字來源有二，一是《太祖睿德神功碑》，一是所謂《實錄》。《太祖睿德神功碑》，立於天會十三年。所謂《實錄》，或是成書於皇統三年（1143年）的《祖宗實錄》，或是成書於皇統八年（1148年）的《太祖實錄》。因此，《太祖睿德神功碑》中的「國相」一詞，其出現的時間，均不會早於天會十三年。

　　《金史》卷一《世紀》載「肅宗，遼重熙十一年壬午歲生，在父兄時號國相。國相之稱不知始何時。初，雅達爲國相。雅達者，桓赧、散達之父也。景祖以幣馬求之於雅達，而命肅宗爲之。」〔註3〕這是《金史》中與「國相」一詞有關的最早的記載。但是，《金史》卷一《世紀》來源於《祖宗實錄》，因此，據《金史》卷一《世紀》推測「國相」的出現的最早時間，僅能至皇統三年。

　　《三朝北盟會編》中的「國相」一詞的出現，較《太祖睿德神功碑》、《祖宗實錄》和《太祖實錄》中「國相」一詞出現爲早。

　　《三朝北盟會編》卷五，有與金、宋結盟滅遼有關的史料，即「曷魯自海上歸，阿骨打意朝廷絕之也，乃命其弟固論國相勃極列並黏罕、兀室悉師渡遼」〔註4〕，其中「固論國相勃極列」是斜也，即完顏杲。此事，時間是宋宣和三年（1121年），即金天輔五年。《三朝北盟會編》卷十一引《燕雲奉使錄》，有「良嗣朝辭，令其國相蒲結奴傳言」〔註5〕云云。其中，「蒲結奴」《金史》作「蒲家奴」，即完顏昱。此事，時間是宣和四年，即金天輔六年（1122

〔註1〕　王可賓：《遼代女眞官制考略》，《史學集刊》，1990年第4期，第18～21頁。
〔註2〕　〔日〕愛新覺羅·烏拉熙春：《<大金得勝陀頌碑>女眞文新釋》，《女眞語言文字新研究》，明善堂2002年，第159頁。
〔註3〕　《金史》卷1《世紀》，中華書局1975年，第11頁。
〔註4〕　〔宋〕徐夢莘：《三朝北盟會編》卷5，上海古籍出版社2008年6月第2版，第33頁。
〔註5〕　〔宋〕徐夢莘：《三朝北盟會編》卷11，上海古籍出版社2008年6月第2版，第78頁。

年）。這些，據筆者所見，是與「國相」一詞有關的較早的記載。

　　《三朝北盟會編》一書，成書於南宋光宗紹熙五年（1194 年），其所引史料在此前已存在。前引《三朝北盟會編》卷五原文，其出處未明，或引自《北征紀實》。前引《三朝北盟會編》卷十一《燕雲奉使錄》，是金宋海上聯盟期間，北宋使臣趙良嗣（原名馬植）出使金朝的言行記錄。因此，漢文「國相」一詞出現在北宋宣和、金朝天輔年間，雙方聯盟期間北宋使臣的言行記錄中。但是，宣和五年（1123 年）、宣和六年（1124 年）間，「國相」一詞的出現較少，其原因一方面是雙方的聯盟這時有所鬆動，使臣往來有所間斷；一方面可能是北宋使臣對「國相」一詞尚不習慣，只是偶而一用。「國相」一詞的大量出現，是在北宋使臣馬擴《茅齋自敘》中，其時是宣和七年（1125 年），即金天會三年，是馬擴與宗翰交涉山後之地時，與宗翰的對話。《茅齋自敘》已佚，但《三朝北盟會編》引文具在可證。

　　王可賓先生認為，《金史》中的「國相」是比附於漢官制的宰相，是漢化了的意譯。〔註 6〕這種觀點，是有一定的道理的。北宋使臣的言行記錄，往往把金朝皇帝稱作「國主」。「國相」一詞，在《三朝北盟會編》中，是與「國主」並稱的。勃極烈是金朝皇帝的輔政大臣，稱作「國相」，自有其合理性。

　　筆者推測，漢文「國相」一詞，本是北宋使臣在言行記錄中對金朝勃極烈的一種稱呼，在宋金交涉中由宋入金。此後，出現在宋金雙方的官方文書中。金朝「實錄」採用「國相」一詞〔註 7〕，作為女真文「國相」的對應詞，

〔註 6〕　王可賓：《女真國俗》，吉林大學出版社 1988 年，第 149 頁。

〔註 7〕　檢索《金史》卷 66《勗傳》，有「女直既未有文字，亦未嘗有記錄，故祖宗事皆不載。宗翰好訪問女直老人，多得祖宗遺事。」「天會六年，詔書求訪祖宗遺事，以備國史，命勗與耶律迪越掌之。勗等採掇遺言舊事，自始祖以下十帝，綜為三卷。凡部族，既曰某部，復曰某水之某，又曰某鄉某村，以別識之。凡與契丹往來及征伐諸部，其間詐謀詭計，一無所隱。事有詳有略，咸得其實。」和其皇統元年和八年，撰成《祖宗實錄》3 卷和《太祖實錄》20卷上呈熙宗事。詳《金史》卷 66《勗傳》，中華書局 1975 年，第 1558—1559頁。又，檢索《金史》卷 73《阿离合懣傳》，有「（阿离合懣）為人聰敏辨給，凡一聞見，終身不忘。始未有文字，祖宗族屬時事並能默記，與斜葛同修本朝譜牒。見人舊未嘗識，聞其父祖名，即能道其部族世次所出。或積年舊事，偶因他及之，人或遺忘，輒一一辨析言之，有質疑者皆釋其意義。」和「天輔三年，寢疾，宗翰日往問之，盡得祖宗舊俗法度。」詳見《金史》卷 73《阿离合懣傳》，中華書局 1975 年，第 1672 頁。由此推斷，阿离合懣述祖宗事，宗翰記錄，為勗作《祖宗實錄》和《太祖實錄》時採用，應是合理的。

爲《大金得勝陀頌碑》所採用。

2、職掌

史載，景祖擔任生女眞部族節度使，「既爲節度使，有官屬，紀綱漸立矣」〔註8〕。「國相」是「官屬」之一。張博泉先生認爲，「國相」是部落聯盟內的輔佐酋長的官職。〔註9〕但是，在文獻中，「國相」的職掌是不固定的。世祖時，肅宗擔任「國相」，「盡心匡輔」〔註10〕，他的職掌集中在帶兵出征和與遼聯絡兩個方面。撒改在穆宗、康宗、太祖時擔任「國相」，文獻中有其帶兵出征的記載，這是與肅宗擔任「國相」時的職掌相一致的。但是，檢索文獻，未能發現撒改擔任「國相」時與遼聯絡的記載。撒改「自始爲國相，能馴服諸部，訟獄得其情」〔註11〕，說明其負責「訟獄」，這是肅宗擔任「國相」時所不具備的職掌。至於撒改與太祖「分治諸部」〔註12〕，則更與肅宗擔任「國相」時的職掌不同了。因此，在生女眞完顏部，「國相」是「官屬」之一，但其職掌不固定，與帝制時期的官僚不能同日而語。

因爲「國相」的職掌不固定，所以肅宗和撒改在擔任「國相」期間，「國相」實力增強，沒有明顯的制度性約束。世祖時期，肅宗擔任「國相」，帶兵出征和與遼聯絡。世祖去世，肅宗自國相即位。肅宗在位三年，未再任命「國相」。穆宗時，撒改開始擔任國相，經康宗至太祖時，帶兵出征、掌「訟獄」、與太祖「分治諸部」，其力量逐漸與部長相匹敵。因此，金朝立國前兩任國相，因長期任職，都經歷了一個力量發展壯大的過程，且有一自國相即位，只是當時血緣關繫緊密，內部不曾分裂。但是，國相已經是引起爭端的職位了。世祖時，桓赧和散達作難，眾多部落牽涉其中，即與「國相」由生女眞完顏部擔任有直接關係。穆宗繼位，「諸父之子習烈、斜鉢及諸兄有異言，曰：『君相之位，皆渠輩爲之，奈何？』歡都曰：『汝輩若紛爭，則吾必不默默但已。』」〔註13〕因此，「國相」是一集中重權、眾人覬覦的職位。

金朝建立前，部落聯盟首領有「近僚集團」，參與合議與出征，「國相」當是近僚集團成員之一。「國相」實力的壯大，部落聯盟首領的權力直接受到

〔註8〕 《金史》卷1《世紀》，中華書局1975年，第5頁。
〔註9〕 張博泉：《金史簡編》，遼寧人民出版社1984年，第50頁。
〔註10〕 《金史》卷1《世紀》，中華書局1975年，第11頁。
〔註11〕 《金史》卷70《撒改傳》，中華書局1975年，第1615頁。
〔註12〕 《金史》卷70《撒改傳》，中華書局1975年，第1614頁。
〔註13〕 《金史》卷68《歡都傳》，中華書局1975年，第1594頁。

影響。金朝建立，按景祖以來部落聯盟首領繼承的慣例，「國相」撒改具有繼承皇位的資格。太祖想要確保本系兄弟傳承皇位，只能降低其地位和削弱其權力。所以，收國元年（1115 年）七月，實行勃極烈制，「國相撒改爲國論勃極烈」〔註 14〕。從此，「國相」的特殊地位被取消，諸勃極烈共治國政，金朝的中央政治制度開始建立起來。

　　總之，在金朝建立前後，「國相」制與勃極烈制有一定的承接關係。從這個意義上來說，「國相」制與金朝宰相制度有一定的淵源。但是，「國相」雖有「相」名，但不是「宰相」，對金朝宰相制度的影響不大。

（二）勃極烈制

　　勃極烈一詞，有學者認爲是孛堇一詞的音轉〔註 15〕，有學者認爲是孛堇一詞的異譯〔註 16〕或岐譯〔註 17〕，二者音近，是毋庸置疑的。本處所論，是以生女眞完顏部爲中心的部落聯盟時期和金朝太祖、太宗、熙宗三朝具有主政和輔政地位的勃極烈爲主要目標的；孛堇和勃極烈的關係，不是研究的重點。

　　勃極烈制，與生女眞部落聯盟時期首領身邊的近僚集團有淵源。檢索《金史》，有十七人在世祖時與其關繫緊密。其中「歡都、冶訶及劾者、拔達、盆納五人者，不離左右，親若手足」，是「元勳之最著者」〔註 18〕。五人中，以冶訶與歡都爲例，二人「常在世祖左右，居則與謀議，出則泝行陣，未嘗不在其間」〔註 19〕。從中，不難發現景祖以來「官屬」理政的一般情況，即謀議與出征。金朝勃極烈的職掌，與部落聯盟時期近僚們理政的範圍大致相同。

　　作爲生女眞以完顏部爲中心的部落聯盟的首領，都勃極烈出現的年代，有景祖〔註 20〕、穆宗〔註 21〕、太祖〔註 22〕三說。根據史實推測，「太祖」說更

〔註 14〕　《金史》卷 2《太祖紀》，中華書局 1975 年，第 27 頁。
〔註 15〕　張博泉先生的觀點是「孛堇係女眞語，勃極烈是孛堇的轉訛」，詳見《金史論稿》第 1 卷，第 97 頁。
〔註 16〕　劉慶先生言「女眞部落首領稱『孛堇』，亦有稱『勃極烈』的，通常認爲二者爲同一女眞詞語，只是譯法不同」。詳《金代女眞官制的演變道路》，載《民族研究》1987 年第 2 期，第 57 頁。
〔註 17〕　王曾瑜先生言「女眞語中的『勃極烈』，其岐譯爲『孛堇』，漢語可譯爲官長、官人、部長等」。詳見《金朝軍制》，河北大學出版社 2004 年 7 月第 2 版，第 1 頁。
〔註 18〕　《金史》卷 65《始祖以下諸子傳》，中華書局 1975 年，第 1538 頁。
〔註 19〕　《金史》卷 68《冶訶傳》，中華書局 1975 年，第 1595 頁。
〔註 20〕　張博泉先生說，孛堇和勃極烈的區分「從記載看應始於景祖」並說「至景祖時建官屬，稱都太師（即都勃極烈），其軍事部落聯盟中的諸官稱勃極烈，其

可信。「勃極烈」是作爲金朝皇帝的輔政大臣，其出現時間，是在太祖收國元年七月。當時，太祖「以弟吳乞買爲諳班勃極烈，國相撒改爲國論勃極烈。辭不失爲阿買勃極烈，弟斜也爲國論昃勃極烈」〔註23〕。其後，與勃極烈有關的史料在《金史》中多見。

收國元年九月，「以國論勃極烈撒改爲國論忽魯勃極烈，阿离合懣爲國論乙室勃極烈」〔註24〕。收國二年（1116年）五月，「以斡魯爲南路都統。送勃極烈阿徒罕破遼兵六萬于照散城。」〔註25〕。天輔五年閏月，「國論胡魯勃極烈撒改薨」〔註26〕。同年六月，「詔諳版勃極烈吳乞買貳國政，以昃勃極烈斜也爲忽魯勃極烈，蒲家奴爲昃勃極烈，宗翰爲移賚勃極烈」〔註27〕。天輔七年九月，諳版勃極烈吳乞買「即皇帝位」〔註28〕。同年十二月，「以國論勃極烈杲爲諳班勃極烈，宗幹爲國論勃極烈」〔註29〕。天會二年（1124年）正月，「以謾都訶爲阿捨勃極烈，參議國政」〔註30〕。天會三年三月，「阿捨勃極烈謾都訶薨」〔註31〕。天會八年九月，「諳班勃極烈、都元帥杲薨」〔註32〕。天會十年（1132年）四月，「以太祖孫亶爲諳班勃極烈，皇子宗磐爲國論忽魯勃極烈，國論勃極烈宗幹爲國論左勃極烈，移賚勃極烈、左副元帥宗翰爲國論右勃極烈

所屬各部以字董稱之，勃極烈成爲尊官，而字董成爲一般的官稱」，詳見《金史論稿》第一卷，吉林文史出版社1986年，第98頁。

〔註21〕 程妮娜先生說，在生女眞軍事部落大聯盟的前期，軍事部落大聯盟長與地方部落聯盟長皆稱爲都字董。穆宗盈哥末期，基本統一了生女眞諸部，「爲了提高軍事部落大聯盟長的至尊地位，估計大約在此時，大聯盟長始用『都勃極烈』的稱號，以區別以往的都字董」。詳見《金代政治制度研究》，吉林大學出版社1999年，第4頁。

〔註22〕 王可賓先生談及「遼天慶三年十月，康宗烏雅束即世，阿骨打不待遼使來致襲節度使之命，即自襲位稱都勃極烈」，但未詳論，具見王可賓《女眞國俗》，吉林大學出版社1988年，第134頁。

〔註23〕 《金史》卷2《太祖紀》，中華書局1975年，第27頁。
〔註24〕 《金史》卷2《太祖紀》，中華書局1975年，第28頁。
〔註25〕 《金史》卷2《太祖紀》，中華書局1975年，第29頁。
〔註26〕 《金史》卷2《太祖紀》，中華書局1975年，第35頁。
〔註27〕 《金史》卷2《太祖紀》，中華書局1975年，第35頁。
〔註28〕 《金史》卷3《太宗紀》，中華書局1975年，第48頁。
〔註29〕 《金史》卷3《太宗紀》，中華書局1975年，第49頁。
〔註30〕 《金史》卷3《太宗紀》，中華書局1975年，第49頁。
〔註31〕 《金史》卷3《太宗紀》，中華書局1975年，第52頁。
〔註32〕 《金史》卷3《太宗紀》，中華書局1975年，第62頁。

兼都元帥」〔註33〕。天會十三年正月，「諳班勃極烈（亶）即皇帝位」〔註34〕。
天會十三年三月，「以國論右勃極烈、都元帥宗翰為太保，領三省事，封晉國
王」〔註35〕。天會十四年三月「壬午，以太保宗翰、太師宗磐、太傅宗幹並領
三省事」。〔註36〕

　　諸勃極烈中，二十年中基本不間斷有人任職的，只有諳班勃極烈和國論
勃極烈（國論忽魯勃極烈），證明這是兩個穩定的職位。阿買勃極烈、阿捨勃
極烈、乙室勃極烈一直在朝理政。移賚勃極烈、昃勃極烈、迭勃極烈一直在
外領兵。宗翰任移賚勃極烈時，太祖去世，宗翰回朝；斜也去世，宗翰回朝，
推動立亶為諳班勃極烈，其離軍回朝，是特定時期的特定行為。至於宗幹任
左勃極烈和宗翰任右勃極烈，則是太宗時期漢官制度改革基本完成時的一種
權宜安排，具有明顯的漢制色彩。因此，勃極烈具有相對固定的職掌，只是
金朝剛剛從部落聯盟脫胎而來，勃極烈職掌劃分尚不細密，與中原王朝官制
相比略顯粗疏罷了。

　　諸勃極烈的含義，在《金史‧國語解》中有一定的解釋。「諳版勃極烈，
官之尊且貴者」〔註37〕，吳乞買、斜也、亶相繼擔任諳版勃極烈，其皇位繼
承人身份是學界普遍認同的。「國論勃極烈，尊禮優崇得自由者」〔註38〕、「胡
魯勃極烈，統領官之稱」〔註39〕，目前，一般認為二者係一職，撒改、斜也、
宗幹、宗磐自當其任，一直在朝主政。「阿買勃極烈，治城邑者」〔註40〕，「乙
室勃極烈，迎迓之官」〔註41〕，辭不失和阿離合懣任職期間未曾離朝。「移賚
勃極烈，位第三曰『移賚』」〔註42〕、「迭勃極烈，倅貳之職」〔註43〕，宗翰
和斡魯長期領兵，在西南、西北路分任正、副都統，比朝中任職的勃極烈地
位略低，是符合其身份的。「昃勃極烈，陰陽之官」〔註44〕，其任職者斜也和

〔註33〕《金史》卷3《太宗紀》，中華書局1975年，第64頁。
〔註34〕《金史》卷3《太宗紀》，中華書局1975年，第66頁。
〔註35〕《金史》卷4《熙宗紀》，中華書局1975年，第70頁。
〔註36〕《金史》卷4《熙宗紀》，中華書局1975年，第71頁。
〔註37〕《金史‧國語解》，中華書局1975年，第2891頁。
〔註38〕《金史‧國語解》，中華書局1975年，第2891頁。
〔註39〕《金史‧國語解》，中華書局1975年，第2891頁。
〔註40〕《金史‧國語解》，中華書局1975年，第2891頁。
〔註41〕《金史‧國語解》，中華書局1975年，第2891頁。
〔註42〕《金史‧國語解》，中華書局1975年，第2891頁。
〔註43〕《金史‧國語解》，中華書局1975年，第2892頁。
〔註44〕《金史‧國語解》，中華書局1975年，第2892頁。

蒲家奴是否通陰陽雖不能確定，但古代行軍用兵之道，確與陰陽有關，二人在任期間一直在前線領兵，與此相符。只有阿捨勃極烈，不知其含義，但謾都訶在任，「參議朝政」〔註45〕，未曾出朝領兵，是實際情況。

勃極烈的人選，與太祖和太宗即位的擁立人員有直接關係。《金史》卷二《太祖紀》載太祖即位前，「吳乞買、撒改、辭不失率官屬諸將勸進，願以新歲元日恭上尊號，太祖不許。阿离合懣、蒲家奴、宗翰等進曰：『今大功已建，若不稱號，無以繫天下心。』太祖曰：『吾將思之。』」〔註46〕《金史》卷三《太宗紀》載太宗即位前，「國論勃極烈杲、郢王昂、宗峻、宗幹率宗親百官請正帝位，不許，固請，亦不許。宗幹率諸弟以赭袍被體，置璽懷中。」〔註47〕上述十人，其後任勃極烈者，有八人。其餘二人，未任勃極烈，則各有其原因。郢王昂在天會六年（1128年），因「違命失眾」〔註48〕而被「拘之泰州」〔註49〕。宗峻是太祖嫡長子，在太祖去世時，「與兄宗幹率宗室群臣立太宗」〔註50〕，但「天會二年薨」〔註51〕，未及擔任勃極烈就去世了。

金朝的勃極烈是終身制的。二十年間，隨著人員的去世，從昭祖、景祖、世祖三繫日益集中到太祖和太宗二系。隨著金朝漢官制度改革的完成，勃極烈制廢除，宰相制度建立起來，曾任勃極烈的宗翰、宗磐、宗幹改任領三省事。其後，宗翰、宗磐相繼被排擠和去世，在朝中主政者只有宗幹一人。他是太祖的庶長子，且是熙宗的養父，其地位的尊隆是毋庸置疑的。這一過程，是金朝中央集權形成的過程。從中，我們能夠理清金朝中央權力流動的軌跡。檢索史料，熙宗時期的宰相們，除為數不多的渤海人、契丹人和燕雲漢人，主要是金朝宗室功臣。這時，他們的職銜雖與太祖和太宗時有所不同，但集中掌握軍、政權力則是一以貫之的。

金朝建立，君臣地位相差不大，貴族共治色彩濃厚。太祖因之把國相隱於諸勃極烈中，由諸勃極烈共治國政，置於太祖的軍政力量的影響下。太祖去世，太宗即位，其實力和影響不能與太祖相比，所以有群臣懲責皇帝和皇帝不能立己子為皇位繼承人二事。同時，因對遼宋戰爭的勝利，佔領了遼闊

〔註45〕《金史》卷65《謾都訶傳》，中華書局1975年，第1545頁。
〔註46〕《金史》卷2《太祖紀》，中華書局1975年，第26頁。
〔註47〕《金史》卷3《太宗紀》，中華書局1975年，第48頁。
〔註48〕《金史》卷65《昂傳》，中華書局1975年，第1553頁。
〔註49〕《金史》卷65《昂傳》，中華書局1975年，第1553頁。
〔註50〕《金史》卷19《世紀補》，中華書局1975年，第407頁。
〔註51〕《金史》卷19《世紀補》，中華書局1975年，第407頁。

的國土，吸收了大批的人才，君尊臣卑的思想浸潤金朝君臣。因此，太宗取法遼、宋，推行了以漢官制爲中心的官制改革。但是，太宗沒有看到改革最終的成果。熙宗時，廢除勃極烈制，形成三省制，宰相組成了金朝的中樞政治群體。

太祖、太宗時期，勃極烈制度已經表現出便捷高效的特點。勃極烈制度是國家方針政策的決策機關和審議機關，同時也是國家最高執行機關〔註52〕。在這樣的制度下，金朝疆域迅速擴大到從東北到兩河的廣大地區，並實現了國家的初步治理與發展。因此，熙宗時期的制度以尚書省爲中心，注重政令的貫徹執行，不是金朝君臣偶然的選擇，而是傳統的延續。熙宗時期宗翰、宗磐、宗幹任領三省事，相繼總攬朝政，則顯示出勃極烈制度的現實影響。從這個意義上來說，金朝宰相制度是中原王朝宰相制度與女眞傳統的勃極烈制度相結合的產物。

二、金朝宰相制度來源之二

金朝宰相制度的來源之二，是秦、漢、唐、宋、遼王朝的宰相制度。其中，唐、宋、遼制度對金朝宰相制度的影響較大。因此，這裡對金朝宰相制度來源的考察，或上溯至秦、漢，但以唐、宋、遼三朝爲主。

金朝熙宗天眷年間的官制改革奠定了金朝官制的基礎，三省制度是天眷官制改革的重點。關於熙宗時的三省制研究，學界已取得了一定成績。〔註53〕但是，對於宰相的職名、運行方式、控制機制等諸問題，相關研究成果尚顯薄弱，故須再作考述。

在文獻中，有三條史料，能夠說明天眷官制與唐、宋、遼三朝制度的關係。其一，天眷二年（1139 年），參與制定官制的部門在上疏中說：「臣等謹按，當唐之治朝，品祿爵秩，考核選舉，其法號爲精密。尚慮拘牽，故遠自開元所記，降及遼、宋之傳，參用講求。有便於今者，不必泥古；取正於法者，亦無循習。」〔註54〕對此，熙宗的意見是「雖曰法唐，宜先後之一揆。

〔註52〕程妮娜：《金代政治制度研究》，吉林大學出版社 1999 年，第 16～17 頁。

〔註53〕這些研究多側重於以三省爲中心對金朝官製作全面探索，與本文以宰相職名排序和政務運行爲關注點有明顯的不同。與本文有直接關係的，如武玉環先生《金朝中央官制的改革》，《北方文物》1987 年第 2 期，第 74～80 頁；程妮娜先生《論金代的三省制》，《社會科學輯刊》1998 年第 6 期，第 107～113 頁。

〔註54〕〔宋〕徐夢莘：《三朝北盟會編》卷 166，上海古籍出版社 2008 年 6 月第 2版，第 1198 頁。

至於因夏，固損益之殊途。務折衷以適時，肆於今而累歲。」〔註55〕其二，張棣《金虜圖經》載：「虜之官品本遵唐制，又以本朝之法並遼法參而用之。」〔註56〕其三，王繪《紹興甲寅奉使錄》引用金朝人李聿興的說法「自古享國之盛，無如唐室，本朝目今制度，並依唐制」〔註57〕。通過對史料的耙梳和對史實的考索，我們發現金朝宰相制度具有更豐富的內涵。

（一）職官名稱

在天眷官制中，宰相群體的組成是：領三省事一至三員、尚書令一員、左丞相兼侍中一員、右丞相兼中書令一員、平章政事二員；左右丞各一員、參知政事二員。金朝宰相的職位及其排序是在吸收前朝制度的基礎上進行整理和創新形成的。

領三省事是天眷官制中總領三省的高級官員。領三省事一職，不見於金以前的各朝制度，但其來源還是有迹可循的。北宋末，蔡京、王黼「以太師總三省事，三日一朝，赴都堂治事」〔註58〕，位高權重，總領百官，應是實際上的宰相。嚴格說來，「總三省事」在當時還不是職銜。金朝用三師領三省事，有完顏宗翰、完顏宗磐、完顏宗幹等擔任，與「蔡京、王黼以太師總三省事」類似。但是，金朝領三省事已經成為正式的職名〔註59〕，是金制在宋制基礎上的發展。

金朝的尚書令是尚書省長官。尚書令一名，可溯源至秦漢。據《通典·職官志三》記載，秦朝始設尚書令，至東漢有尚書臺，曹魏有尚書省，尚書令方成為宰相。北朝以來，尚書令已不輕易授人，隋朝楊廣、楊素任尚書令，只是一種榮譽頭銜。〔註60〕《舊唐書·職官志二》記載：「尚書令一員。正二品。武德中太宗為之，自是闕而不置。令總領百官，儀刑端揆。」〔註61〕據

〔註55〕〔宋〕徐夢莘：《三朝北盟會編》卷166，上海古籍出版社2008年6月第2版，第1198頁。

〔註56〕〔宋〕徐夢莘：《三朝北盟會編》卷244，上海古籍出版社2008年6月第2版，第1753頁。

〔註57〕〔宋〕李心傳：《建炎以來繫年要錄》卷81引王繪《紹興甲寅奉使錄》，中華書局1956年，第1341頁。

〔註58〕《宋史》卷161《職官志一》，中華書局1977年，第3774頁。

〔註59〕在《金史》卷4《熙宗紀》中，有關宰相任免的記載，與領三省事有關者，常直書「領三省事」某，應可確證「領三省事」是正式職官名。

〔註60〕詳見張國剛《唐代官制》，三秦出版社1987年，第3頁。

〔註61〕張國剛：《舊唐書》卷43《職官志二》，中華書局1975年，第1816頁。

　　張國剛先生研究，唐太宗任尚書令期間常年在外征戰，不可能實釐尚書省事務，其所任尚書令是虛銜。〔註62〕檢索《金史》，尚書令如完顏宗磐、耨盌溫敦思忠、張浩等，位高權重，是宰相，這是金制與唐制名實不同之處，是自北朝以來尚書令這一職位及其職權的一次明顯的變化。

　　金朝左右丞相，亦可溯源至秦漢，與唐制有直接聯繫。秦朝和西漢初期，曾左右丞相併置。唐朝，有左右僕射，曾改左右丞相。《舊唐書·職官志二》記載：「左右僕射各一員，從二品」，「開元元年，改爲左右丞相」，「天寶元年，復爲左右僕射」，其職「掌統理六官，綱紀庶務，以貳令之職。自不置令，僕射總判省事」〔註63〕。《新唐書·百官志一》與此一致。遼承唐制，有左丞相、右丞相，或對金制有一定影響，但因史料缺略，具體情況不詳。宋神宗元豐官制中，「左、右僕射爲宰相。左僕射兼門下侍郎，以行侍中之職；右僕射兼中書侍郎，以行中書令之職。」〔註64〕因此，元豐官制是對唐制的進一步發展。金制，左丞相兼侍中，右丞相兼中書令，與此具有一定的相似性。金朝官制中的左丞相和右丞相來自唐朝開元年間的尚書省左右丞相，其兼職侍中和中書令則是取唐制中的門下和中書二省長官名稱，左丞相兼侍中和右丞相兼中書令，在形式上與宋元豐官制相似，但金制以尚書省爲中心，與宋制以中書省爲中心有所不同。

　　平章政事一詞的來源，能夠從新舊兩《唐書》中查到一些線索。貞觀八年（634年），李靖辭位，按《新唐書·百官志一》，是「疾小瘳，三兩日一至中書門下平章事」，《舊唐書·李靖傳》載則是「患若小瘳，每三兩日至門下、中書平章政事」〔註65〕。杜佑辭位，《舊唐書·杜佑傳》載「請致仕，詔不許，但令三五日一入中書，平章政事」〔註66〕。這裡的兩例「平章政事」中「平章」二字是「商討處分」〔註67〕之意。因此，二例「平章政事」都不是職銜。在唐高宗時，「同中書門下平章事」成爲固定的宰相名號。〔註68〕宋前期制度，「同中書門下平章事」是宰相。金「平章政事」，從名稱上看，與上引《舊唐

〔註62〕詳見張國剛《唐代官制》，三秦出版社1987年，第3頁。
〔註63〕《舊唐書》卷43《職官志二》，中華書局1975年，第1816頁。
〔註64〕《宋史》卷161《職官志一》，中華書局1977年，第3773頁。
〔註65〕《舊唐書》卷67《李靖傳》，中華書局1975年，第2480頁。
〔註66〕《舊唐書》卷147《杜佑傳》，中華書局1975年，第3981頁。
〔註67〕吳宗國：《盛唐政治制度研究》，上海辭書出版社，2003年，第15頁。
〔註68〕詳見張國剛著《唐代官制》，三秦出版社1987年，第5頁。

書》李靖、杜佑《傳》相同；從職權上看，與唐宋「同中書門下平章事」類似。因此，「平章政事」雖來源於唐宋，或許由「同中書門下平章事」一職縮略整理而來，抑或是用唐制中「平章政事」一詞作職名，從而成爲正式的職銜。

金制中的左右丞的名稱淵源於唐制。《舊唐書・職官志二》中有左、右丞各一員，分管吏、戶、禮和兵、刑、工六部二十四司，是事務官，非政務官，尚未成爲宰相群體的成員。《新唐書》同。《宋史・職官志一》記載：「元豐新官制，廢參知政事，置門下、中書二侍郎，尚書左、右丞以代其任。」〔註69〕此時，尚書左、右丞方成爲宰相群體的成員。金制中左、右丞用元豐官制，與唐制有一定的淵源。

參知政事一職在唐、宋、遼三朝制度中都是存在的。按新、舊兩《唐書》，朝臣加「參知政事」者是宰相。北宋前期制度，參知政事是宰相。遼朝官制分南北，南面官制中參知政事一職爲宰相。因此，金制中的參知政事一職來自宋、遼，其與唐制的淵源是明顯的。

金朝制度中，宰相職名有些能夠上溯至秦漢時期，但整體上與唐、宋、遼三朝制度有繼承關係。但金朝君臣取其名稱與職掌並重新整理，自領三省事至參知政事重新排序，其特點是宰相數量眾多，層次分明，這與秦、漢、唐、宋、遼制度均有所不同，從而形成了新的群相制。

（二）運行方式

熙宗時，實行以尚書省爲中心的三省制。海陵王時，尚書省成爲唯一的宰相機構，宰相兼有議政和行政的職權。這種運行方式是金朝君臣借用唐宋制度的結果，但卻以尚書省爲中心，說明金朝君臣在借用唐宋制度的同時進行了創新。這種創新，是金朝君臣把中原漢制和女眞舊制相結合的結果。

唐朝前期，三省併立，中書出令，門下封駁，尚書執行。這個時期，三省分權，雖能集權於皇帝，但在處理政務時，互相牽制，效率低下。因此，在政務處理的過程中，逐漸形成中書門下體制，議行合一，在當時是適應社會變化的中樞政治體制，爲北宋所沿用。但是，這種體制存在著名實不符和官制冗雜的問題。元豐年間，神宗主持推行了官制改革，又帶來了新的問題。當時政事「日告留滯，比之舊中書稽延數倍」〔註70〕，公文在三省之間周轉

〔註69〕《宋史》卷161《職官志一》，中華書局1977年，第3775頁。
〔註70〕〔宋〕李燾：《續資治通鑑長編》卷326，中華書局1992年，第7848頁。

「行遣迂迴」〔註71〕，有明顯弊端。

　　金朝前期，佔領區域擴大，民族成分複雜，與南宋、西夏、高麗爲鄰。金朝境內各個民族的起義此起彼伏，與南宋的戰爭長期不息。同時，恢復和發展國內的經濟和文化事業也逐漸提到日程上來。當時，金朝君臣面對的情況比唐朝前期和宋朝元豐以後更爲複雜多變。集權時代，政府機構的高效運轉是解決問題的關鍵所在。因此，金朝制度借鑒宋朝元豐制度的框架設計，但作了新的調整。金朝宰相制度借鑒唐宋，但是從一開始就注意糾正唐宋三省制度的弊端，借唐宋三省制度之名，用中書門下運行方式之實，名實合一，便捷高效。海陵王時，則取消中書、門下二省，保留尚書省作爲唯一的宰相機構，這種優勢更加明顯。

　　金朝前期，負責政治制度改革的漢官是韓企先、韓昉、宇文虛中等人。韓昉和韓企先是舊遼進士；宇文虛中是北宋進士，在宋官至資政殿大學士、簽書樞密院事，他們熟悉唐、宋、遼典章制度。同時，值得注意的，是女眞知識分子在制度改革中的影響。完顏宗幹是有一定漢文化基礎的女眞人，實際上主持了熙宗時期的官制改革。完顏希尹和完顏宗憲在官制改革中亦當發揮了一定的影響。《金史‧宗憲傳》記載：「朝廷議制度禮樂，往往因仍遼舊，宗憲曰：『方今奄有遼、宋，當遠引前古，因時制宜，成一代之法，何乃近取遼人制度哉。』希尹曰：『而意甚與我合。』由是器重之。」〔註72〕這條史料的具體時間雖不能確指，但其所顯示的女眞知識分子在制度改革中的價值取向則是明確的，這或許能夠在一定程度上解釋金朝宰相制度因襲唐朝借鑒宋、遼並在此基礎上創立新制，但新制中因時制宜，注重實用的原因所在。

（三）控制機制

　　中國古代王朝的穩定，皇帝與宰相的關係至關重要。皇帝作爲最高統治者，需要宰相的協助。但是，尚書省是政務運行的樞紐，在議政和行政的過程中，宰相的權力有逐漸增強的趨勢。因此，皇權與相權作爲一對矛盾，是推動中國宰相制度演變的重要因素。檢索史料，筆者發現，金朝皇帝對宰相有一套有效的控制機制。這些控制機制，與唐、宋、遼三朝有直接的淵源。

　　金朝行政、軍事、監察權力，由尚書省、樞密院、御史臺和諫院分掌，宰相權力有限。樞密院淵源於唐，永泰年間，設樞密使於內廷，掌機要。五

〔註71〕〔宋〕李燾：《續資治通鑒長編》卷431，中華書局1992年，第10410頁。
〔註72〕《金史》卷70《宗憲傳》，中華書局1975年，第1615頁。

代後梁設崇政院，後唐設樞密院，逐漸凌駕於三省之上。樞密院成爲主管全國最高軍事事務的機構，實際上始於北宋。北宋樞密院與中書省併稱「二府」，分宰相軍權。御史臺淵源於秦，秦有御史大夫，副丞相，掌監察。西漢設御史府，東漢設御史臺，是全國最高監察機構。諫院淵源於唐，諫官是規諫皇帝過失的官員，分設於中書、門下二省。至北宋，設諫院，成爲獨立的監察機構。唐宋沿用御史臺制度監察百官，諫院在北宋逐漸由規諫皇帝至監察百官，出現了臺諫合流的局面。遼樞密院、御史臺和諫院與唐宋有所不同。金朝的設樞密院、御史臺和諫院，主要是對唐、宋制度的繼承。這些機構和人員分宰相軍權，監察百官，是加強君主集權的工具。

金朝宰相群體中，女眞佔據高層，掌握實權，處於主導地位；渤海、漢、契丹主要是任職低層，負責具體政務的處理，處於相對從屬的地位。這種做法，與遼朝基本相同。遼朝的契丹，作爲統治民族，集中掌握實權，是皇帝主要依靠的力量。其它各個民族，則處於相對從屬的地位，是輔助性的力量。金朝宰相多級多員，是在繼承唐、宋、遼三朝宰相制度的基礎上，經過重新排序而形成的，能夠防止宰相形成穩定的集團。

金朝皇帝通過多種途徑收集信息和傳達政令，防止宰相控制信息傳播途徑，這種做法在金朝以前的各個王朝已經出現。金朝有翰林學士院、集賢院、益政院等機構，與唐、宋王朝制度有一定的聯繫。翰林學士院出現於唐玄宗開元二十六年（738年），集賢院出現於開元十三年（725年），均來源於唐。益政院是在中國古代王朝經筵的基礎上形成的，經筵的制度化，是在北宋完成的。金朝皇帝春水秋山時巡視地方，是對遼朝四時捺鉢制度的沿用。金朝用近侍收集信息和傳達政令，與漢、唐王朝宦官制度有一定的聯繫。但是，金朝近侍局的直長，與奉御和奉職的舊名，即入寢殿小底和不入寢殿小底之「小底」等名目，已存在於遼朝，說明近侍與遼朝制度有一定的關係。因此，金朝皇帝通過多種途徑收集信息和傳達政令，與秦、漢、唐、宋、遼等各個王朝有一定的淵源。

綜上所述，金制淵源於秦、漢、唐、宋、遼制度，但並非照搬。在當時的情況下，他們所要考慮的，是宰相群體吸收各個民族的上層人士議政和執政，和簡化政務運行程序提高效率，並通過一套機制控制宰相，從而加強君主集權，實現對全國的治理。在沿用前朝舊制的同時，重新進行安排，把本族制度的合理因素蘊含在新制中，呈現出新的特點，彰顯了金朝君臣的創新精神。

第二節　金朝宰相制度的演變

　　金朝宰相制度，是在繼承女眞舊制和唐、宋、遼三朝制度的基礎上發展起來的。金朝宰相制度，經過了萌芽、形成、調整、成熟、衰落五個階段，是一個漸進的過程。在這一過程中，相關的制度逐漸完善，君臣間權力運作模式逐漸形成。

一、萌芽期

　　太祖至太宗時期，是金朝宰相制度的萌芽期。太祖至太宗時期，在繼承女眞國相制的基礎上，實行勃極烈制度。同時，在對遼、宋用兵的過程中，借鑒遼、宋制度，進行官制改革。「太祖定燕京，始用漢官宰相賞左企弓等，置中書省於廣寧府，而朝廷宰相自用女直官號。」〔註73〕這時，「漢官宰相」是都元帥府下治理漢地的機構「中書省」的高級官員，「朝廷宰相」是指勃極烈制度下的諸勃極烈，二者地位不同。其後，「自平州人不樂爲猛安謀克之官，始置長吏以下」〔註74〕，一方面任命遼、宋降官，一方面開科取士，治理新佔領的州縣。隨後，「斜也、宗幹當國，勸太宗改女眞舊制，用漢官制度」〔註75〕。天會四年，在中原漢地設尚書省。張通古在「天會四年，初建尚書省」〔註76〕時，曾「除工部侍郎、兼六部事」〔註77〕。但是，尚書省長官任職情況未明。天會六年，高楨「遷尚書左僕射，判廣寧尹，加太子少傅」〔註78〕，其實職當是廣寧尹，非尚書左僕射。天會八年正月，韓企先自同中書門下平章事、知樞密院事任尚書左僕射兼侍中，韓企先所任職爲實職。〔註79〕上面所引，證明在中原漢地，天輔七年有中書省；天會四年雖設尚書省，但只是虛置。當時實際主持政務運行的，是中書省和樞密院。天會八年，尚書省才成爲都元帥府下中原地區政務運行的中心，以尚書省爲中心的三省制才眞正

〔註73〕　《金史》卷78《韓企先傳》，中華書局1975年，第1777頁。
〔註74〕　《金史》卷55《百官志一》，中華書局1975年，第1216頁。
〔註75〕　《金史》卷78《韓企先傳》，中華書局1975年，第1777頁。
〔註76〕　《金史》卷83《張通古傳》，中華書局1975年，第1859頁。
〔註77〕　《金史》卷83《張通古傳》，中華書局1975年，第1859頁。
〔註78〕　《金史》卷84《高楨傳》，中華書局1975年，第1889頁。
〔註79〕　張博泉先生認爲，「天會八年（1130年）正月韓企先爲尚書左僕射兼侍中當是四年『初建尚書省』後，實置相於尚書省執其事之始」。詳見張博泉《金天會四年（1126年）「建尚書省」微議》，《社會科學輯刊》1987年第4期，第37頁。

在中原地區充實和完善，並爲中央尚書省的建立所借鑒。在中央，勃極烈去世不補，採用自然減員的辦法，限制勃極烈的人數。同時，逐步設置諸司、府、寺，爲中央尚書省的建立做準備。但是，至天會十二年正月，「初改定制度」〔註80〕時，金朝中央的尚書省才建立起來。同年，韓企先由中原漢地至上京任右丞相，就是這次官制改革的一個結果。韓企先官名，一曰僕射，一曰丞相，說明中央官制改革時對在中原新建的三省制有所修訂。〔註81〕因此，這一時期，金朝的中央官制改革是在中央和中原漢地同時進行的。金朝宰相制度的產生，是蘊含在這一官制改革的過程中的。實際上，至天會十二年太宗去世止，金朝的中樞政治體制依然是勃極烈制度，宰相制度並未取而代之。太祖時，楊樸建言「自番漢群臣以下宜致敬盡禮，所合定朝儀、建典章，上下尊卑粗有定序」〔註82〕，太祖「從之」〔註83〕。但是，這種「典章」和「朝儀」在加強中央集權中的作用是有限的。當時，「雖有君臣之稱，而無尊卑之別。樂則同享，財則同用。至於舍屋、車馬、衣服、飲食之類，俱無異焉。」〔註84〕太宗時期，雖進行了封建化改革，但「階級雖設，尋常飲酒食，略不間列，與兄弟父子等」〔註85〕，軍事民主制遺風一如往昔。皇帝親政，諸勃極烈輔政，是基本的政治制度。皇帝與勃極烈的地位基本平等，與宰相制度下皇帝與宰相間的關係不同。因此，太祖至太宗時期，是宰相制度的萌芽期。

二、形成期

熙宗時期，是宰相制度的形成期。金朝宰相制度，在太宗天會十二年已經具備了一定的形式。但是，其正式形成，當是在熙宗時期。熙宗時，在太宗的基礎上繼續進行官制改革，宰相的職位逐漸健全。至天眷元年（1138年），熙宗頒行天眷官制，實行以尚書省爲中心的三省制度。三師領三省事，其下

〔註80〕《金史》卷3《太宗紀》，中華書局1975年，第65頁。

〔註81〕程妮娜先生推測如此，詳見《論金代的三省制》，《社會科學輯刊》1998年第6期，第108頁。

〔註82〕〔宋〕宇文懋昭撰，崔文印校證：《大金國志校證》卷1《太祖武元皇帝》上，中華書局1986年，第17頁。

〔註83〕〔宋〕宇文懋昭撰，崔文印校證：《大金國志校證》卷1《太祖武元皇帝》上，中華書局1986年，第17頁。

〔註84〕〔宋〕徐夢莘：《三朝北盟會編》卷166，上海古籍出版社2008年6月第2版，第1197頁。

〔註85〕〔宋〕徐夢莘：《三朝北盟會編》卷244，上海古籍出版社2008年6月第2版，第1754頁。

有尚書令一員，尚書左丞相兼侍中一員，尚書右丞相兼中書令一員，平章政事二員，左丞一員，右丞一員，參知政事二員。其中，平章政事和參知政事應是熙宗天眷官制所增設，其餘職位在熙宗天會十三年至十五年已出現。尚書省下，有左右司、六部行政，御史臺、近侍局牽制。但是，宗室貴族集團控制朝政，臺官和近侍未能發揮作用。熙宗時，政事的決策掌握在宗室貴族出身的宰相手中，「熙宗在位，宗翰、宗幹、宗弼相繼秉政，帝臨朝端默」〔註86〕是實際情況。〔註87〕這說明，熙宗時的宰相制度，相權強而皇權弱，尚需要一個調整的過程，才能成為封建王朝適用的宰相制度。

三、調整期

　　海陵王時期，是金朝宰相制度的調整期。海陵時，出於加強皇權的需要，從多方面採取措施，加強對宰相的控制。海陵取消都元帥府，設樞密院主管全國軍事事務；通過屠殺宗室貴族、自上京遷都中都和把宗室猛安謀克南遷中原地區，加強了對宗室貴族集團的控制。這一時期，臺諫官在皇帝的支持下開始監察百官。樞密院和臺諫在一定程度上分割和牽制宰相的權力。正隆元年，取消中書、門下二省，實行一省制，取消領三省事，消除了領三省事對朝政的影響。同時，海陵王取消左右丞相所兼侍中和中書令，取消平章政事，尚書省設尚書令一員、左右丞相各一員、左右丞各一員、參知政事二員。但是，海陵王雖在官制改革上有建樹，但對宰相的制度性控制能力是有限的。檢索文獻，海陵王對宰相的控制，主要是通過斥責和杖責實現的。這些手段，帶有很大的隨機性和隨意性，與海陵王屠殺宗室貴族一起，成為其政治殘暴化的表徵。海陵王時期皇帝與宰相間的關係說明，皇帝通過儒法結合的制度性途徑控制宰相的目的尚未全面實現，君主臣輔、君定臣行的君臣良性互動的模式尚未形成，金朝宰相制度尚不成熟。

四、成熟期

　　世宗至衛紹王時期，是金朝宰相制度的成熟期。世宗時，恢復平章政事。世宗通過女真人控制宰相群體，樞密院由尚書省節制，臺諫對宰相進行監察

〔註86〕《金史》卷63《熙宗悼平皇后傳》，中華書局1975年，第1503頁。
〔註87〕對於金熙宗在位時權臣制約下其權力虛實的情況，楊軍先生略有論及，請參見楊先生《金熙宗心理變態原因初探》一文，載《吉林大學古籍研究所建所二十週年紀念文集》，吉林文史出版社2003年，第270～284頁。

和牽制。世宗時，與熙宗時一樣，女真宰相一般在宰相群體中占半數以上，其數量超過其餘三族總和。但是，因「忌親族而用疏屬」〔註88〕和重用非宗室女真人，熙宗時宗室貴族集團控制朝政的現象未再出現。世宗注意兼聽不同民族和不同等級宰相的意見，甚至鼓勵其它官員堅持己見，並時時通過誡諭的方法要求宰相勤於政事和薦舉人才。在對宰相為首的百官的監察中，臺諫發揮了重要作用，修正宰相的行為，並直接推動皇帝通過任免宰相實現宰相群體的更新。世宗朝不再用屠殺的方式和杖責的方法管理宰相，而是通過申誡的手段作一系列的細節修正，從而實現對宰相群體的約束。同時，因金朝軍事上需要尚書省和樞密院協作，而建立了尚書省節制樞密院的制度，在保證軍事勝利的同時，防止尚書省宰相和樞密院官員的坐大。這樣做的結果，就是在數十年間形成了一套皇帝與宰相間權力運作的模式，其基本特徵是君主臣輔和君定臣行。因與中國古代中原王朝的君臣間權力運作模式相一致，實現了政權的平穩運行，社會繁榮，在政治、經濟、文化等各個方面均有進步，所以世宗有「小堯舜」之稱。這說明，在熙宗和海陵王時期制度的基礎上，世宗時金朝宰相制度已經達到了一定的成熟階段。值得注意的是，世宗的做法，為後世的皇帝所繼承和遵循，在一定意義上成為金朝的「祖宗之法」。隨後，章宗、衛紹王根據時勢的需要，在制度上進行了一定的調整。章宗時，百官集議、召對、輪對、轉對等各種形式的君臣議事，直接限制宰相控制信息傳遞渠道。衛紹王時剛剛即位，即與完顏匡、僕散端為首的宰相群體清除了章宗元妃李氏集團，同時殺章宗二遺腹子。其後，宰相群體在其控制下在金朝的軍政事務中發揮了一定的作用。這說明，衛紹王時期皇帝與宰相的關係，與世宗、章宗時皇帝與宰相的關係基本相同。

五、衰落期

宣宗至哀宗時期，是宰相制度的衰落期。宣宗和哀宗時，正式任命的宰相和臨時權攝的「宰相」在朝理政或出朝行省，這種名實混淆的狀況說明宰相制度與其剛剛形成時有所不同。實際上，這種情況在章宗和衛紹王時已經存在，但數量少，不普遍，只是偶一實行罷了。與這種情況相比，更值得注意的，是皇帝對宰相控制的嚴密。宣宗和哀宗時，樞密院與尚書省併立，集

〔註88〕《金史》卷116《承立傳》，中華書局1975年，第2552頁。此語雖在「金朝防近族而用疏屬，故白撒、承立、兀論輩皆腹心倚之」句中，所指是金末事。但這一做法，當始於海陵王時，應是與史實相符合的。

賢院和益政院出現，近侍逐漸凌駕於宰相上，宰相的權力明顯削減。紇石烈執中和尤虎高琪擅權，是金朝的兩個特例。紇石烈執中任相時間短，尤虎高琪則因宣宗的控制而逐漸削權，說明皇帝對宰相控制機制的強化。據劉祁回憶，金朝遷都南京後，宰相「往往無恢復之謀，上下同風，止以苟安目前為樂」〔註89〕，「自非親戚故舊，往往不得登其門。若夫百官士流，未嘗接議論，局局自保，惟恐失之」〔註90〕。因此，這個時期，是宰相制度的衰落期。

　　綜上所述，太祖和太宗時期，因金朝政權的封建化尚未完成，皇帝對百官的層級控制尚未實現，所以皇帝與勃極烈地位平等，與中原封建王朝皇帝與宰相的關係有所不同。熙宗時期，金朝政權的封建化已經完成，皇帝與百官的關係已經確定。但是，在金朝太祖和太宗時期用兵行政中，女真宗室功臣集團已經形成並表現出一定的獨立性。當時，宰相雖多級多員，但領三省事位高權重。都元帥府集中掌握軍權，與領三省事相表裏。監察機構尚未真正發揮作用。其它各項機制尚未形成。因此，女真宗室貴族控制皇帝，直接限制皇權的行使。海陵王即位，株除宗室功臣集團，罷都元帥府，設樞密院，取消領三省事，臺諫的監察職能開始行使。世宗時期和章宗時期，前述皇帝控制宰相的各種機制逐漸形成。這些機制，能夠保證皇帝對宰相的約束穩定而有效。衛紹王時期，沿用了世宗和章宗時控制宰相的機制。宣宗和哀宗時期，在世宗、章宗時期的基礎上，樞密院與尚書省併立，集賢院和益政院出現，近侍集團力量增強，分割相權，是皇權的延伸。因此，自海陵王時期開始，直至金朝滅亡，皇權的行使途徑暢通，皇權對相權基本保持了穩定的控制。值得注意的是，皇權與相權比，只是相對強。金朝女真官員直接掌握尚書省，是皇帝信任和重用的對象。皇帝控制宰相的同時，為他們保留了相當大的權力。在皇帝控制宰相，宰相監督百官的體制中，宰相作為皇帝與百官間的中間環節，具有舉足輕重的作用。宰相輔助皇帝，議政行政，是政務運行的樞紐。但是，宰相的行為，是由皇帝直接控制和掌握的。正是從這個意義上說，宰相是皇帝的助手，皇帝保持對宰相的控制，是保證皇帝與宰相權力良性運作的基本條件。

〔註89〕〔金〕劉祁撰，崔文印點校：《歸潛志》卷7，中華書局1983年，第70頁。
〔註90〕〔金〕劉祁撰，崔文印點校：《歸潛志》卷7，中華書局1983年，第75頁。

第二章　宰相的任免

　　宰相的任免，是金朝宰相制度研究的一個基本內容。本章準備在宰相的數量、宰相任命的決策過程、宰相的出身、宰相的任職時間、宰相的陞降、宰相的去職安排等六個方面進行考察。

第一節　宰相的數量

　　對金朝的宰相數量逐一進行統計是一個非常複雜的事情。眾所周知的是，有關金朝宰相制度的史料缺略嚴重。同時，金朝時期，帶宰相銜的官員很多，但並非都是真正的宰相。因此，需要用有限的史料，對有關的情況進行辨析，對這些官員進行甄別，為金朝宰相制度研究工作的進一步展開奠定基礎。

一、宰相職位的設置情況

　　天會十二年、十三年間，尚書省有領三省事、尚書令、左丞相、右丞相、左丞、右丞，中書省有中書令、同中書門下平章事，門下省有侍中、門下侍郎。天眷年間，尚書省增補平章政事和參知政事，中書、門下二省長官為中書令、侍中，分別由尚書省左、右丞相兼任，取消同中書門下平章事，中書侍郎和門下侍郎長期出缺。因此，熙宗時期的宰相制度，三省制只是形式，實際上是以尚書省為核心的一省制。

　　海陵王即位，致力於加強中央集權。正隆元年，實行新的官制。新的官制，取消領三省事，取消平章政事，取消中書、門下二省長官中書令、侍中分別由尚書省左、右丞相兼任的做法，取消熙宗時名實不一的三省制，實行

一省制。世宗大定二年（1162 年），重設平章政事。與海陵王正隆官制相比，變化很小。至此，宰相職位的調整基本完成，至金末未再出現明顯的變化。

因此，金朝宰相，不同時期，其定員也有所不同。熙宗天會年間，制度未定。熙宗天眷年間至海陵王貞元年間，有領三省事 1 至 3 名，尚書令 1 名，左、右丞相各 1 名，平章政事 2 名，左、右丞各 1 名，參知政事 2 名，則定員為 10 名以上。海陵王正隆官制改革，取消領三省事和平章政事，宰相定員為 7 名。世宗即位，恢復平章政事，則宰相定員為 9 名。至金末，這一定員未變。

但是，實際任職的宰相數量是不斷調整的。熙宗時期和海陵王正隆官制改革前，宰相一般在 8～10 名。海陵王正隆年間，宰相一般在 5～6 名。世宗時期，宰相一般在 5～8 名。章宗、衛紹王、宣宗時，宰相一般在 4～6 名間。哀宗時，實際任職的宰相一般在 2～4 名間。

金朝宰相多級多員，任職去職直接引起宰相群體的變動。這種變動有些是皇帝通過任免宰相引起的，有些是宰相的致仕和死亡引起的，即人事的有意安排和自然的新陳代謝共同發揮作用的結果。在有些時段，這兩種因素背後，是利益集團爭鬥的背景，這需要具體情況具體分析。因此，宰相定員數量和實際任職的宰相數量間是有一定的距離的。

二、宰相職權和任用方式對宰相數量統計的影響

海陵王正隆年間的官制改革是有成效的，所謂「職有定位，員有常數，紀綱明，庶務舉，是以終金之世守而不敢變焉。」〔註1〕但是，皇權與相權的消長是隨時變化的，金朝後期的社會狀況與海陵王正隆年間也有所不同，因此，後世皇帝在宰相任用方式和宰相職權方面有一定的變通，這給宰相數量的統計帶來一定的影響，在此特作如下說明。

1、尚書令職權的虛實

尚書令是尚書省長官。這一職位任職人員的出現，始於熙宗時期，終於宣宗時期，其職權的虛實有一定的變化。目前，學術界認為，尚書令一職，自世宗大定年間由李石擔任，即已經成為安置元老重臣的虛銜。但是，揆諸事實，這種觀點值得商榷。

〔註 1〕《金史》卷 55《百官志一》，中華書局 1975 年，第 1216 頁。

據文獻記載，金朝時期曾任職尚書令者有完顏宗翰、完顏宗磐、耨盌溫敦思忠、張浩、李石、完顏守道、徒單克寧、完顏匡、紇石烈執中、崔立等，其中崔立是兵變自立，並未得到哀宗的任命，故不論。從實際情況來看，尚書令「總領紀綱，儀刑端揆」〔註2〕，完顏宗翰、完顏宗磐、耨盌溫敦思忠、張浩四人任職，是在熙宗天會十三年至世宗大定三年（1163 年）間，位高權重，具有宰相的職權。

其後，李石擔任尚書令，世宗對他說：「太后兄弟惟卿一人，故命領尚書事。軍國大事，涉於利害，議其可否，細事不煩卿也。」〔註3〕當時，世宗對李石「厚賞而深制之，寵以尚書令之位，而責成左右丞相以下」〔註4〕。完顏守道自尚書令任左丞相，世宗說：「丞相之位不可虛曠，須用老成人，故復以卿處之，卿宜悉此。」〔註5〕從其言語推測，左丞相「不可虛曠」，故完顏守道自尚書令復任左丞相；「可虛曠」者是尚書令之位，故尚書令闕而不置，則尚書令的職權虛實可以推測。在說明尚書令職權自世宗時期出現變化時，學者經常提到這兩則史料。但是，據《金史》卷八十六《李石傳》，在他擔任尚書令期間，曾經與平章政事完顏守道一起奏事，曾經主管職官選舉，證明他是有實際權力的；他所任尚書令一職，並非僅僅是虛銜。世宗病重時，徒單克寧以尚書令，與左丞相完顏襄、平章政事張汝霖同受顧命之任，輔章宗即位，其職權不虛。衛紹王時期，大安年間，完顏匡任尚書令，其職權虛實情況，因文獻缺載，尚不得而知。宣宗即位初期，紇石烈執中任尚書令，「大元遊騎至高橋，宰臣以聞。宣宗使人問執中，執中曰：『計劃已定矣。』既而讓宰相曰：『吾為尚書令，豈得不先與議而遽奏耶？』宰相遜謝而已。」〔註6〕紇石烈執中兵變弒君，擁立宣宗，權傾朝野，賞罰任己，其所任尚書令一職具有實際權力。

據實而論，尚書令職權的虛化，僅見於二三任職大臣；任尚書令者，以實職為多。因此，我們認為，在金朝時期，尚書令作為尚書省長官，是宰相群體的成員。

〔註2〕　《金史》卷55《百官志一》，中華書局1975年，第1217頁。
〔註3〕　《金史》卷86《李石傳》，中華書局1975年，第1913頁。
〔註4〕　《金史》卷64《世宗元妃李氏傳》，中華書局1975年，第1523頁。
〔註5〕　《金史》卷88《完顏守道傳》，中華書局1975年，第1957頁。
〔註6〕　《金史》卷132《紇石烈執中傳》，中華書局1975年，第2838頁。

2、「權」宰相的出現

金朝中後期，有一些官員，由朝廷任命，以本職「權」宰相。「權」宰相的出現，始於承安二年（1197 年）胥持國以樞密副使權參知政事，與樞密使兼平章政事完顏襄北征。其後，泰和年間，完顏匡以左副元帥權右丞南下征宋。自衛紹王時期，「權」宰相逐漸增多。筆者統計，章宗至金末，金朝官員曾帶「權」宰相銜的，有 50 人次。「權」宰相，有在朝廷參政的，如宣宗時期烏古論德升以翰林侍讀學士權參知政事，議榷場互市用銀一事；哀宗時期張天綱任戶部尚書權參知政事，諫阻哀宗用烏古論先生假田單之計退敵一事。「權」宰相，也有在外行省的，如宣宗時，蒙古綱以右副元帥權參知政事行省山東，徒單兀典以兵部尚書權參知政事行省徐州。

對於「權」宰相，宣宗與大臣溫迪罕達有一次對話。溫迪罕達說「天下輕重，繫於宰相，邇來每令權攝，甚無謂也。」宣宗答：「人才難知，故先試其稱否，卿何患焉。」﹝註7﹞在此，溫迪罕達認為，這些大臣是「權攝」職，宣宗則認為是對他們「試」用。因史料所限，筆者所做的統計，「權」宰相 50 人次，有本職者 42 人次，其餘情況不明。這說明，這些「權」宰相，一般都有自己的本職，其所帶「權」宰相銜，只是一時的兼任。筆者所做的統計，「權」宰相 50 人次，其後「真拜」宰相者，有 12 人次，不足總數的 1/4，說明這些「權」宰相，可以看作是他們真正擔任宰相前的試用期。因此，從實際情況看，這些宰相銜前帶一「權」字的官員，是暫時兼任，是在試用階段，與正式任命的、占宰相定員、具有宰相的實際權力的情況，有根本的不同。所以，從嚴謹的學術研究的角度看，把他們看作真正的宰相是不合適的。

3、宰相行省地方

宰相行省地方，其淵源在於太祖和太宗時期的宗室貴族出征遼、宋和治理新佔領地區，如完顏宗翰任勃極烈期間駐雲中控制華北地區即是一例。其後，皇統年間的左丞相完顏宗弼，大定年間的右丞相僕散忠義，泰和年間的右丞相完顏宗浩、平章政事僕散揆和完顏匡，他們都因征宋行省地方。明昌年間，參知政事胥持國和馬琪行省治河，也是宰相行省地方的一個實例。大體上，這些宰相行省地方是臨時的安排，一俟戰爭結束或河患消除，即回朝任職。他們所任宰相，亦在宰相定員之內。金朝後期，對宋、夏、蒙三國長

﹝註7﹞《金史》卷104《溫迪罕達傳》，中華書局 1975 年，第 2293 頁。

期處於戰爭狀態，同時國內盜匪縱橫，起義遍地，政令的貫徹成爲首要的問題。因此，行省在各地遍設。這些行省的長官，有一些是宰相由中央正式任命，並曾在尚書省任相，再至行省負責軍政事務；有一些是雖由中央正式任命，但從未在尚書省任相，一直在地方負責軍政事務；有一些雖由中央任命，但其宰相銜前帶一「權」字；有一些則不帶宰相銜。這四種情況，需要區別對待。第四種情況，行省官不帶宰相銜，不論。第三種情況，筆者已經有所闡述，故不論。第二種情況，其職掌與尚書省宰相有根本的不同，亦不論。只有第一種情況有些複雜。前述，熙宗至章宗時期的宰相，占尚書省宰相定員，具有議政和行政權，有時臨時差遣在外。第一種情況與此一致，所以筆者把他們看作眞正的宰相，應是有一定的合理性的。

綜上所述，筆者認爲，經正式任命且在任期間在朝理政的宰相是眞宰相。如其在任期間出朝行政領兵，則是眞宰相親自處理政務的一種安排。雖經正式任命，但在任相期間一直在外行省，並未在朝理政的，顯然不是眞宰相。如其在外行省完畢，回朝理政，則其在回朝理政後是眞宰相。雖然在任相期間有在朝理政的經歷，但帶「權」字的宰相，是暫時試用，並未經過朝廷正式任命的程序，不是眞宰相。如其自「權」宰相由朝廷任命，則其接受任命後才是眞宰相。

三、宰相的數量

金朝宰相的數量一直是一個懸而未決的問題。目前，存在著多家觀點。日本學者三上次男先生的統計數據是 131〔註 8〕，中國學者都興智先生的統計數據是 158〔註 9〕。三上次男先生的統計數據不含哀宗時期的宰相，且對不同皇帝在位期間的宰相單獨計算，如 1 人曾在兩位皇帝在位期間任相，則在統計數據中，重複算作 2 人。都興智先生的統計，雖直至金末，但三上次男先生的第二個問題也存在於都先生的數據中。另外，吳鳳霞先生和程妮娜先生在金朝宰相的數量統計方面亦有一些數據〔註 10〕。吳先生的表格，有對不同

〔註 8〕轉引自陳昭揚著《征服王朝下的士人——金代漢族士人的政治、社會、文化論析》，《金代宰相、尚書、御史大夫族屬表》，（臺灣）國立清華大學歷史研究所博士論文，2007 年，第 104 頁。

〔註 9〕都興智著：《金代的科舉制度》，《金代宰相民族和出身對照表》，載張博泉等著《金史論稿》第二卷，吉林文史出版社 1992 年，第 413 頁。

〔註 10〕吳鳳霞先生表見吳先生文《金代尚書省若干問題探討》，載干志耿、王可賓主編《遼金史論集》第八輯第 206～216 頁，吉林文史出版社 1994 年版。程妮

皇帝在位期間的不同的宰相數量的統計數據，但並未對金朝宰相的整體數量作出明確的統計。程先生的數據，據筆者的理解，應是對金朝宰相的任職人次所做的統計的結果，為359。因此，吳、程二位先生的統計數據，與本文所指涉的問題略有不同。

　　鑒於以上諸位先生的統計數據均不足以作為對金朝宰相制度進行進一步研究的基礎，筆者對金朝的宰相一一甄別，逐一統計，得其數量為159 [註11]，茲列《金朝宰相簡表》如下：

表2.1：金朝宰相簡表

序號	姓　名	史料來源	序號	姓　名	史料來源
1	韓企先	4，78	2	完顏宗翰	4，74
3	完顏宗磐	4，76	4	完顏希尹	4，73
5	高慶裔	4	6	蕭慶	4
7	完顏宗幹	4，76	8	完顏勖	4，66
9	完顏奕	4	10	李德固	4，5
11	完顏宗雋	4，69	12	蕭仲恭	4，82
13	完顏昂（吾都補）	4，65	14	韓昉	4，125
15	完顏宗弼	4，77	16	耶律讓	4
17	完顏宗憲	4，6，70	18	完顏宗固	4，59，76
19	完顏宗賢	4，70	20	劉筈	4，5，78
21	蕭肄	4，5，129	22	完顏亮	4，5
23	完顏秉德	4，5，132	24	唐括辯	4，5，132
25	完顏稟	4，5	26	完顏充	4，76

娜先生的觀點是，「據《金史》記載，金代各朝宰相約359人」。實際上，金代宰相的任職人數距離這個數字甚遠。因此，筆者的理解是，這個數字應是在對金朝宰相按職位統計的任職人次的數量。詳見程先生著《金代政治制度研究》，吉林大學出版社1999年，第252頁。

〔註11〕本章各表，除宰相實際人數159，尚有數字360，333，213。這些數字，是在宰相實際人數159的基礎上取得的。金朝宰相職位多，任相期間升職和降職情況複雜。如1人曾任職某一職位1次，則算作1人次；如其在同一職位任職N次，則算作N人次。如此，對宰相任職人次合計，得360。如1人在同一職位任職N次，則仍按1人計算，如此，對宰相任職人數合計，得333。金朝有一定數量的宰相2次或2次以上拜罷，其1任期內職位雖多次變動，但自拜相後至罷相前作1任，如1人N次拜罷，則算作N次。如此，合計，得213。在此注明，以下各表，不再一一標注。

27	完顏宗本	4，5，59，76	28	完顏宗敏	59，69
29	完顏宗甫	4	30	完顏阿魯	《遺山先生文集》28
31	完顏阿魯帶	59，94	32	蘇公	《遺山先生文集》29
33	完顏烏帶	5，132	34	完顏宗義	5，76
35	劉麟	5，77	36	耨盌溫敦思忠	5，84
37	蕭裕	5，129	38	完顏兗	5，76
39	大臭	5，80	40	完顏思恭	5，6，70
41	張浩	5，6，83	42	蕭玉	5，6，76
43	徒單恭	5，120	44	張通古	5，83
45	張中孚	5，79	46	劉萼	5，78
47	耶律恕	5，82	48	完顏昂（奔睹）	5
49	赤盞暉	5，80	50	蕭賾	5
51	僕散師恭	5，132	52	蔡松年	5，125
53	納合椿年	5，83	54	耶律安禮	5，83
55	紇石烈良弼	5，6，7，88	56	敬嗣暉	5，6，91
57	李通	5，129	58	劉長言	5
59	劉通	《中州集》9	60	獨吉義	6，86
61	完顏晏	6，73	62	李石	6，7，86
63	翟永固	6，89	64	僕散忠義	6，87
65	移剌元宜	6，132	66	完顏毅英	6，72
67	完顏守道	6，7，8，88	68	蘇保衡	6，89
69	石琚	6，7，88	70	王蔚	7，9，95
71	唐括安禮	6，7，8，88	72	紇石烈志寧	6，7，87
73	孟浩	6，7，89	74	魏子平	6，89
75	耨盌溫敦兀帶	6，84	76	徒單合喜	6，87
77	完顏宗敘	6，71	78	移剌道	7，8，88
79	徒單克寧	7，8，9，92	80	張汝弼	7，8，83
81	蒲察通	7，8，95	82	黏割幹特剌	7，8，10，11，95
83	烏古論元忠	7，8，120	84	完顏襄	7，8，9，10，11，94
85	梁肅	8，89	86	張仲愈	8
87	程輝	8，95	88	完顏宗尹	8，73
89	張汝霖	8，9，83	90	完顏璟	8
91	馬惠迪	8，95	92	完顏宗浩	8，9，11，12，93
93	劉瑋	8，9，10，95	94	完顏婆魯火	8
95	孛尤魯阿魯罕	8，91	96	夾谷清臣	9，10，94

97	移剌履	9，95	98	徒單鎰	9，11，12，13，14，99
99	完顏宗寧	9，73	100	完顏守貞	9，10，73
101	夾谷衡	9，10，11，94	102	張萬公	9，10，11，95
103	烏林荅願	9，10	104	胥持國	10，129
105	馬琪	10，95	106	尼厖古鑒	10，95
107	董師中	10，11，95	108	完顏裔	10
109	完顏萅	10，11，66	110	楊伯通	10，11，95
111	完顏匡	11，12，13，98	112	僕散揆	11，12，93
113	孫即康	11，12，99	114	賈鉉	11，12，13，99
115	獨吉思忠	12，13，93	116	僕散端	12，13，14，15，101
117	孫鐸	12，99	118	程嶧	9，99
119	完顏撒剌	12	120	耿端義	13，14，101
121	完顏從恪	93	122	完顏承裕	13，93
123	奧屯忠孝	13，14，104	124	完顏承暉	13，14，101
125	梁璒	13	126	孟鑄	13，100
127	胥鼎	13，14，108	128	完顏綱	13，98
129	徒單銘	120	130	王維翰	13，121
131	移剌	99	132	徒單九駙馬	123
133	紇石烈執中	14，132	134	徒單公弼	14，120
135	賈益謙	106	136	朮虎高琪	14，106
137	抹撚盡忠	14，101	138	高汝礪	14，15，16，17，107
139	孛朮魯德裕	14，101	140	侯摯	17，18，108
141	徒單思忠	14，15，16	142	完顏守純	14，15，16，17，93
143	李革	14，99	144	張行信	15，17，107
145	把胡魯	15，16，17，108	146	李復亨	16，100
147	僕散毅夫	16，17	148	石盞尉忻	16，17，115
149	完顏定奴	98	150	完顏賽不	17，18，113
151	赤盞合喜	17，113	152	師安石	17，108
153	李蹊	17	154	完顏承裔	17，18，113
155	完顏合達	17，112	156	顏盞世魯	17，51
157	完顏奴申	17，18，115	158	完顏仲德	17，18，119
159	蒲察官奴	18，116			

註 1：《金朝宰相簡表》所列宰相，156 人能在《金史》中檢索到。其餘 3 人，即完顏阿魯、蘇公、劉通，詳見《遺山先生文集》卷二十八《臨淄縣令完顏公神道碑》、《遺山先生文集》卷二十九《忠武任君墓碣銘》、《中州集》卷

九《劉曹王豫》。因此，《金朝宰相簡表》中「史料來源」一欄數字，除特別注明《遺山先生文集》和《中州集》者，均是《金史》直接標注卷數而成。

註2：《大金國志》的可靠性有疑，其中所記宰相，在《金史》中檢索不到者，《金朝宰相簡表》中未收錄。

註3：《金史》卷九《章宗紀一》中有「程㟪」，《金史》卷六十三《后妃傳上》中有「李睹」，《遺山先生文集》卷二十《資善大夫武寧軍節度使夾谷公神道碑銘》中有「夾谷畢蘭出」，或曾任宰相；或與其它宰相同名，《金史》誤書；或未曾任宰相。這三人的情況，在此略作辨析。

　　程㟪曾任宰相。《金史》卷九《章宗一》載，明昌三年十一月，「尚書省奏，知河南府事程㟪乞進封父祖。權尚書禮部郎中党懷英言：『凡宰相改除外任長官，其佐官以下相見禮儀皆與他長官不同，其子亦得試補省令史。其子且爾，父祖封贈理當不同，合與宰相一例封贈。』從之。」據此推測，此前程㟪曾任宰相。因此，《金朝宰相簡表》中收錄程㟪。

　　李睹，或是與宰相完顏昂（女眞名奔睹）爲同一人，爲《金史》誤書。據《金史》卷六十三《海陵后徒單氏傳海陵諸嬖附傳‧貴妃定哥傳》載，貴妃定哥與家奴閤乞兒私通，藥師奴爲小底，對此事知情不報。其後「藥師奴既以匿定哥姦事被杖，后與秘書監文俱與靈壽縣主有姦，文杖二百除名，藥師奴當斬。海陵欲杖之，謂近臣曰：『藥師奴於朕有功，再杖之即死矣。』丞相李睹等執奏藥師奴於法不可恕，遂伏誅。」〔註12〕藥師奴伏誅，與完顏文被杖，應是在同一時間段。據《金史》卷七十四《完顏宗望傳附子文傳》，完顏文「貞元元年，除秘書，坐與靈壽縣主阿里虎有姦，杖二百，除名」〔註13〕。據《金史》卷四十五《海陵紀》，貞元元年十二月戊午「特賜貴妃唐括定哥家奴孫梅進士及第」，同月丙子「貴妃唐括定哥坐與舊奴姦，賜死」〔註14〕，可知藥師奴匿定哥與家奴閤乞兒私通一事，事發在貞元元年（1153年）十二月。藥師奴伏誅，與完顏文被杖，時間應是在貞元元年十二月丙子後，或是在貞元元年閏月。貞元元年十二月丙子，中經貞元元年閏月，至貞元二年（1154年）正月甲寅朔前，任「丞相」者有二，一是左丞相完顏昂（女眞名奔睹），一是右丞相蕭裕（契丹名遙折）。「奔」與「李」二字字形近，疑此「丞相李睹」即左丞相完顏昂（女眞名奔睹），爲《金史》誤書。施國祁《金史詳校》未作辨正，疑漏。因此，「丞相李睹」存疑待考。《金朝宰相簡表》中，未收錄李睹。

〔註12〕　《金史》卷63《海陵后徒單氏傳附海陵諸嬖傳》，中華書局1975年，第1511頁。

〔註13〕　《金史》卷74《完顏文傳》，中華書局1975年，第1710頁。

〔註14〕　《金史》卷45《海陵紀》，中華書局1975年，第101頁。

夾谷畢蘭出帶「平章政事」銜，需辯證一二。據《遺山先生文集》卷二十《資善大夫武寧軍節度使夾谷公神道碑銘》載，墓主夾谷土剌有「從弟平章政事華國公畢蘭出及其子奉職六十一」〔註15〕，二人「皆葬墓次」〔註16〕。由墓主夾谷土剌「北渡後五年，以戊戌年二月晦，春秋七十有三終於家」〔註17〕逆推，其生年當爲大定六年（1166 年），夾谷畢蘭出生年當在此後；夾谷畢蘭出帶平章政事銜，當在章宗至哀宗時。此時，宰相任職情況複雜，前述已詳。夾谷畢蘭出帶平章政事銜，不知是哪一種情況。因此，夾谷畢蘭出帶平章政事銜一事，存疑待考。爲謹慎起見，《金朝宰相簡表》中，未收錄夾谷畢蘭出。

註4：蘇公、移剌、徒單九駙馬三人，分別出現於《遺山先生文集》卷二十九《忠武任君墓碣銘》、《金史》卷九十九《徒單鎰傳》和《金史》卷一百二十三《徒單航傳》，只存姓氏，其名不詳。因此，《金朝宰相簡表》中實錄其姓，其名待考。

註5：據其仕歷推測，《金史》卷四《海陵紀》中「孛極」當即《金史》卷七十六《宗義傳》中的「宗義」；《金史》卷十六《宣宗紀下》中的「僕散毅夫」當即《金史》卷十七《哀宗紀上》中的「僕散五斤」。此二者，陳述先生《金史拾補五種》之「第五種」《金史異名表》中未錄，故補。在《金朝宰相簡表》中收錄二者，爲「完顏宗義」和「僕散毅夫」。

第二節　宰相任命的決策過程

宰相是國家高級官員，他們的言行舉止直接關係到國家政權運行的方方面面，時人言「天子之職，在擇相，相得人，則垂拱而治可也。」〔註18〕因此，擇相是皇帝的本職，宰相的任命權是直接掌握在皇帝的手中的。海陵王準備任命蕭永祺爲左丞，但蕭永祺堅辭，有人對他說「公遇知人主，進取爵位，以道佐時，何多讓也？」〔註19〕也說明當時人對皇帝掌握宰相任命權的認同。

〔註15〕〔金〕元好問：《資善大夫武寧軍節度使夾谷公神道碑銘》，《遺山先生文集》卷20，四部叢刊初編縮本，商務印書館1936年，第217頁。

〔註16〕〔金〕元好問：《資善大夫武寧軍節度使夾谷公神道碑銘》，《遺山先生文集》卷20，四部叢刊初編縮本，商務印書館1936年，第217頁。

〔註17〕〔金〕元好問：《資善大夫武寧軍節度使夾谷公神道碑銘》，《遺山先生文集》卷20，四部叢刊初編縮本，商務印書館1936年，第217頁。

〔註18〕〔金〕元好問：《朝散大夫同知東平府事胡公神道碑》，《遺山先生文集》卷17，四部叢刊初編縮本，商務印書館1936年，第177頁。

〔註19〕《金史》卷125《蕭永祺傳》，中華書局1975年，第2721頁。

　　皇帝任命宰相，是實現其意圖的過程。海陵王即位，任命完顏勖爲相；金世宗即位，任命完顏晏爲相，其原因在於，海陵王和世宗都是政變即位，都需要取得宗室貴族的支持。海陵王想遷都南京，南下征宋，召吏部尚書李通、翰林承旨翟永固、宣徽使敬嗣暉、翰林直學士韓汝嘉議其事，李通和敬嗣暉同意，翟永固和韓汝嘉不同意，結果「明日，拜李通爲右丞，敬嗣暉爲參知政事。」〔註20〕其意圖在於，任命李通和敬嗣暉爲相，在他們的支持下，南征能夠名正言順地展開。宣宗時，張行信任禮部尚書，「時丞相尤虎高琪擅權，百官側目。因廷議事，公獨抗言折之，上甚喜。明日，拜參知政事。」〔註21〕宣宗的意圖，是想要利用張行信對尤虎高琪有所牽制。宣宗任命皇子荊王守純任平章政事，也是出於這一考慮。上述，是皇帝因事命相，有所旨歸的。至於平時，皇帝任命宰相處理軍政事務，對宰相的德行才能有一定的要求，則自不待言。

　　正是因爲皇帝有最終決定權，大臣因覬覦相位而對皇帝有所逢迎就是可以理解的了。蕭肄「有寵於熙宗，復諂事悼后，累官參知政事」〔註22〕。白撒雖「目不知書」但「姦黠有餘」，所以「能搏闇中人主心，遂浸漬以取將相」〔註23〕。但是，皇帝出於顯示恩澤的需要，對覬覦相位之臣往往有所抑制。大定十七年（1177年）十月，世宗對宰相說：「近觀上封章者，殊無大利害。且古之諫者既忠於國，亦以求名，今之諫者爲利而已。如戶部尚書曹望之、濟南尹梁肅皆上書言事，蓋覬覦執政耳，其於國政竟何所補。」〔註24〕當時「（曹）望之久習事，有治錢穀名，性剛愎，頗沾沾自露，希覬執政。而刑部尚書梁肅自詳問宋國使還，世宗嘗欲以爲執政，久而未用，亦頗炫耀求進。世宗謂左丞相紇石烈良弼曰：『曹望之、梁肅急於見知，涉於躁進。』遂出梁肅爲濟南尹。數年，乃召拜參知政事。而望之終於戶部尚書，年五十六。」〔註25〕

〔註20〕〔宋〕徐夢莘：《三朝北盟會編》卷242，上海古籍出版社2008年6月第2版，第1741頁。

〔註21〕〔金〕劉祁撰，崔文印點校：《歸潛志》卷6《張左丞行信》，中華書局1983年，第58頁。

〔註22〕《金史》卷129《蕭肄傳》，中華書局1975年，第2779頁。

〔註23〕《金史》卷113《白撒傳》，中華書局1975年，第2492頁。白撒，女眞宰相，其漢名爲完顏承裔，《金朝宰相簡表》所列即其漢名，下文「白撒」均指此人，不再另行標注。

〔註24〕《金史》卷7《世宗紀中》，中華書局1975年，第168頁。

〔註25〕《金史》卷92《曹望之傳》，中華書局1975年，第2039～2040頁。

願望不能實現，因之有失落感的，難免有所流露。章宗時，孫鐸「爲人正直敢言，有學問文采，一時相望甚切。」〔註26〕泰和三年（1203年），御史中丞孫即康、刑部尚書賈鉉拜參知政事，孫鐸「再任戶部尚書」〔註27〕，「鐸心少之，對賀客誦古人詩曰：『唯有庭前老柏樹，春風來似不曾來。』御史大夫卞劾鐸怨望，降同知河南府事。」〔註28〕其後，至泰和七年（1207年），孫鐸方拜參知政事。

皇帝掌握最終決策權，在任命宰相前，一般是要考察一番的。世宗在位期間，對海陵王用人提出批評：「岐國用人，但一言合意便陞用之，一言之失便責罰之。凡人言辭，一得一失，賢者不免。自古用人咸試以事，若止以奏對之間，安能知人賢否？」〔註29〕同時，世宗申明了自己行使人事權的原則「朕之取人，眾所與者用之，不以獨見爲是也。」〔註30〕上面的事實說明，海陵王和金世宗對宰相人選的考察，方法是有所不同的。海陵王是在「奏對」之間，通過察言觀色，確定其適當與否。金世宗則是在「奏對」的基礎上，「試以事」，並參考一些人的意見，最後謹慎地作出決策。要之，海陵王和世宗，任相原則雖不同，但掌握任命宰相的最終決策權則是一致的。

據實而論，海陵王的做法，受到世宗的批評，是可以理解的。這是因爲，封建王朝官員眾多，皇帝難以一一考察；宰相居中輔政，與官員接觸，對官員有直接的觀察和瞭解。因此，皇帝一般注意聽取當朝宰相的意見，作爲任命新相的參考。

世宗就宰相人選徵求左丞黏割斡特剌的意見，「世宗謂曰：『朕昨與宰臣議可授執政者，卿不在焉。今阿魯罕年老，斡魯也多病，吾欲用宗浩，何如？』斡特剌奏曰：『彼二者恐不得力，獨宗浩幹能可任。』遂用宗浩。」〔註31〕承安五年（1200年）閏月，章宗與宰臣論置相：「『徒單鎰，朕志先定。賈鉉如何？』皆曰：『知延安府事孫即康可。』平章政事萬公亦曰：『即康及第，先鉉一榜。』上曰：『至此安問榜次，特以賈才可用耳！』」〔註32〕其後，在

〔註26〕〔金〕劉祁撰，崔文印點校：《歸潛志》卷8，中華書局1983年，第82頁。
〔註27〕《金史》卷99《孫鐸傳》，中華書局1975年，第2194頁。
〔註28〕《金史》卷99《孫鐸傳》，中華書局1975年，第2194頁。
〔註29〕《金史》卷7《世宗紀中》，中華書局1975年，第176頁。
〔註30〕《金史》卷7《世宗紀中》，中華書局1975年，第176頁。
〔註31〕《金史》卷95《黏割斡特剌傳》，中華書局1975年，第2109頁。
〔註32〕《金史》卷11《章宗紀三》，中華書局1975年，第253頁。

宰相的堅持下，孫即康與賈鉉同日拜參知政事。承安五年，章宗問宰相：「徒單鎰與宗浩孰優？」〔註33〕平章政事張萬公答：「皆才能之士，鎰似優者。鎰有執守，宗浩多數耳。」〔註34〕章宗問：「何謂多數？」〔註35〕張萬公答：「宗浩微似趨合。」〔註36〕章宗同意張萬公的意見，任命徒單鎰為平章政事。

大體上，官員的任命，總是要經過一番考察的。世宗時，大定八年，任命翰林待制張汝霖為刑部郎中，世宗召見，對他說：「卿以待制除郎中，勿以為降。朕以刑部闕漢官，故以授卿。且卿入仕未久，姑試其能耳。如職事修舉，當有陞擢。爾父太師以戶部尚書升諸相位，由崇德大夫躐遷金紫，卿所自見也。當既厥心，無忝乃父。」〔註37〕章宗時，任命孫即康為參知政事前，當時左丞相完顏襄的意見，給章宗提供了一條考察的途徑。據載，承安五年，章宗問宰相：「今漢官誰可用者？」〔註38〕完顏襄推薦孫即康，章宗問：「不輕薄否？」〔註39〕完顏襄答：「可再用為中丞觀之。」〔註40〕於是，章宗任命孫即康為御史中丞。泰和三年，拜孫即康為參知政事。

皇帝考察大臣，決定任命其為宰相與否，自章宗時期開始出現制度化的傾向。這就是大臣以本職帶「權」宰相銜，參與議政與行政，經過一個試用期，由皇帝作出最終決策。這種傾向，至宣宗時，已經有明確的表述。前引宣宗與溫迪罕達的對話，溫迪罕達說：「天下輕重，繫於宰相，邇來每令權攝，甚無謂也。」宣宗答：「人才難知，故先試其稱否，卿何患焉。」能夠說明這個考察過程的存在。據統計，章宗時期至金末，帶「權」宰相銜的官員，有50人次，其後「真拜」宰相者，僅12人次，不足總數的1/4，則說明皇帝在任命宰相上的謹慎。

皇帝的后妃，對於宰相的任命，有時具有重要的影響，徒單恭和夾谷清臣是這方面的例子。海陵王皇后徒單氏是徒單恭女，因此，徒單恭拜平章政事，其後任領三省事。〔註41〕章宗的昭儀夾谷氏是夾谷清臣女，因此，對夾

〔註33〕《金史》卷99《徒單鎰傳》，中華書局1975年，第2187頁。
〔註34〕《金史》卷99《徒單鎰傳》，中華書局1975年，第2187頁。
〔註35〕《金史》卷99《徒單鎰傳》，中華書局1975年，第2187頁。
〔註36〕《金史》卷99《徒單鎰傳》，中華書局1975年，第2187頁。
〔註37〕《金史》卷83《張汝霖傳》，中華書局1975年，第1865頁。
〔註38〕《金史》卷99《孫即康傳》，中華書局1975年，第2196頁。
〔註39〕《金史》卷99《孫即康傳》，中華書局1975年，第2196頁。
〔註40〕《金史》卷99《孫即康傳》，中華書局1975年，第2196頁。
〔註41〕《金史》卷120《徒單恭傳》，中華書局1975年，第2616頁。

谷清臣「眷倚益重」〔註42〕，夾谷清臣的仕途，在章宗明昌年間一帆風順，「（明昌）二年，拜尚書左丞。頃之，進平章政事，封芮國公，賜同本朝人。（明昌）四年，遷右丞相，監修國史。」〔註43〕其後，官至左丞相。這種情況說明，宗室與貴族的聯姻對皇帝確定宰相的人選有潛在的影響。至於后妃干政時期，大臣通過后妃取得相位，則是常見的事情了。熙宗悼平皇后裴滿氏干政，「朝官往往因之以取宰相」〔註44〕。劉筈「自為宣徽使，以能得悼后意，致位宰相」〔註45〕即是一例。章宗時期，胥持國拜相，與章宗的元妃李師兒有直接的關係。劉祁《歸潛志》言「胥參政持國由經童入仕，得倖於章宗，擢為執政」〔註46〕，其實，胥持國拜相，與其長期在太子宮中任職，與章宗關係密切，又「多賂遺妃左右用事人」，且「妃亦自嫌門地薄，欲藉外廷為重，數稱譽持國能，由是大為上所信任，與妃表裏，筦擅朝政」〔註47〕，都有直接的關係。

綜上，皇帝掌握任命宰相的最終決策權。現任宰相的意見，雖然對新宰相的任命有一定的影響，但是，宰相的這種影響力，也是以皇帝接受其建議，並作出決定為結果的。皇帝考察大臣，有「試用期」的設置，則是金朝皇帝在任命宰相的過程中考察大臣的制度化的表現。宰相的任命，后妃在其中具有一定的作用。但是，后妃的影響力，是有限的。熙宗被弒，海陵王即位，劉筈解職。胥持國雖倚重章宗元妃，但御史臺以「胥門十哲」為奏，胥持國致仕。后妃的這種做法，不是金朝皇帝任命宰相的常例。一般情況下，皇帝任命宰相的權力，與皇帝的其它方面的權力一樣，是不容置疑和不可撼動的。至於熙宗時期，宗室貴族在宰相的任命中具有重要地位，則是金朝進封建社會時間短、政治制度不成熟的表現。這種現象，是一時的，不能理解為常態。

第三節　宰相的出身

在《金史》的表述中，「出身」一般是指任職前的身份。這裡的「宰相的出身」，是對「出身」一詞的內涵的延伸。出於對金朝宰相進行全面的考察的

〔註42〕　《金史》卷94《夾谷清臣傳》，中華書局1975年，第2084頁。
〔註43〕　《金史》卷94《夾谷清臣傳》，中華書局1975年，第2084頁。
〔註44〕　《金史》卷63《熙宗悼平皇后傳》，中華書局1975年，第1503頁。
〔註45〕　《金史》卷78《劉筈傳》，中華書局1975年，第1773頁。
〔註46〕　〔金〕劉祁撰，崔文印點校：《歸潛志》卷10，中華書局1983年，第113頁。
〔註47〕　《金史》卷129《胥持國傳》，中華書局1975年，第2793頁。

需要，宰相的出身不僅限於其擔任職官前的身份，而且兼顧其入仕途徑、前任職務、民族宗族、地域分佈等四個方面，以期揭示金朝宰相自出生至任相前的經歷，及其與金朝政治的演進的關係。

一、入仕途徑

目前，在學術界，研究金朝官員的入仕途徑的成果尚不多見。筆者檢索相關史籍，對相關史料進行分類整理，認爲金朝官員的入仕途徑有九種，即軍功和世襲、廕補和流外出職、科舉、侍衛親軍出職、勞效出職、薦舉、納粟補官。其中，與金朝宰相有關的入仕途徑，主要集中在軍功和世襲、廕補和流外出職、科舉等方面。

金朝宰相自軍功出身者，主要集中在金朝前期。當時，「太祖征伐四方，諸子皆總戎旅」〔註48〕，「兄弟子姓才皆良將，部落保伍技皆銳兵」〔註49〕。完顏宗翰、完顏宗磐、完顏宗幹、完顏宗弼等的入仕途徑，都是軍功。除宗室子弟，其它人員自軍功出身者尚多，如完顏希尹、赤盞暉、徒單合喜、耶律恕等。值得注意的是，和宗室子弟宰相類似，他們自軍功出身，與其門第有一定關係。有金一代，戰爭經常進行，其後宰相在任相前的遷轉經歷，很多也與軍功有關，但其入仕的起點，則一般不是軍功。

金朝時，世襲作爲入仕途徑，是指萬戶、猛安、謀克等職。檢索史籍，出身萬戶，晉身宰相的，尚未見到。因此，自世襲出身的宰相，以猛安和謀克爲主。如完顏襄、夾谷清臣、僕散忠義、李石、大臭等。猛安、謀克是世襲的職位，與流官不同。他們出任路、府、州、軍職官，以及其它職官，一般是以在戰爭中建立軍功爲前提條件的。因此，這裡把軍功和世襲合併統計。這條入仕途徑，也有例外。如猛安蕭裕，其遷轉過程中，因與海陵王親近，由後者援引，直接任兵部侍郎，其間未有建立軍功的經歷，應是一特例。

金朝廕補制度在熙宗時開始實行。當時，對承廕人授予散官，隨軍出征，因軍功出任路、府、州、軍職官，經朝官晉身宰相。海陵王完顏亮即是一例。但是，廕補出身的宰相，其起點一般是在宮中擔任流外服務人員奉職、奉御、護衛、符寶祇候等，期滿出任職官，即流外出職。徒單克寧、徒單公弼、烏古論元忠、僕散揆、蒲察通、完顏膏、完顏承裕、完顏白撒等都是這種情況。

〔註48〕《金史》卷19《世紀補》，中華書局1975年，第408頁。
〔註49〕《金史》卷44《兵志》，中華書局1975年，第991頁。

蔭補制度中，皇子（孫）的情況特殊，他們一般直接封王，任朝官，晉身宰相。如世宗孫完顏璟、宣宗子完顏守純。至於哀宗子完顏從恪，在大安元年（1209 年）封王，同年直接拜左丞相，更是與眾不同。需要說明的是，遼、宋蔭補，雖與金朝有別，但其重門第，則是一致的。因此，原遼、宋蔭補出身，歸附金朝出任職官，並晉身宰相者，這裡對其入仕途徑歸類為蔭補，與金朝蔭補出身的宰相一併考察。

流外出職是金朝一種特殊的制度。宮中的奉職、奉御、護衛、符寶祗候等，和令史、譯史、通事等，都是流外職。他們需要經一定年限出職。前述蔭補出身，自流外出職，逐漸升遷晉身宰相者，也是這種情況。移剌元宜、僕散端、完顏承暉、完顏綱、完顏定奴等的入仕途徑，是流外出職。從他們的實際情況看，他們的祖上是高級官員或宗室貴族的可能性，是存在的。只是相關史料記載簡略，不能據以做詳細的考證，故暫定其入仕途徑為流外出職。金朝前期，有承應御前文字、管勾御前文字等名目，他們的入仕途徑，與其門第有直接關係，如張浩和獨吉義。令史、譯史、通事中，以令史出身晉身宰相者最多。蔡松年、納合椿年、移剌道、黏割斡特剌、孛朮魯阿魯罕、孛朮魯德裕的入仕途徑，都是令史。金朝譯史出身任宰相者很少。通事出身任宰相者，史籍中尚未檢索到。總之，金朝的蔭補和流外出職，作為兩種入仕途徑，具有一定的關聯性，不能截然分開。因此，在這裡把入仕途徑為蔭補和流外出職的宰相合併統計。

科舉出身的官員，其來源有所不同。在遼和北宋時期，參加科舉考試，踏上仕途，在金朝擔任官職，並晉升宰相者，與在金朝參加科舉考試，擔任官職，並晉升宰相者，在這裡合併為一類，一體考察。

金朝科舉，科目很多。但是，筆者所見，以科舉為入仕途徑的宰相，除胥持國的起點是經童，其餘均為進士。金朝進士，釋褐後，一般需要擔任縣官即丞、簿、令等，升任路、府、州、軍職官，經朝官晉升宰相。這一過程中，在基層任職時間長，故有「節察令推何時了，鹽度戶勾幾時休」〔註 50〕一類的怨言。因此，一般的科舉出身者，止步於基層職官，與宰相的職位無緣。但是，如有在左、右司任職的經歷，則時間會大大縮短，晉升宰相的幾率會提高很多。據載，「凡登第歷三任至縣令，以次召補充，一考，三十月出得六品州倅。兩考，六十月得五品節度副使、留守判官。或就選為知除知案，

〔註 50〕〔金〕劉祁撰，崔文印點校：《歸潛志》卷 7，中華書局，1983 年，第 77 頁。

由之以漸，得都事、左右司員外郎、郎中」〔註51〕。這是一條捷徑，其原因在於，「金朝用人，大概由省令史遷左右司郎中、員外郎、首領官，取其簿書精幹也。由左右司首領官選宰相執政，取其奏對詳敏也」〔註52〕。筆者統計，金朝時期，宰相科舉出身者48人，其中曾在左、右司任令史、都事、員外郎、郎中、侍郎者30人，這是值得注意的一個現象。世宗時，女眞進士的情況，與漢進士略有不同，故略述之。大定十三年（1173年），女眞進士首科。中進士者，其遷轉經歷中，有教授一任、縣主簿一任，隨後，直接擔任朝官，如有進一步晉升的機會，則擔任宰相的可能性較大。章宗時起，女眞進士的遷轉，與漢進士略同。

　　需要說明的是，金朝時，有未經科舉考試，由皇帝直接賜進士及第和賜進士出身者，其遷轉順序與通過科舉考試中進士者略同，故一併考察。

表2.2：金朝宰相入仕途徑表（一）

入仕途徑	軍功和世襲	蔭補和流外出職	科　舉	共　計	不明人數
人數	22	54	48	124	35
百分比	17.74%	43.55%	38.71%	100%	

註1：《金朝宰相入仕途徑表》（一）是以宰相人數爲目標，對金朝宰相的入仕途徑的整體的統計和計算。

註2：表中的人數和百分比，是以文獻中能夠檢索到入仕途徑的124人爲基礎的。

註3：文獻中未能檢索到入仕途徑的35人，已經在表中標出，以便於進一步研究。

　　《金朝宰相入仕途徑表》（一）中的「軍功和世襲」與「蔭補和流外出職」二項，如前所述，門第在其中是重要的因素。二者合計，其比例在60%以上。「科舉」一項，已將皇帝賜進士及第和進士出身者計算在內，如劉筈、蘇保衡、張汝霖、完顏匡等，門第也是其中的重要條件。這說明，金朝宰相的選任，有一定的保守性，其開放程度是有限的。

　　金朝宰相中，以「科舉」爲入仕途徑的占一定的比例，與金朝以儒學爲治國之本，用科舉爲取士之道有直接關係。但是，在左、右司任職是他們升遷的捷徑，則說明處理政務的實際能力是他們擔任宰相的重要條件。如果考

〔註51〕〔金〕劉祁撰，崔文印點校：《歸潛志》卷7，中華書局，1983年，第77頁。

〔註52〕〔金〕劉祁撰，崔文印點校：《歸潛志》卷7，中華書局，1983年，第77頁。

慮到以「廕補和流外出職」爲入仕途徑的宰相中，有擔任「令史」這一類直接處理政務的吏員的經歷者占一定的比例的話，則處理政務的實際能力在皇帝選任宰相時的重要性，其分量還能再增加一些。

表2.3：金朝宰相入仕途徑表（二）

時　期	入仕途徑 數字	軍功和世襲	廕補和 流外出職	科　舉	共　計	不明人數
熙宗	人數	8	5	3	16	16
	百分比	50%	31.25%	18.75%	100%	
海陵王	人數	6	16	3	25	11
	百分比	24%	64%	12%	100%	
世宗	人數	7	18	13	38	3
	百分比	18.42%	47.37%	34.21%	100%	
章宗	人數	3	8	15	26	5
	百分比	11.54%	30.77%	57.69%	100%	
衛紹王	人數		6	11	17	4
	百分比		35.29%	64.71%	100%	
宣宗	人數		9	12	21	3
	百分比		42.86%	57.14%	100%	
哀宗	人數	1	4	9	14	3
	百分比	7.14%	28.57%	64.29%	100%	

註 1：《金朝宰相入仕途徑表》（二）是以宰相的人數爲目標，對宰相的入仕途徑的逐一時期的統計和計算。

註 2：表中的「時期」，是以皇帝爲標誌的。本章其餘表格，「時期」一欄同此，不再另行標注。

註 3：任一時段的宰相人數和百分比的統計和計算，均是以文獻中能夠檢索到入仕途徑者爲基礎的。

註 4：任一皇帝在位期間，都有一定數量的宰相的入仕途徑檢索不到。這些宰相的具體數目，已經在「不明人數」中一一標出，以便於進一步研究。

從金朝宰相入仕途徑表（二）看，金朝宰相以「軍功和世襲」爲入仕途徑者，在熙宗至章宗時期呈逐漸下降的趨勢，在衛紹王和宣宗時期，宰相中沒有自軍功入仕者。哀宗時期，有蒲察官奴軍功出身任相，是一特例。同時，值得注意的是宰相以科舉爲入仕途徑者的比例，自熙宗至章宗時期穩步提

高。在章宗、衛紹王、宣宗、哀宗四朝，穩定在半數以上。這兩組數字一升一降，是與金朝武功漸弱和文治漸興的總趨勢一致的。值得一提的是，以廕補和流外出職爲入仕途徑的宰相，在金朝一般在 30%以上，其中世宗、宣宗兩朝占 40%以上，海陵王時甚至占到了全部宰相的近 64%，如果結合以科舉爲入仕途徑者中有一定數量的曾任「令史」這一類吏員的經歷的宰相，則說明以吏出身者在宰相中的比例具有一定的穩定性。

表2.4：金朝宰相入仕途徑表（三）

職　位	入仕途徑 數字	軍功和世襲	廕補和 流外出職	科　舉	共　計	不明人數
領三省事	人數	6	5		11	4
	百分比	54.55%	45.45%		100%	
尚書令	人數	3	5	1	9	
	百分比	33.33%	55.55%	11.11%	100%	
左丞相	人數	9	11	1	21	8
	百分比	42.86%	52.38%	4.76%	100%	
右丞相	人數	5	18	5	28	7
	百分比	17.86%	64.29%	17.86%	100%	
平章政事	人數	11	28	14	53	10
	百分比	20.75%	52.83%	26.42%	100%	
左丞	人數	5	16	17	38	5
	百分比	13.16%	42.11%	44.74%	100%	
右丞	人數	4	21	22	47	9
	百分比	8.51%	44.68%	46.81%	100%	
參知政事	人數	3	25	36	64	19
	百分比	4.69%	39.06%	56.25%	100%	

註 1：《金朝宰相入仕途徑表》（三）是以金朝宰相的人數爲目標，對宰相入仕途徑的逐一職位的統計和計算。

註 2：任一職位的宰相人數和百分比的統計和計算，均是以文獻中能夠檢索到入仕途徑爲基礎的。

註 3：任一職位上，文獻中未能檢索到入仕途徑的宰相的人數，在同一職位後「不明人數」中標出，以便於進一步研究。

表2.5：金朝宰相入仕途徑表（四）

類　別	入仕途徑　數字	軍功和世襲	廕補和流外出職	科　舉	共　計	不明人次
領三省事	人次	6	6		12	4
	百分比	50%	50%		100%	
尚書令	人次	3	5	1	9	
	百分比	33.33%	55.55%	11.11%	100%	
左丞相	人次	11	17	1	29	8
	百分比	37.93%	58.62%	3.45%	100%	
右丞相	人次	6	19	5	30	7
	百分比	20%	63.33%	16.67%	100%	
平章政事	人次	12	31	15	58	11
	百分比	20.69%	53.45%	25.86%	100%	
左丞	人次	5	18	17	40	6
	百分比	12.50%	45%	42.50%	100%	
右丞	人次	4	22	23	49	9
	百分比	8.16%	44.90%	46.94%	100%	
參知政事	人次	3	25	40	68	20
	百分比	4.41%	36.76%	58.82%	100%	

註 1：《金朝宰相入仕途徑表》（四）是以金朝宰相的人次為目標，對宰相入仕途徑的逐一職位的統計和計算。

註 2：任一職位的宰相人次和百分比的統計和計算，均是以文獻中能夠檢索到入仕途徑者為基礎的。

註 3：任一職位上，文獻中未能檢索到入仕途徑的宰相的人次，在同一職位後「不明人次」中標出，以便於進一步研究。

　　《金朝宰相入仕途徑表》（三）和《金朝宰相入仕途徑表》（四），顯示了基本相同的情況，故一併分析之。以科舉為入仕途徑的宰相，升至領三省事和左丞相者不足 5%；升至尚書令雖至 11%，但其任職者只有 1 名，即完顏匡。完顏匡是由皇帝直接賜進士第的，他任尚書令，與其與世宗、章宗、衛紹王的特殊關係有直接的相關性。檢索史籍，我們發現，他的遷轉過程，在以科舉為入仕途徑的宰相中不具有典型性。以科舉為入仕途徑的宰相，自右丞相至參知政事，其比例逐漸升高。在左丞、右丞和參知政事三個職位上，其比例均在 40%以上，其中在參知政事一職中更是占到了近 60%。以廕補和流外

出職爲入仕途徑的宰相，其任職自尙書令至參知政事的比例逐漸降低，特別是尙書令、左丞相、右丞相、平章政事這四個職位上，其比例均在 50% 以上。這說明，金朝宰相的選任，對以廕補和流外出職爲入仕途徑者的重視程度，超過以科舉爲入仕途徑者。需要指出的是，宰相的入仕途徑爲軍功和世襲者自領三省事至參知政事均占一定比例。這些宰相一般具有一定的軍事才能，能夠適應金朝重視軍事、宰相經常帶兵出征的需要。需要說明的是，因爲史料記載的缺略，出身不明的宰相占到了一定比例，這難免會給我們的研究帶來了一定的影響。但是，這個數字不能從根本上改變以科舉爲入仕途徑的宰相與以廕補和流外出職爲入仕途徑的宰相在各個職位上的比例。所以，上面的結論具有一定的價值，不能輕易否定。

二、前任職務

前任職務，是指宰相在拜相前所擔任的職務。有一定數量的宰相多次任相，其每次拜相前的職務均有所不同。因此，任相一次和任相多次者，這裡對其前任職務一一統計，並列表說明如下：

表 2.6：金朝宰相前任職務表

前任職務＼時期	熙宗	海陵王	世宗	章宗	衛紹王	宣宗	哀宗	共計
三公		1						1
勃極烈	3							3
東宮	1		2			1		4
大宗正府	4			1				5
殿前都點檢司	4	1	1					6
侍衛司		2						2
秘書監	1	1						2
宣徽院	1	2	1	1				5
樞密院		4	4	6		1	2	17
元帥府	5	2	2	2	1	3	1	16
御史臺	1		6	6	2	3		18
翰林學士院	1						1	2
大司農司						1	1	2
大理寺		1						1

六部	1	5	11	7	5	4	2	35
行省	6	3					3	12
招討司			1	1			2	4
統軍司		1	3					4
轉運司		1		1				2
按察司						1		1
京府節鎮	6	6	14	8	3	4	1	42
致仕		2	2	1	1		4	10
共計	34	32	47	34	12	21	14	194
不明人次	7	2	0	1	5	2	2	19

註 1：宰相的前任職務有眾多的名目，難以一一列舉，故以其拜相前任職的機構
　　　爲目標，分類進行統計。有一些宰相在任相前已經致仕，對這種情況，以
　　　「致仕」爲目標進行統計。

註 2：金朝宰相有任職第一、二、三次的不同，則其前任職務在第一、二、三次
　　　任職前也有所不同。對任一宰相的任一任次前的職務，筆者進行了逐一文
　　　獻檢索，是統計的前提條件。

註 3：對宰相前任職務的統計，是以文獻中能夠檢索到者爲基礎的。

註 4：對文獻中未能檢索到前任職務的宰相，在「不明人次」中標出，以便於進
　　　一步研究。

　　　《金朝宰相前任職務表》顯示，金朝宰相的前任職務的數量，第一位是京
府節鎮，爲 42。第二位是六部，爲 35。第三位是御史臺，爲 18。第四位、第
五位是樞密院和元帥府，分別是 17 和 16，二者合計則爲 33。第六位是行省，
爲 13。與這些數字相比，其它數字則不足兩位。這些數字合計，爲 145，這說
明金朝宰相，以出身京府節鎮、六部、御史臺、樞密院、元帥府、行省者爲最
多。值得注意的是，自翰林學士院官晉升宰相者數字極小，與前述京府節鎮、
六部、御史臺、樞密院、元帥府、行省的數字相比，差距非常明顯，說明金朝
皇帝任命宰相，注重的不是文學方面的才華，而是政治、軍事方面的實際能力。

三、民族宗族

表 2.7：金朝宰相民族成分表（一）

民族	女真	渤海	契丹	漢	共計
人數	92	6	14	47	159
百分比	57.86%	3.77%	8.81%	29.56%	100%

註 1：《金朝宰相民族成分表》（一）是以金朝宰相的民族成分爲目標所作的整體
　　　統計。

註 2：《金朝宰相民族成分表》擔任金朝宰相的民族，主要是有 5 個。其中，契丹
　　　和奚兩個民族，在金朝已經逐漸融合。擔任宰相的契丹和奚人，其姓氏皆
　　　爲耶律與蕭，或移剌與石抹，難以一一區分。因此，此處統計，二族合一，
　　　均看作契丹。本章其餘表格同此，不再另行標注。

　　　上面的表格說明，從數量上看，女眞宰相超過其餘三族之和，漢族宰相
居第二位，渤海和契丹宰相數量小。女眞宰相和漢族宰相合計，占到全部宰
相數的 85%以上，說明女眞和漢族宰相在宰相群體的組成中具有重要地位。
渤海和契丹宰相，在數量和比例上，與女眞和漢族宰相有一定的差距。

表 2.8：金朝宰相民族成分表（二）

民族	時期	熙宗	海陵王	世宗	章宗	衛紹王	宣宗	哀宗
女眞	人數	22	17	23	18	12	15	11
女眞	百分比	68.75%	47.22%	56.10%	58.06%	57.14%	62.50%	64.71%
渤海	人數	1	2	4	1	0	0	0
渤海	百分比	3.13%	5.56%	9.76%	3.23%	0	0	0
契丹	人數	4	6	2	1	1	0	1
契丹	百分比	12.50%	16.67%	4.88%	3.23%	4.76%	0	5.88%
漢	人數	5	11	12	11	8	9	5
漢	百分比	15.63%	30.56%	29.27%	35.48%	38.10%	37.50%	29.41%
共計	人數	32	36	41	31	21	24	17
共計	百分比	100%	100%	100%	100%	100%	100%	100%

註 1：金朝宰相民族成分表（二）是按時期對同一民族的宰相的數量進行統計和計
　　　算的基礎上作出的。

註 2：表中的百分比，是指某一時期宰相總數中某一民族宰相所佔百分比。

　　　上面的表格，對女眞、渤海、漢、契丹四個民族在熙宗至哀宗時期的任職
情況進行了統計。熙宗至哀宗各個時期，女眞和漢族均有一定數量的人擔任宰
相。渤海人任相，止於章宗初。契丹人任相，雖在除宣宗時期外的各個時期均
有，但自世宗時起，其數量甚小。因此，渤海和契丹，與女眞和漢人有明顯的
差距。這說明金朝宰相群體主要是女眞和漢兩個民族組成的，渤海和契丹則在
一定時期中佔有一定比例，不能與女眞和漢族相比。女眞是金朝宰相群體中最

主要的民族，在熙宗、世宗、章宗、衛紹王、宣宗、哀宗時期，其比例均在 50%
以上，超過其餘三族之和。但是，海陵王時，其比例在 50% 以下，這是值得注
意的一個現象，說明這一階段海陵王實行了各民族相對均衡的宰相任用方式。
但是，即使在這一時期，女真宰相所佔的比例也遠在其餘三族中任一民族之上，
說明女真族依然是皇帝依靠的主要的力量。在渤海、漢、契丹三族中，漢族是
宰相群體中任職比例最高的民族，並且在任一時期都在其餘二族之上，這說明
漢族是女真族宰相主要的輔助力量。並且，隨著時間的推移，漢族宰相的任職
比例逐漸升高，說明其重要性在增加。只是到了金末，時局艱難，因皇帝信任
女真官員，女真人出任宰相者增多，漢族宰相的數字和比例才相對降低。渤海
宰相的任職比例，呈逐漸升高的趨勢，是與女真與渤海同源，且二者有政治聯
姻有直接關係的。世宗時，是其任職比例最高的階段，這是因為渤海人助世宗
起兵，即皇帝位，其母親是渤海李氏，且其本人有渤海二妃李氏與張氏，所以
渤海大族長期擔任宰相，具有重要影響。但是，因為世宗晚年右丞張汝弼捲入
金朝皇位繼承權之爭，不僅導致其本人去職，而且導致皇帝對渤海人逐漸失去
信任。章宗即位，諸叔年長。章宗疑懼，諸王皆有門禁。所以，平章政事張汝
霖在明昌元年（1190 年）十二月去世後，皇帝不再任用渤海人為宰相。從熙宗
時開始，契丹是金朝皇帝信任的力量，所以其在宰相群體中占一定比例。但是，
其任職比例最高的時期是海陵王時。這是因為，在海陵王清除宗室貴族集團的
過程中，其契丹親信發揮了重要作用，取得了他的信任。同時，宗室貴族集團
退出宰相群體，留下來的空白，由契丹官員填補了一部份，成為海陵王倚重的
力量。但是，貞元年間右丞相蕭裕謀反，海陵王開始對契丹人失去信任。正隆、
大定之際，契丹人的起義，加深了這種不信任感。因此，自世宗時起，契丹人
在宰相群體中的數量甚小。從長時段來看，渤海和契丹宰相在宰相群體中的力
量是有限的，不能與女真和漢族宰相相提並論。

表 2.9：金朝宰相民族成分表（三）

職　位	民族 數字	女　真	渤　海	契　丹	漢	共　計
領三省事	人數	13	1	1	0	15
	百分比	86.67%	6.67%	6.67%	0	100%
尚書令	人數	7	2	0	0	9
	百分比	77.78%	22.22%	0	0	100%

左丞相	人數	27	1	1	0	29
	百分比	93.10%	3.45%	3.45%	0	100%
右丞相	人數	25	2	3	5	35
	百分比	71.43%	5.71%	8.57%	14.29%	100%
平章政事	人數	47	2	5	9	63
	百分比	74.60%	3.17%	7.94%	14.29%	100%
左丞	人數	23	2	2	16	43
	百分比	53.49%	4.65%	4.65%	37.21%	100%
右丞	人數	28	3	7	18	56
	百分比	50%	5.36%	12.5%	32.14%	100%
參知政事	人數	34	4	8	37	83
	百分比	40.96%	4.82%	9.64%	44.58%	100%
共計	人數	204	17	27	85	333
	百分比	61.26%	5.11%	8.11%	25.53%	100%

注：《金朝宰相民族成分表》（三）是以金朝宰相的人數為目標，對不同民族的宰相按職位逐一進行統計和計算的基礎上作出的。

表 2.10：金朝宰相民族成分表（四）

職位	民族 數字	女真	渤海	契丹	漢	共計
領三省事	人次	14	1	1	0	16
	百分比	87.5%	6.25%	6.25%	0	100%
尚書令	人次	7	2	0	0	9
	百分比	77.78%	22.22%	0	0	100%
左丞相	人次	35	1	1	0	37
	百分比	94.59%	2.70%	2.70%	0	
右丞相	人次	27	2	3	5	37
	百分比	72.97%	5.41%	8.11%	13.51%	100%
平章政事	人次	51	2	5	11	69
	百分比	73.91%	2.90%	7.25%	15.94%	100%
左丞	人次	26	2	2	16	46
	百分比	56.52%	4.35%	4.35%	34.78%	100%
右丞	人次	30	3	7	18	58
	百分比	51.72%	5.17%	12.07%	31.03%	100%

參知政事	人次	36	4	8	40	88
	百分比	40.91%	4.55%	9.09%	45.45%	100%
共計	人次	226	17	27	90	360
	百分比	62.78%	4.72%	7.50%	25%	100%

注：《金朝宰相民族成分表》（四）是以金朝宰相的人次爲目標，對不同民族的宰相按職位逐一進行統計和計算的基礎上作出的。

　　《金朝宰相民族成分表》（三）和《金朝宰相民族成分表》（四）的數字證明，女眞人在宰相中佔據了多數職位，其比例在60%以上。只有在參知政事一個職位上雖略低，但在40%以上。在其餘各個職位上，均在50%以上。在平章政事、右丞相、左丞相、尚書令、領三省事五個職位上，在70%以上。其中，左丞相一職女眞人的比例更是達到了90%以上。自參知政事至領三省事，漢人宰相呈現了嚴重的不均衡分佈。其中，左丞相至領三省事，漢族宰相任職比例爲0，甚至不如渤海和契丹。平章政事和右丞相，漢族宰相任職比例甚低，不足20%。只是在右丞和左丞這二個職位上，漢族宰相任職比例稍高，但也不足40%。在參知政事一職上，其比例稍高，在40%以上。渤海和契丹雖任職比例很低，但在左丞相、尚書令和領三省事三個職位上的任職情況仍不能忽視。

　　值得注意的是，從整體趨勢看，女眞人和漢族宰相的比例，前者隨著職位的降低而降低，後者隨著職位的降低而升高。這是耐人尋味的現象。上面的數字，說明女眞宰相是金朝皇帝最主要的依靠力量。漢族雖然是金朝人口最多、文化水平最高的民族，但在政權中處於從屬地位。這說明了金朝政權實行種族統治的本質。渤海宰相的數量雖小，但在各個職位上均有人任職，並且在左丞相、尚書令和領三省事上的比例在漢和契丹之上，說明其中曾有宰相是皇帝最信任的官員，即大臭和張浩。契丹的情況與此類似，蕭仲恭和蕭玉在熙宗和海陵時分別仕至領三省事和左丞相。但是，從整體上來說，渤海和契丹宰相，無論是在人數、人次上，還是在比例上，都與女眞和漢族宰相存在一定的差距。

表2.11：金朝宰相宗族關係表

關　　係	姓　　　　名
祖孫	完顏宗翰——完顏秉德
	完顏希尹——完顏守道、完顏守貞
	完顏昂（吾都補）——完顏承暉

父子	完顏阿魯帶──完顏襄
	完顏宗幹──完顏充、完顏亮、完顏衮
	張浩──張汝霖
	胥持國──胥鼎
	完顏昂（奔睹）──完顏宗浩
	僕散忠義──僕散揆
	劉麟──劉通〔註53〕
叔姪	完顏晏──完顏宗尹
	耨盌溫敦思忠──耨盌溫敦兀帶
兄弟	完顏宗翰、完顏宗憲
	完顏宗雋、完顏宗敏、完顏宗弼、完顏宗幹
	完顏綱、完顏定奴
	完顏宗磐、完顏宗固、完顏宗本
	劉萼、劉筈
共計	17 組 38 人

　　據《金朝宰相宗族關係表》，金朝宰相中，祖孫三代相繼任職者，或有祖孫、父子、叔姪、兄弟關係的，有 17 組 38 人。其中，女眞有 13 組 30 人。女眞 13 組 30 人中，有宗室貴族 9 組 21 人；渤海 1 組 2 人；漢 3 組 6 人。如果考慮到金朝史料的缺略，具有上述關係的宰相人數可能會更多一些，但其數量亦甚有限。上表顯示，金朝宗族力量，在宰相群體中有一定影響的，主要是女眞，特別是宗室貴族。至於渤海和漢族宰相，其影響則不甚明顯。宗室貴族宰相相對重要者，是熙宗時期任職的完顏宗雋、完顏宗敏、完顏宗弼、完顏宗幹，完顏宗磐、完顏宗固、完顏宗本，完顏宗幹、完顏充、完顏亮等，他們對當時的政治具有舉足輕重的影響。海陵王時期，這種情況出現了重大的變化。從海陵王時期一直到金末，熙宗時期的情況未有再現。下面，結合《金朝宗室貴族宰相任職情況表》，對金朝宗室貴族宰相的任職情況，做一個全面的說明。

〔註53〕檢索《中州集》卷 9《劉曹王豫》，有「二子麟、猊。孫通，海陵朝參知政事。」不知劉通是誰，暫定爲劉麟子。詳見元好問《中州集》卷 9《劉曹王豫》，中華書局 1959 年，第 453 頁。

表 2.12：金朝宗室貴族宰相任職情況表

時　期	宰相總數	宗室宰相數	宗室宰相占宰相總數百分比
熙宗	32	18	56.25%
海陵王	36	8	22.22%
世宗	41	9	21.95%
章宗	31	6	19.35%
衛紹王	21	4	19.05%
宣宗	24	2	8.33%
哀宗	17	3	17.65%

　　上表是對金朝自熙宗至哀宗各個皇帝在位期間，宗室貴族任宰相人數及其在當朝宰相總數中所佔比例的一個統計結果。表中，熙宗時期宗室貴族宰相所佔比例爲 56.25%，是太祖、太宗朝以來宗室貴族集團穩定發展的結果。至海陵王時期，宗室貴族宰相所佔比例迅速下降到 22.22%，是這一時期海陵王屠殺和排斥宗室貴族的結果。自海陵王以後，出於防止宗室貴族威脅皇權的需要，他們的政治活動受到一定的限制。世宗時，曾殺宗室貴族成員。章宗時，「以王傳府尉檢制王家，苛問嚴密，門戶出入皆有籍」〔註 54〕。宣宗時，「防忌同宗，親王皆有門禁」〔註 55〕。金朝皇帝對宗室貴族的政治活動的限制，直到哀宗天興年間才放鬆。因此，宗室貴族宰相所佔比例逐漸下降，至哀宗時才略有回升。並且，自世宗時起，宗室貴族擔任宰相者，除一二皇子、皇孫外，多是遠支，如完顏晏、完顏襄、完顏匡、完顏賽不、完顏仲德等，是金朝皇帝「防近族而用疏屬」〔註 56〕的表現。因此，有金一代，宗室貴族雖在宰相群體中占一定的比例，但在實際的政務運行中，非宗室貴族的宰相發揮了越來越重要的作用。這一趨勢，與金朝政權的封建化有直接關係，是皇帝集權，對宗室貴族出任宰相進行限制的結果。

四、地域分佈

　　宰相的地域分佈，與皇帝對宰相的任用政策有直接的關係。宰相的成長，離不開一定的環境。因此，宰相的地域分佈，能夠說明多方面的問題。這裡，

〔註 54〕　《金史》卷 13《衛紹王紀》，中華書局 1975 年，第 290 頁。
〔註 55〕　〔金〕劉祁撰，崔文印點校：《歸潛志》卷 1，中華書局 1983 年，第 4 頁。
〔註 56〕　《金史》卷 116《承立傳》，中華書局 1975 年，第 2552 頁。

對金朝宰相的地域分佈情況做整體的分析，並對不同時期宰相的地域分佈做具體的分析。

表 2.13：金朝宰相地域分佈表（一）

路分	原遼地 6 路						原宋地 8 路								共計	不明人數
	上京路	咸平路	東京路	北京路	西京路	中都路	河東北路	河東南路	河北東路	河北西路	大名府路	山東西路	山東東路	慶原路		
人數	57	2	8	9	8	19	2	2	4	4	1	8	1	1	126	33
共計	57	46					23								126	33
百分比	45.24%	36.51%					18.25%								100%	

註 1：《金朝宰相地域分佈表》（一）是以路爲基本單位，對金朝宰相的地域分佈所作的整體統計和計算。有金一代，路、府、州、縣名目和轄地有一定的變動。據《金史‧地理志》，金朝行政區爲十九路，這是本表的基礎。據筆者檢索，《金史‧地理志》的十九路中，南京路、京兆府路、鳳翔路、臨洮路、鄜延路未有宰相。因此，《金朝宰相地域分佈表》（一）中，以其餘十四路爲本，對宰相的地域分佈做整體的統計和計算。這十四路中，上京路是金源內地，上京路、咸平路、東京路、北京路、西京路、中都路是原遼地，河東北路、河東南路、河北東路、河北西路、大名府路、山東西路、山東東路、慶原路是原宋地。金朝地域，原遼地在北，原宋地在南。出於研究的需要，對原遼地和原宋地分別統計。因上京路是金源內地，所以把上京路與其餘遼地五路分別統計，但列在「原遼地 6 路」下說明。下表與此相同，不再另行標注。

註 2：對宰相地域分佈的人數統計，以文獻中能夠檢索到的宰相爲基礎，爲 126。

註 3：對文獻中未能檢索到的宰相人數，在「不明人數」中標出，爲 33，以便於進一步研究。

註 4：對宰相的地域分佈的百分比，是相應路分的宰相與在文獻中能夠檢索到的宰相數的百分比。

《金朝宰相地域分佈表》（一）顯示，上京一路，其宰相數占宰相總數的約略 45%，上京路與其餘原遼地五路合計，其宰相數超過宰相總數的 80%；原宋地八路，其宰相數尚不足宰相總數的 20%，這說明金朝皇帝在宰相的任用上有重北輕南的傾向。上京路宰相在諸路中數量居第一位，無一例外是女眞人，多

以武功見長，說明金朝的尚武精神在起作用。金朝以武立國，但以文治國，中都作爲遼金時期的文化中心具有重要地位。這一點表現在宰相的任用上，就是宰相籍貫在中都路者在諸路中居第二位。南京即宋汴京，是北宋文化中心，但金朝宰相籍貫無在南京路者，說明南京已經不再是金朝的文化中心。形成這種局面的原因，一是金初的戰爭，迫使宋室南下，部份士人隨之南遷；二是金初實行遷移河南人口充實燕雲的政策，南京路人口北遷；三是金、宋間戰爭，多以南京路爲主要戰場，經濟長期不能恢復，直接削弱了文化發展的根基。陝西在中唐以下，早已不再是全中國的經濟文化中心，至金朝未再恢復。所以，陝西五路中，宰相籍貫在其中者只有慶原路 1 人。因此，宰相籍貫的分佈，與金朝皇帝對宰相的任用政策有關係。同時，值得注意的是，人才的成長，離不開一定的環境。宰相籍貫的分佈，也在一定程度上說明了這一問題。

爲便於進一步說明，筆者作《金朝宰相地域分佈表》（二）如下，作進一步的統計和計算：

表 2.14：金朝宰相地域分佈表（二）

時期	路分／數字	原遼地 6 路						原宋地 8 路								共計	不明人數
		上京路	咸平路	東京路	北京路	西京路	中都路	河東北路	河東南路	河北東路	河北西路	大名府路	山東西路	山東東路	慶原路	共計	不明人數
熙宗	人數	20			1		3										8
		20	4					0								24	8
	百分比	83.33%	16.67%					0								100%	
海陵王	人數	12		3	5	1	4			2	1				1	29	7
		12	13					4								29	7
	百分比	41.38%	44.83%					13.79%								100%	
世宗	人數	15	2	6		4	8				1		1			37	4
		15	20					2								37	4
	百分比	40.54%	54.05%					5.41%								100%	
章宗	人數	11	1	2	1	1	4			1	1	1			4	27	4
		11	9					7								27	4
	百分比	40.74%	33.33%					25.93%								100%	
衛紹王	人數	5			2		4	1			1		1	2		16	5
		5	6					5								16	5
	百分比	31.25%	37.50%					31.25%								100%	

宣宗	人數	4			3	2	2	1	2	1	1		3	1		20	4
		4			7					9						20	4
	百分比	20%			35%					45%						100%	
哀宗	人數	4		1		1	1			1			1	1		10	7
		4			3					3						10	7
	百分比	40%			30%					30%						100%	

註 1：《金朝宰相地域分佈表》（二）是按時期對同一地域宰相的數目進行統計和
　　　計算的基礎上作出的。

註 2：表中的百分比，是指某一時期宰相總數中在文獻中能夠檢索到籍貫為某一
　　　地域的宰相所佔百分比。

註 3：對於宰相中未能在文獻中檢索到籍貫的宰相，在「不明人數」中列出，以
　　　便於進一步研究。

　　金朝宰相地域分佈表（二）顯示了宰相的地域分佈的動態發展過程。哀
宗時，宰相籍貫不明者過多，接近宰相的半數，相關數字不能反映當時的實
際情況，所以暫不做討論。考察熙宗至哀宗時宰相的地域分佈，我們能夠得
出下面的結論。上京路宰相，在有籍貫可考宰相中的比例，從熙宗時的超過
80%，至宣宗時的 20%，出現明顯的遞減。這種趨勢，主要原因，一是金朝前
期猛安謀克南遷，直接改變了上京路的人口分佈；二是海陵王遷都中都，上
京失去了政治、經濟、文化中心的地位。三是海陵王屠殺和排斥宗室，迫使
其大量退出宰相群體。上京路宰相比例的遞減，從一個側面說明上京路地位
的降低。原宋地八路的宰相比例，在熙宗至宣宗時呈遞增趨勢。這種趨勢，
與猛安謀克南遷有一定關係。但是，更主要的是，隨著金朝前期與南宋間大
規模戰爭的停止，原宋地八路的經濟文化逐漸發展起來，其重要性在逐漸增
加，這八路宰相多因科舉入仕，即是這種情況的間接反映。需要說明的是，
自世宗時起，統治者對宋地漢人即所謂「南人」的信任程度在增加，對於他
們進入宰相群體，有一定的作用。世宗曾說「南人礦直敢為，漢人性姦，臨
事多避難」〔註57〕，「近年河南、山東人中第者多，殆勝漢人為官」〔註58〕。
至於原宋地八路宰相在章宗時才占到總數的 25%以上，則是因為官員自州縣
官遷轉至宰相，一般需時數十年的緣故。原遼地五路宰相，在熙宗時即占一
定比例，這主要是金朝重用中都路大族的結果。至海陵王時，原遼地五路宰

〔註57〕《金史》卷 97《賀揚庭傳》，中華書局 1975 年，第 2151 頁。

〔註58〕《金史》卷 97《賀揚庭傳》，中華書局 1975 年，第 2151 頁。

相所佔比例劇增，是與海陵王屠殺和排斥上京路宗室貴族，原遼地五路宰相遞補職位，有直接關係的。世宗時，原遼地五路宰相所佔比例最高，與原宋地八路宰相比例恰成鮮明對比，是世宗重北輕南傾向的集中表現。章宗、衛紹王、宣宗時，原遼地五路宰相所佔比例比世宗時雖有所降低，但也保持在30%以上。自熙宗至宣宗，原遼地五路宰相所佔比例一般在原宋地八路宰相之上。如遼地五路宰相與上京路宰相所佔比例合計，則其對原宋地八路宰相的優勢更加明顯。這說明，金朝在宰相任用上重北輕南的政策是貫徹始終的。

綜上所述，金朝宰相的出身，具有下面的一些特點。一是蔭補和流外出職出身人，在宰相選用上具有一定的優勢地位。與其相比，科舉出身人差距甚大。金朝雖以文治著稱，但「金以儒亡」〔註59〕的觀點，是不符合史實的。二是重用有一定的軍政經驗的官員，他們實際的理政能力，是引起皇帝注意的前提條件。三是重用女真人，他們的仕進途徑多，在金朝宰相的數量中所佔的比例高，自熙宗至哀宗時期，保持了一定的穩定性，其它民族不能與其相提並論。四是金朝皇帝在宰相的任用上實行重北輕南的政策，北方六路（即表中所列「原遼地6路」）宰相在宰相群體的組成上具有舉足輕重的地位。南方八路（即表中所列「原宋地8路」）宰相的數量與其相比，具有明顯的差距。

第四節　宰相的陞降

這裡，把金朝宰相分6級，即領三省事、尚書令、左右丞相、平章政事、左右丞、參知政事。同一級別，有職位的不同，如左丞相、右丞相，左丞、右丞。〔註60〕這裡的「陞降」，既指宰相級別的陞降，又指宰相職位的陞降。需要說明的是，金朝一定數量的宰相有多次任相的經歷，其任相次數與其職位的陞降間的聯繫的規律，也是本節考察的目標。總之，這裡對金朝宰相的任相次數、任相起點、任期內的陞降、任期間的陞降、任相終點進行統計，並列表說明。

〔註59〕 《元名臣事略》卷9《宣慰張公》元世祖忽必烈與張德輝對話中忽必烈語。詳見〔元〕蘇天爵撰《元名臣事略》，王雲五主編，叢書集成初編本，商務印書館1936年，第169頁。

〔註60〕 其實，金朝的參知政事和平章政事也有左右之分，但在史籍中，這一類的詞彙不常見，不能確定其是否為定制，故存疑待考。

一、宰相的任相次數

金朝宰相，在離開相位後，有重新拜相的現象。因此，他們的任職，有 1 次至 3 次的不同。筆者統計後認爲，其中存在著一些規律，在這裡列表說明。

表 2.15：金朝宰相任相次數統計表

民族	次數 / 人數	3	2	1
女眞	92	7	25	60
渤海	6		2	4
契丹	14		3	11
漢	47		10	37
合計	159	7	40	112

注：《金朝宰相任相次數統計表》的目標，是考察女眞、渤海、漢、契丹族任相 1 至 3 次的人數。

《金朝宰相任相次數統計表》顯示了下面的一些情況。金朝時，在任相 1 次、2 次、3 次的人數上，女眞宰相在各族宰相中均居第 1 位。並且，女眞宰相的人數，均超過其它三族之和。任相 3 次以上者，全部是女眞宰相。這說明，女眞宰相在任相的機遇上佔有絕對優勢地位，是皇帝最信任和重用的大臣，是其它各族官員不能相比的。其實，在金朝 2 次任相和 3 次任相的宰相僅占 30%，其餘 70%的宰相都是一次任相。這說明金朝的宰相群體是一個不斷增補新成員，流動性很強的群體。

二、宰相的任相起點

所謂「任相起點」，是指宰相第一次任相時的第一個職位。宰相第一次任相時的第一個職位，並非全部是參知政事。宰相任相起點的高低，因時期和民族的不同而有所不同，現列表簡要說明如下。

表 2.16：金朝宰相任相起點統計表（一）

時期	職位 / 數字	領三省事	尚書令	左丞相	右丞相	平章政事	左丞	右丞	參知政事	共計	不明人數
熙宗	人數	3	1	4	4	3	6	2	7	30	2
	百分比	10%	3.33%	13.33%	13.33%	10%	20%	66.67%	23.33%	100%	

海陵王	人數	1		1	2	2	3	5	13	27	0
	百分比	3.70%		3.70%		7.40%	11.11%	18.52%	48.15%	100%	
世宗	人數			1	1	7	1	3	23	36	0
	百分比			2.78%	2.78%	19.44%	2.78%	8.33%	63.89%	100%	
章宗	人數					1	3	2	17	23	1
	百分比					4.35%	13.04%	8.70%	73.91%	100%	
衛紹王	人數			1		1	1		9	12	1
	百分比			8.33%		8.33%	8.33%		75%	100%	
宣宗	人數		1			2	1	2	11	17	0
	百分比		5.88%			1176%	5.88%	1176%	64.71%	100%	
哀宗	人數					2		3	4	9	1
	百分比					22.22%		33.33%	44.44%	100%	
共計	人數	4	2	7	7	18	15	17	84	154	5
	百分比	2.60%	1.30%	4.55%	4.55%	11.69%	9.74%	11.04%	54.55%	100%	

註 1：金朝宰相任相起點統計表（一）是按時期對開始任相的宰相的整體狀況的考察。

註 2：金朝宰相中，有一定的數量任相 2 次或 3 次。本表所考察的，是宰相第一次任相開始時的情況。因此，表中右側「共計」一欄，並不表示某一時期中宰相的總體數量，而僅僅表示在此時期開始任相的宰相的數量。

註 3：由於史料的缺略，相關分析是建立在對能夠檢索到任相起點的 154 人的統計和計算結果上的。宰相中任相起點未能檢索到的 5 人，已在「不明人數」一欄中標明，以備進一步考察。

《金朝宰相任相起點統計表》（一）顯示，整體上，自熙宗至哀宗，金朝宰相任相起點呈不斷降低的趨勢。這主要表現在以領三省事、尚書令、左丞相、右丞相四個職位作爲任相起點的宰相人數逐漸下降，和參知政事作爲任相起點的人數的不斷上升上。以領三省事、尚書令、左丞相、右丞相四個職位作爲任相起點的宰相人數逐漸下降，是皇帝控制宰相群體的一個手段。作爲宰相中最低的一個職位，以參知政事作爲任相起點的宰相的比例逐漸升高，在世宗至宣宗時期均在 60%以上，章宗、衛紹王時期，這一比例甚至達到 70%以上。這說明，隨著金朝政權封建化的加深，皇帝對宰相的控制在加強，通過任命官員擔任職位最低的參知政事再逐步升遷，加強對其才能德行的考察。宣宗時期，這一比例有所降低，但亦保持在 60%以上。這時「權」參知政事這一試用做法普遍實行。有一定數量的「權」參知政事，因功直接

升任左丞或右丞，則其任相起點爲左丞或右丞。考慮到這一點，則皇帝對官員的控制，特別是對宰相群體的控制在加強，應是可以理解的。哀宗朝，這一比例降低到 44.44%，是因爲一些宰相在外行省期間拜參知政事，帶參知政事銜，回朝升職理政，相關比例有所降低的結果。此時，「權」參知政事的情況仍普遍存在。因此，哀宗時期與宣宗時期，對宰相群體的控制有所加強，應是合理的結論。

表 2.17：金朝宰相任相起點統計表（二）

職位	民族 數字	女真	渤海	契丹	漢	共計
領三省事	人數	4				4
	百分比	100%				100%
尚書令	人數	2				2
	百分比	100%				100%
左丞相	人數	7				7
	百分比	100%				100%
右丞相	人數	5	1		1	7
	百分比	71.43%	14.29%		14.29%	100%
平章政事	人數	16		1	1	18
	百分比	88.89%		5.55%	5.55%	100%
左丞	人數	11	1	1	2	15
	百分比	73.33%	6.67%	6.67%	13.33%	100%
右丞	人數	11		3	3	17
	百分比	64.71%		17.65%	17.65%	100%
參知政事	人數	35	4	7	38	84
	百分比	41.67%	4.76%	8.33%	45.24%	100%
共計	人數	91	6	12	45	154
	百分比	59.09%	3.90%	7.79%	29.22%	100%
不明人數		1		2	2	5

註 1：金朝宰相任相起點統計表（二）是按民族對開始任相的宰相的整體狀況的考察。

註 2：金朝宰相中，有一定的數量任相 2 次或 3 次。本表所考察的，是宰相第一次任相開始時的情況。因此，表中右側「共計」一欄，並不表示某一職位的宰相的總體數量，而僅僅表示以此職位爲任相起點的宰相的數量。

註 3：由於史料的缺略，相關分析是建立在對能夠檢索到任相起點的 154 人的統計和計算結果上的。宰相中任相起點未能檢索到的 5 人，已在「不明人數」一欄中標明，以備進一步考察。

從金朝宰相的任相起點看，女眞宰相具有明顯優勢。除參知政事一職，自右丞至領三省事，均在 60% 以上，且整體上呈逐漸增高的趨勢。特別是右丞相、左丞相和領三省事，女眞宰相的比例均爲 100%。渤海、漢、契丹三族，分佈在參知政事至右丞相等五個職位上。除參知政事一職，漢族比女眞略高，其餘比例一般低於女眞。這主要是因爲，他們的任相人數與女眞相比，本來就有很大的差距。在這種背景下，以參知政事作爲任相起點的漢族宰相比女眞宰相略高，更能夠說明其任相起點低這一情況。因此，在任相起點上，渤海、漢、契丹三族比女眞低，且差距大，是一個明顯的事實。

表 2.18：金朝宰相任相起點統計表（三）

民族	職位 數字	領三省事	尚書令	左丞相	右丞相	平章政事	左丞	右丞	參知政事	共計	不明人數
女眞	人數	4	2	7	5	16	11	11	35	91	1
	百分比	4.40%	2.20%	7.69%	5.49%	17.58%	12.09%	12.09%	38.46%	100%	
渤海	人數			1			1		4	6	
	百分比			16.67%			16.67%		66.67%	100%	
契丹	人數					1	1	3	7	12	2
	百分比					8.33%	8.33%	25%	58.33%	100%	
漢	人數				1	1	2	3	38	45	2
	百分比				2.22%	2.22%	4.44%	6.67%	84.44%	100%	
共計	人數	4	2	7	7	18	15	17	84	154	5
	百分比	2.60%	1.30%	4.55%	4.55%	11.69%	9.74%	11.04%	54.55%	100%	

註 1：金朝宰相任相起點統計表（三）是按民族對開始任相的宰相的整體狀況的考察。

註 2：金朝宰相中，有一定的數量任相 2 次或 3 次。本表所考察的，是宰相第一次任相開始時的情況。因此，表中右側「共計」一欄，表示某一民族的宰相的總人數，而不是某一民族的宰相的總人次。

註 3：由於史料的缺略，相關分析是建立在對能夠檢索到任相起點的 154 人的統計和計算結果上的。宰相中任相起點未能檢索到的 5 人，已在「不明人數」一欄中標明，以備進一步考察。

《金朝宰相任相起點統計表》（三）對不同民族宰相的任相起點及其比例
進行了統計和計算，顯示了下面的情況。任相起點最高者是女眞宰相，渤海
和契丹其次，任相起點最低的是漢族宰相。其中，女眞宰相和漢族宰相的任
相起點的對比最明顯。上表顯示，60%以上的女眞宰相，其任相起點在右丞以
上；漢族宰相任相起點在右丞以上者，則不到 16%。在領三省事、尚書令、
左丞相等三個職位上，女眞宰相均有一定數量的分佈，漢族宰相數量爲0。在
右丞至右丞相等四職位上，女眞宰相的比例均爲漢族的二倍至三倍間。只有
在參知政事這一職位上，女眞宰相的比例是漢族宰相的二分之一。這說明，
在任相起點上，女眞宰相與其它三族，特別是漢族宰相，明顯拉開了差距。

三、宰相任內陞降

金朝宰相的「任內陞降」，是指宰相在一個任期內的升職或降職的次數。
金朝宰相，在任期內，有升職和降職這降兩種情況。其中，降職的情況非常
少。因此，這裡主要是對升遷的情況進行統計，並列表說明。

表 2.19：金朝宰相任內升遷情況統計表（一）

升遷次數	民族 數字	女真	渤海	契丹	漢	共計
5	人次	2	1			3
	百分比	66.67%	33.33%			100%
4	人次	2			2	4
	百分比	50%	50%			100%
3	人次	6		1	2	9
	百分比	66.67%		11.11%	22.22%	100%
2	人次	14	2	1	3	20
	百分比	70%	10%	5%	15%	100%
1	人次	28		6	11	45
	百分比	62.22%		13.33%	24.44%	100%
0	人次	75	5	6	34	120
	百分比	62.5%	4.17%	5%	28.33%	100%
共計	人次	127	8	14	52	201
	百分比	63.18%	3.98%	6.97%	25.87%	100%
不明人次		5	0	2	5	12

註1：表中的「升遷次數」，是指宰相在參知政事、右丞、左丞、平章政事、右丞相、左丞相、尚書令、領三省事職位間上升的次數。

註2：由於史料的缺略，宰相中有12人次任內升遷情況未能檢索到。因此，對任內升遷情況的分析是建立在宰相201人次的統計和計算結果上的。

《金朝宰相任內升遷情況統計表》（一）顯示，金朝宰相任內未曾升遷者，是宰相的主體。這說明，皇帝主要是通過宰相的任命而非升遷掌握宰相群體的組成的。在任內有升遷經歷的宰相中，有1次至2次升遷經歷者最多，是任內有升遷經歷者的主要部份；有3至5次升遷經歷者甚少，是任內有升遷經歷者的次要部份。這說明，皇帝在宰相的升遷上，一般是謹慎的。皇帝掌握宰相升遷的權力，能夠控制其權力的增長，防止不利於己者坐大。上面的數字說明，這種做法是有效的。自0次至5次，女真宰相的比例均在同一升遷次數的其它宰相之上，在60%以上。至於四族升遷機會的多少，需要再行探索。

表2.20：金朝宰相任內升遷情況統計表（二）

民族	升遷次數 / 數字	5	4	3	2	1	0	共計	不明人次
女真	人次	2	2	6	14	28	75	127	5
女真	百分比	1.57%	1.57%	4.72%	11.02%	22.04%	59.06%	100%	
渤海	人次	1			2		5	8	
渤海	百分比	12.5%			25%		62.5%	100%	
契丹	人次			1	1	6	6	14	2
契丹	百分比			7.14%	7.14%	42.86%	42.86%	100%	
漢	人次		2	2	3	11	34	52	5
漢	百分比		3.85%	3.85%	5.77%	21.15%	65.38%	100%	
共計	人次	3	4	9	20	45	120	201	12
共計	百分比	1.49%	1.99%	4.48%	9.95%	22.39%	59.70%	100%	

註1：表中的「升遷次數」，是指宰相在參知政事、右丞、左丞、平章政事、右丞相、左丞相、尚書令、領三省事間，從低到高按職位升遷的次數。

註2：由於史料的缺略，宰相中有12人次任內升遷情況未能檢索到。因此，對任內升遷情況的分析是建立在宰相201人次的統計和計算結果上的。

《金朝宰相任內升遷情況統計表》（二）顯示，在升遷次數上，渤海、漢、契丹與女真的差距不明顯。女真宰相的升遷機會雖略多於渤海、契丹、漢人

宰相，但這種差距不明顯。

表 2.21：金朝宰相任內越級升遷情況統計表

姓名	越級升遷次數	所越職級
蕭仲恭	1	尚書令
完顏宗賢	1	尚書令
完顏亮	1	尚書令
完顏秉德	1	尚書令
唐括辯	1	平章政事
蔡松年	1	平章政事
完顏匡	1	左右丞相

　　《金朝宰相任內越級升遷情況統計表》對金朝宰相越級陞降級的情況進行了統計。金朝時，宰相多級多員。具體來說，自領三省事、尚書令、左右丞相、平章政事、左右丞至參知政事，宰相有六級之多。宰相在任期間，越過其中的一級陞降，稱爲越級陞降。《金朝宰相任內升遷情況統計表》（三）顯示，蕭仲恭、完顏宗賢、完顏亮、完顏秉德在任期間，由本職越過尚書令升任領三省事。其主要原因在於，尚書令在熙宗時雖設，但完顏宗翰、完顏宗磐任職後，經常闕而不任。至海陵王正隆年間，改革官制，取消領三省事，尚書令在宰相群體中佔據了最高職位，這一職務的任職才保持了一定的連續性。唐括辯越過平章政事升遷至左丞相，是因爲他參與了海陵王弑君即位的政變集團，海陵王對其進行獎賞的結果。蔡松年自本職升任右丞相，是海陵王南征前數年，「以松年家世仕宋，故亟擢顯位以聳南人觀聽」〔註61〕而做出的安排。完顏匡自本職越過左右丞相升任尚書令，與章宗去世後，衛紹王清除章宗二遺腹子和李妃集團期間，他主持政局密切配合有直接關係。因此，他們的越級升遷，是各有其特殊原因的。以上 7 例，在金朝宰相升遷的次數中，所佔比例甚小。因此，逐級升遷，才是宰相在任職期間升遷的常態。

表 2.22：金朝宰相任內降級降職情況統計表

姓名	降職次數	降前職位	降後職位
耨盌溫敦思忠	1	領三省事	尚書令
完顏守道	1	尚書令	左丞相

〔註61〕《金史》卷125《蔡松年傳》，中華書局 1975 年，第 2716 頁。

耨盌溫敦思忠自領三省事降至尙書令，是海陵王實行新官制時，取消領三省事，重新安排他的職務的結果。據實而論，他所擔任的尙書令與領三省事，均是當時宰相群體中的最高職位，由領三省事降尙書令，實際上是海陵王對他繼續重用的表現。完顏守道曾任尙書令，降級至左丞相，是因爲當時尙書令雖有地位和職權，但在政務運行中的重要性已經不能與左丞相相比。所以，世宗降完顏守道爲左丞相，實際上是對他的繼續重用的表現。〔註62〕需要說明的是，金朝宰相在任期間的降級和降職，僅耨盌溫敦思忠和完顏守道 2 例，其餘均爲升級和升職。因此，金朝宰相在任期間，其職位如有變動，則主要表現爲上升，而不是下降。這對於鞏固宰相對皇權的向心力，無疑是有益的。

四、宰相再任陞降

金朝宰相的「再任陞降」是指金朝宰相後一個任期開始時相對於前一個任期結束時職級陞降的情況，茲列表進行考察，並作說明如下：

表 2.23：金朝宰相再任陞降級情況統計表

民族	陞降級數	4	3	2	1	0	～1	～3	共計	不明人次
女眞	人次		2	6	9	18	2	1	38	1
渤海	人次	1		1					2	
契丹	人次				2	1			3	
漢	人次			1	5	3			9	1
共計	人次	1	2	8	16	22	2	1	52	2

註1：「陞降級數」中，正數表示升級，負數表示降級，0 表示同級回任。
註2：因表中是按能夠查明陞降級情況的 52 人次爲基礎統計的。宰相有 2 人次再任陞降級情況不明，在「不明人次」一欄標明，以備進一步考察。

《金朝宰相再任陞降級情況統計表》顯示，金朝時，宰相離開宰相群體後，再次任相時，其宰相職位相對於前一個任期以升級和同級爲主，降級只是個別情況。同級回任和升級回任，能夠使其掌握與前一個任期相同或略強

〔註62〕劉肅勇先生認爲，完顏守道自尙書令降左丞相，是「因其胞弟完顏守能的貪污案領受降職之罰」，亦可備一說。詳見劉肅勇《論金世宗分相權》，載《社會科學輯刊》1988 年第 3 期，第 75～77 頁。筆者認爲，這種安排，如果被認爲是責罰，因其並未帶來完顏守道實際權力的削弱，其實際意義也不大。

的權力。這種安排，能夠增強宰相對皇權的向心力，從而鞏固皇帝的權力。回朝任相降 1 級和 3 級者，是海陵王時的赤盞暉和熙宗時的完顏亮。赤盞暉罷相時，其職位是平章政事。因海陵王制定新官制，取消平章政事。赤盞暉回朝時，遂任左丞。他的降級，主要是海陵王實行新官制的結果。完顏亮任領三省事，因政敵宗賢的排擠而罷相。其後，他赴行省任職。途中有詔，遂回朝任平章政事。他因此事而疑懼，並與完顏秉德、唐括辯等發動政變。這件事，也從側面證明，同級回任和升級回任，對於政局穩定的重要性所在。

五、宰相的任相終點

　　金朝宰相的任相終點，是指在其任期內，其所任最終職位。因金朝宰相任相期間，升遷是其主要方面，金朝宰相的任相終點一般是其一個任期中職位的最高點。需要指出的是，那些任期內未升遷的宰相，他們的任相起點即其任相終點，在此一併列表統計。

表 2.24：金朝宰相任相終點統計表（一）

時期	職位 數字	領三省事	尚書令	左丞相	右丞相	平章政事	左丞	右丞	參知政事	共計	不明人次
熙宗	人次	11		6	2	6	4	4	4	37	1
	百分比	29.73%		16.22%	5.41%	16.22%	10.81%	10.81%	10.81%	100%	
海陵王	人次	3	2	6	6	5	6	4	4	36	
	百分比	8.33%	5.56%	16.67%	16.67%	13.89%	16.67%	11.11%	11.11%	100%	
世宗	人次		2	5	7	11	3	3	16	47	
	百分比		4.26%	10.64%	14.89%	23.40%	6.38%	6.38%	34.04%	100%	
章宗	人數			4		8	5	7	5	29	2
	百分比			13.79%		27.59%	17.24%	24.14%	17.24%	100%	
衛紹王	人次		1	2		2	3	1	5	14	4
	百分比		7.14%	14.29%		14.29%	21.43%	7.14%	35.71%	100%	
宣宗	人次		1	2	4	2	1	4	8	22	2
	百分比		4.55%	9.09%	18.18%	9.09%	4.55%	18.18%	36.36%	100%	
哀宗	人次			1	2	5	3	4	3	18	1
	百分比			5.56%	11.11%	27.78%	16.67%	22.22%	16.67%	100%	
共計	人次	14	6	26	21	39	25	27	45	203	10
	百分比	6.90%	2.96%	12.81%	10.34%	19.21%	12.32%	13.30%	22.17%	100%	

注：金朝宰相中，有一定數量任相 2 朝甚至 3 朝。本表所考察的，是宰相任期內最後一個職位。因此，表中右側「共計」一欄，並不表示某一時期中宰相的總體數量，而僅僅表示在此時期結束其一個任期的宰相的數量。

《金朝宰相任相終點統計表》（一）顯示，金朝宰相的任相終點，在世宗前和世宗後略有不同。世宗前，宰相的任相終點相對高，多集中在領三省事至平章政事間的職位上。世宗後，宰相的任相終點多集中在平章政事至參知政事間的職位上。世宗時是出現這一變化的中間點。

前已述及，金朝宰相的任相起點，自熙宗至哀宗逐漸降低。這種現象，與金朝宰相任相終點自熙宗至哀宗的逐漸降低有一定的相關性。其原因在於，隨著時間的推移，金朝政權的封建化在加深，皇帝通過控制宰相的任相起點和任相終點，限制宰相的權力。世宗具有很深的漢文化修養，在位期間保持了政權的穩定，其掌握政權的做法，爲後世皇帝所傚仿。因此，上述變化的中間點出現在世宗時期，不是偶然的現象，而是皇帝加強控制宰相群體的必然結果。

表 2.25：金朝宰相任相終點統計表（二）

職　位	民族 數字	女　真	渤　海	契　丹	漢	共　計
領三省事	人次	12	1	1		14
	百分比	85.71%	7.14%	7.14%		100%
尚書令	人次	4	2			6
	百分比	66.67%	33.33%			100%
左丞相	人次	25		1		26
	百分比	96.15%		3.85%		100%
右丞相	人次	13	1	2	5	21
	百分比	61.90%	4.76%	9.52%	23.81%	100%
平章政事	人次	29	1	3	6	39
	百分比	74.36%	2.56%	7.69%	15.38%	100%
左丞	人次	12	2	1	10	25
	百分比	48%	8%	4%	40%	100%
右丞	人次	11		4	12	27
	百分比	40.74%		14.81%	44.44%	100%
參知政事	人次	19	1	3	22	45
	百分比	42.22%	2.22%	6.67%	48.89%	100%

共計	統計人次	125	8	15	55	203
	百分比	61.58%	3.94%	7.39%	27.09%	100%
不明人次		4		1	5	10

《金朝宰相任相終點統計表》（二）顯示，金朝宰相的任相終點，以女眞宰相爲最高，分佈在平章政事至領三省事間的職位上，其比例均在 60%以上。特別是在領三省事和左丞相兩個職位上，女眞的比例在 85% 和 95%以上。其次，是渤海和契丹宰相。除了左丞相，渤海宰相在各個職位上均有分佈。除了尚書令，契丹宰相在各個職位上均有分佈。漢族宰相的任相終點最低，未有升遷至左丞相至領三省事者，在參知政事至右丞相間的職位上雖均有分佈，但主要集中在參知政事、右丞、左丞三個職位上。這說明，皇帝對漢族宰相的升遷，是嚴格控制的。

表 2.26：金朝宰相任相終點統計表（三）

民族	職位 數字	領三省事	尚書令	左丞相	右丞相	平章政事	左丞	右丞	參知政事	共計	不明人次
女眞	人次	12	4	25	13	29	12	11	19	125	4
	百分比	9.60%	3.20%	20%	10.40%	23.20%	9.60%	8.80%	15.20%	100%	
渤海	人次	1	2		1	1	2		1	8	
	百分比	12.5%	25%		12.5%	12.5%	25%		12.5%	100%	
契丹	人次	1		1	2	3	1	4	3	15	1
	百分比	6.67%		6.67%	13.33%	20%	6.67%	26.67%	20%	100%	
漢	人次				5	6	10	12	22	55	5
	百分比				9.09%	10.91%	18.18%	21.82%	40%	100%	
共計	人次	14	6	26	21	39	25	27	45	203	10
	百分比	6.90%	2.96%	12.81%	10.34%	19.21%	12.32%	13.30%	22.17%	100%	

《金朝宰相任相終點統計表》（三）顯示，金朝宰相中，任相終點最高的是女眞宰相，他們在各個職位上均有分佈，但主要集中在平章政事至領三省事間的職位上；仕至參知政事、右丞、左丞的宰相，不是女眞宰相的任相終點的主要方面。渤海和契丹宰相的比例，在女眞宰相和漢族宰相之間。漢族宰相雖有至平章政事和右丞相者，但在本族宰相中的比例甚小。漢族宰相主要集中在參知政事、右丞和左丞上，這三個職位上的比例合計占漢族宰相的80%。參知政事是宰相職位的最低點，以此爲任相終點的宰相，在任期間從未

升遷過。宰相任相終點上的民族差別，在參知政事一職上有最集中的表現。以參知政事爲任相終點的宰相在本族宰相中的比例，漢族在其它各族的二倍至三倍間。這說明，在金朝宰相的任相終點上，民族間的差別是明顯的。

綜上所述，金朝官員任相後，其職位如有變動，則以升遷爲主，降職降級是個別現象。金朝宰相的升遷，以逐級升遷爲主，越級升遷是個別現象。金朝宰相的升遷，在各民族間有明顯差別。這一差別，在任相起點上已經清晰可見。金朝宰相自任相起點至終點，其民族差別愈益明顯。大體上，在任相起點升遷至終點這一過程中，女眞宰相與其它各族相比具有明顯優勢，其次是渤海和契丹，最後是漢族宰相。因此，渤海和契丹宰相，其地位一般在漢族宰相上。但是，渤海宰相和契丹宰相的任職，主要集中在金朝的前、中期，漢族宰相的任職則遍佈金朝的前、中、後期；在人數上，渤海宰相和契丹宰相與漢族宰相的差距也很明顯，證明漢族宰相任職的穩定性強於渤海宰相和契丹宰相。漢族是金朝人口最多、整體文化水平最高的民族，是女眞人保持政治穩定的基石。因此，金朝皇帝需要漢族宰相輔助，解決所面對的一系列問題。

第五節　宰相的任職時間

宰相是一、二品高級職官，與三品以下職官不同，在金朝制度中，宰相本無明確的任職時限。至世宗大定年間，又以制度的形式，規定了與宰相的任職時間有關的事項，「大定十五年，制凡二品官及宰相、樞密使不理任，每及三十月則書於貼黃，不及則附於闕滿簿」〔註63〕。所以，宰相的任職時間長短不一。宰相任職時間的長短，能夠說明皇帝對其重用與否，及其對金朝政治影響時間的長短。因宰相的拜相和去職，宰相群體出現一定的變動。對宰相群體的變動時段進行一定的考察，探索其中的規律性，能夠說明皇帝主要依靠的力量，以及皇帝與宰相群體的關係。因此，從金朝的實際情況出發，本節對宰相的任職時間和宰相群體的變動時段進行全面的考察。

一、宰相個人的累計任職時間

因金朝史料的缺失，對金朝全部宰相的任職時間一一進行切實的統計是不現實的。但是，根據金朝文獻和石刻史料，對金朝大部份宰相的累計任職

〔註63〕《金史》卷54《選舉志四》，中華書局1975年，第1197頁。

時間進行統計，是能夠實現的目標。因此，在這裡列表說明。

表 2.27：金朝宰相任職時間統計表（一）

任職時間	民族 數字	女真	渤海	契丹	漢	共計
十年以上	人數	7	1	1	1	10
	百分比	70%	10%	10%	10%	100%
五年以上	人數	20	3	2	7	32
	百分比	62.5%	9.38%	6.25%	21.88%	100%
二年以上	人數	19	1	5	17	42
	百分比	45.24%	2.38%	11.90%	40.48%	100%
二年以下	人數	32	1	3	14	50
	百分比	64%	2%	6%	28%	100%

注：由於史料的缺略，宰相中有 25 人的任職時間未能做出統計。因此，對宰相任
　　職時間的分析是建立在上述 134 名宰相的統計結果上的。

《金朝宰相任職時間統計表》（一）中，任職時間在十年以上、五年以上、二年以上、二年以下四個層次上，四個民族中，女真人宰相都穩居第一位。其中，任職時間在十年以上和五年以上的宰相，女真人分別占到了 70%和62.5%，這兩個數字，遠在其餘三個民族之上，表明金朝中樞政治集團長期穩定地控制在女真族手中。漢族宰相，任職時間一般穩定在其餘三民族的第一位，說明其是女真族宰相的主要助手。但是，漢族宰相的任職時間與女真宰相約略接近，僅限於「二年以上」這個層次上，在其餘三層次上則相距甚遠，說明他們在議政和行政方面只能發揮有限的作用。渤海和契丹兩族，在四個層次中所佔比例一般在 10%左右，甚至在 2%至 3%之間，說明他們發揮作用的時間短，影響小，這大體上是符合金朝的實際情況的。

金朝時，有一定數量的宰相任職時間較長，是皇帝信任和重用的對象。這裡，對金朝個人累計任職時間在五年以上的宰相進行了統計，並列表說明如下：

表 2.28：金朝宰相任職時間統計表（二）

次序	姓名	累計任期	任相次數	任相時期	民族
1	完顏守道	22 年 11 個月	1	世宗	女真
2	紇石烈良弼	18 年 6 個月以上	2	海陵世宗	女真
3	完顏襄	17 年 4 個月	2	世宗章宗	女真

4	石琚	16年7個月	1	世宗	漢
5	張浩	12年11個月	1	海陵世宗	渤海
6	完顏勗	12年5個月	2	熙宗海陵	女眞
7	蕭仲恭	10年11個月	2	熙宗	契丹
8	唐括安禮	10年7個月以上	2	世宗	女眞
9	耨盌溫敦思忠	10年6個月	2	海陵	女眞
10	黏割斡特剌	10年4個月	2	世宗	女眞
11	高汝礪	9年9個月	1	宣宗哀宗	漢
11	僕散端	9年9個月	3	章宗衛紹王宣宗	女眞
13	張汝弼	9年6個月	1	世宗	渤海
13	蕭玉	9年6個月	2	海陵	契丹
13	徒單克寧	9年6個月	3	世宗章宗	女眞
16	移剌道	9年4個月以上	2	世宗	契丹
16	李德固	9年4個月以上	3	熙宗海陵	漢
18	赤盞合喜	8年6個月	1	哀宗	女眞
19	徒單鎰	8年2個月	3	章宗衛紹王宣宗	女眞
20	僕散揆	8年	1	章宗	女眞
20	完顏守純	8年	1	宣宗	女眞
20	完顏賽不	8年	3	哀宗	女眞
23	完顏宗憲	7年10個月	2	熙宗世宗	女眞
24	完顏亮	7年9個月	2	熙宗	女眞
25	韓企先	7年6個月	1	熙宗	漢
26	完顏宗弼	7年3個月	1	熙宗	女眞
26	獨吉思忠	7年3個月	1	章宗衛紹王	女眞
28	張汝霖	7年1個月	1	世宗章宗	渤海
29	孫即康	7年以上	1	章宗衛紹王	漢
30	顏盞世魯	7~8年	1	哀宗	女眞
31	完顏匡	6年11個月	2	章宗衛紹王	女眞
32	韓昉	6年8個月	1	熙宗	漢
33	徒單思忠	6年5個月	1	宣宗	女眞
33	夾谷衡	6年5個月	2	章宗	女眞
33	完顏宗浩	6年5個月	2	世宗章宗	女眞
36	朮虎高琪	6年	2	宣宗	女眞
37	蒲察通	5年11個月	1	世宗	女眞
38	張萬公	5年7個月	2	章宗	漢

38	把胡魯	5 年 7 個月	2	宣宗哀宗	女眞
40	李石	5 年 6 個月	2	世宗	渤海
41	張通古	5 年 3 個月	1	海陵	漢
42	完顏宗幹	5 年 2 個月	1	熙宗	女眞

　　《金朝宰相任職時間統計表》（二）顯示，金朝任職五年以上的宰相數，女眞爲 27，渤海爲 4，契丹爲 3，漢爲 8。女眞宰相數，接近其它三族宰相數字之和的 2 倍，說明他們是金朝皇帝主要依靠的力量。漢族宰相數超過渤海、契丹二族的總和，說明漢族是女眞族的重要輔助力量。渤海和契丹宰相，其任職時期集中在海陵王、世宗兩朝，主要因爲是當時宗室貴族集團基本退出宰相群體，爲兩族官員任相提供了機會。同時，海陵、世宗兩朝渤海人任相增多，與渤海大族與女眞皇室聯姻也有直接的關係。熙宗至哀宗間，有皇帝 7位。按時間先後的順序，在這 7 個時期中，個人累計任職 5 年以上的宰相數，是 9—7—13—13—5—7—5。這樣的數字，說明金朝宰相任職，在金朝前期的穩定性強於後期，其中中期的穩定性最強。這與金朝政局的穩定程度，以及金朝國力的消長趨勢，都是直接相關的。

二、宰相群體的變動時段

　　金朝宰相多級多員，宰相群體因新相任職或舊相去職而出現變動，是常見的現象。對宰相群體的變動時段進行考察，能夠掌握其變動的規律。

　　在檢索相關史料的基礎上，筆者對在朝執政的宰相群體的變動情況進行整理，製成《金朝宰相群體變動時段表》（一），簡列如下：

表 2.29：金朝宰相群體變動時段表（一）

時期	時段分類 數字	1 年以上	7 月～12 個月	1 月～6 個月	不足 1 個月	共計
熙宗	時段數	4	3	31	11	49
	百分比	8.2%	6.1%	63.27%	22.45%	100%
海陵	時段數	0	5	36	8	49
	百分比	0	10.2%	73.47%	16.33%	100%
世宗	時段數	5	13	60	17	95
	百分比	5.26%	13.68%	63.16%	17.89%	100%
章宗	時段數	3	7	44	4	58
	百分比	5.17%	12.07%	75.86%	6.9%	100%

衛紹王	時段數	1	2	6	1	10
	百分比	10%	20%	60%	10%	100%
宣宗	時段數	2	3	24	5	34
	百分比	5.88%	8.82%	70.59%	14.71%	100%
哀宗	時段數	2	2	21	4	29
	百分比	6.9%	6.9%	72.41%	13.79%	100%
共計	時段數	17	35	222	50	324
	百分比	5.25%	10.8%	68.52%	15.43%	100%

注：金朝有眞正意義上的宰相，開始於太宗天會十二年（1134 年）。是年，韓企
先入朝，任尚書右丞相。但是，當時的宰相只有韓企先一人。至熙宗即位，
開始有宰相群體出現。因此，本表對宰相群體的考察，是以熙宗即位的天會
十三年正月爲開端的。

《金朝宰相群體變動時段表》（一）顯示，金朝的宰相群體有 324 個，中
間出現變動 323 次。新相任職或舊相去職，引起原宰相群體變動，新宰相群
體因此產生。

其中，宰相群體穩定存在 1 年以上者，是 17 個，占二十分之一強；宰相
群體穩定存在 7 個月至 1 年者，是 35 個，占十分之一強；宰相群體穩定存在
1 個月至 6 個月者，是 222 個，占三分之二強；不足 1 個月者，有 50 個，占
全部時段的二十分之三強。這說明，金朝宰相群體處於不斷的重新組合中。

同時，筆者對宰相群體存在的時間進行了合併計算，得出了下面的結果。
存在 1 年以上的宰相群體，其時間合計 27 年 10 個月。存在 7 個月至 1 年的
群體，其時間合計 24 年 10 個月。存在 1 個月至 6 個月的群體，其時間合計
45 年 2 個月。存在的時間不足 1 個月的，各按半月，平均計算，其時間合計
2 年 1 個月。以上各時段，共計 99 年 11 個月，約百年。金朝宰相群體存在的
期間，自熙宗天會十三年（1135 年）至哀宗天興三年（1234 年），約百年。這
兩個數字，是基本一致的。

需要說明的是，金朝宰相群體雖然處於不斷的變動中，但是，如前所述，
其中一些宰相的任職時間則比較長。整體上，金朝通過宰相的任職或去職保
持宰相群體的流動性，又通過一些宰相長期任職保持宰相群體的相對穩定
性。這一做法，在金朝宰相制度的百年中，是堅持始終的。

根據文獻記載，筆者進行統計，以考察女眞宰相和其它三族宰相在數量
上的消長情況爲目標，製成《金朝宰相群體變動時段表》（二），簡列如下：

表 2.30：金朝宰相群體變動時段表（二）

A 類時段	時　間	B 類時段	時　間
天會十三年正月——皇統元年（1141 年）五月	6 年 4 個月	皇統元年五月——皇統元年七月	2 個月
皇統元年七月——皇統七年（1147 年）九月	6 年 2 個月	皇統七年九月——皇統七年十二月	3 個月
皇統七年十二月——皇統八年十一月	11 個月	皇統八年十一月——皇統八年十一月	不足 1 個月
皇統八年十一月——天德二年（1150 年）十月	1 年 11 個月	天德二年十月——天德二年十一月	1 個月
天德二年十一月癸未——天德二年十一月乙酉	不足 1 個月	天德二年十一月——大定元年（1161 年）十月	10 年 11 個月
大定元年十月——大定二年二月	4 個月	大定二年二月——大定三年（1163 年）五月	1 年 3 個月
大定三年五月——大定三年六月	1 個月	大定三年六月——大定三年六月	不足 1 個月
大定三年六月——大定十一年（1171 年）十月	8 年 4 個月	大定十一年十月——大定十一年十二月	2 個月
大定十一年十二月——大定十二年（1172 年）三月	3 個月	大定十二年三月——大定十二年四月	1 個月
大定十二年四月——大定十二年四月	不足 1 個月	大定十二年四月——大定十三年十月	1 年 6 個月
大定十三年十月——大定二十九年（1189 年）八月	15 年 10 個月	大定二十九年八月——大定二十九年八月	不足 1 個月
大定二十九年八月——承安二年八月	8 年	承安二年八月——承安二年九月	1 個月
承安二年九月——承安三年（1198 年）二月	5 個月	承安三年二月——承安三年十一月	9 個月
承安三年十一月——承安三年十二月	1 個月	承安三年十二月——承安四年（1199 年）正月	1 個月
承安四年正月——大安二年（1210 年）二月	10 年 1 月	大安二年二月——大安三年（1211 年）四月	1 年 2 月
大安三年四月——大安三年十二月	8 個月	大安三年十二月——貞祐元年（1213 年）九月	1 年 9 個月
貞祐元年九月——貞祐元年十月	1 個月	貞祐元年十月——貞祐元年十一月	1 個月
貞祐元年十一月——正大元年（1224 年）五月	10 年 6 個月	正大元年五月——正大元年五月	不足 1 個月
正大元年五月——天興元年（1232 年）九月	8 年 2 個月	天興元年九月——天興元年十月	1 個月
天興元年十月——天興三年正月	1 年 3 個月		

註1：金朝有眞正意義上的宰相，開始於太宗天會十二年（1134年）。是年，韓企先入朝，任尚書右丞相。但是，當時的宰相只有韓企先一人。至熙宗即位，開始有宰相群體出現。因此，本表對宰相群體的考察，是以熙宗即位的天會十三年正月爲開端的。

註2：本表所列，「A類時段」表示女眞宰相數與其它三族宰相數之和相等或超過其它三族宰相數之和的時段，「B類時段」表示其它三族宰相數之和超過女眞宰相數的時段。

《金朝宰相群體變動時段表》（二）顯示，金朝時，一般情況下，宰相群體中的女眞人在數量上均保持相對優勢地位，即女眞宰相數與其它三族宰相數相等或超過其它三族宰相數之和。因新相任職或舊相去職，這一優勢出現變化時，立即增補女眞人。其間的時間，短不足1個月，長不過3個月，增補是很及時的。

熙宗時期，已經注意保持女眞人在宰相群體中的相對優勢地位。3次調整，時間均在1至3個月間。其餘時段，在宰相群體中，女眞宰相數均與其它三族宰相數相等或超過其它三族宰相數之和。這種做法，爲世宗至哀宗間的皇帝，確立了常例。

海陵王時期，注意平衡不同民族在宰相群體中的人數。在位期間，女眞宰相數量在宰相群體中一般不占相對優勢。天德元年（1149年）十二月至天德二年十月，是對熙宗時期宰相群體的繼承和調整時期。他完成了宰相群體的調整後，至正隆六年十月其統治結束前，這一情況基本未出現變化。這個時期，在金朝是一個特殊的時期。

世宗時期至哀宗時期，在宰相群體中保持女眞人的相對優勢地位的做法基本是一貫的。除5次調整時間稍長，其餘均在1個月左右或在1個月內。這說明，在宰相的任用上，除特殊階段，金朝一直在堅持種族統治原則，女眞宰相是皇帝依靠的基本力量。

第六節　宰相的去職安排

金朝宰相群體是不斷更新的。新相任職，和舊相去職一樣，一般是由皇帝決定的。除一般的離職外，戰爭中犧牲，政變中被殺，以及因致仕制度的不完善在宰相的職位上年老去世，金朝宰相在任期間死亡的情況比較常見。出於全面考察的需要，這裡一併列表統計，對相關情況逐一分類說明。

表 2.31：金朝宰相去職情況表

去職情況	時期／人數	熙宗	海陵王	世宗	章宗	衛紹王	宣宗	哀宗
政變稱帝	1	1						
皇太子	1					1		
皇太孫	1			1				
大宗正府	1							1
三公	2		2					
樞密院	7		2	3	1			1
元帥府	3	2			1			
御史臺	2			1		1		
行省	8	7	1					
京府節鎮	58	2	12	20	12	1	11	
防禦州	2						2	
致仕	27		3	9	5	1	2	7
除名	5		1			3		1
放歸田里	1		1					
自然死亡	42	7	6	9	11	3	3	3
非自然死亡	21	6	5			1	4	5
共計	182	25	32	44	30	11	22	18
不明	31	9	5	2	3	7	0	5

　　據《金朝宰相去職情況表》，金朝宰相去職的方式有三種。其一，是出任其它職官。其二是削職爲民，即除名和放歸田里。其三，是致仕。其四，是死亡，即在任期間去世，有自然死亡和非自然死亡兩類情況。至於政變即位和立爲皇太子或皇太孫者，則是特例。

　　出任其它職官者，以出任京府節鎮長官者爲最多，爲 58。出任其餘 7 類職官者，均不足兩位數，與此形成鮮明對比。因此，可以認爲，出任京府節鎮長官，是金朝安置宰相的一種常例。金朝時期，對出任其它職官的宰相，在待遇上與非宰相出任職官者有區別。大定二十三年（1183 年）閏月，「制外任官嘗爲宰相者，凡吏牘上省部，依親王例，免書名」〔註64〕。《金史》卷九《章宗紀一》有這樣一條記載：「尚書省奏，知河南府事程嶧乞進封父祖。權

〔註64〕《金史》卷 8《世宗紀下》，中華書局 1975 年，第 185 頁。

尚書禮部郎中党懷英言：『凡宰相改除外任長官，其佐官以下相見禮儀皆與他長官不同，其子亦得試補省令史。其子且爾，父祖封贈理當不同，合與宰相一例封贈。』從之。」〔註65〕這些，都是皇帝優遇出任其它職官的宰相的一種措施。

削職爲民者，有兩種情況。一是除名，這種處理方式適用於辦事時有重大失誤，需要承擔相應責任的宰相。如衛紹王大安年間，平章政事獨吉思忠和參知政事完顏承裕帶兵阻擊蒙軍失利，導致金朝精銳損失殆盡，蒙軍乘勝席捲中原，二人均被除名。一是放歸田里，這種情況實際上是除名的另一種說法。這種處理方式適用於在政治鬥爭中失敗的宰相。如正隆末，敬嗣暉任參知政事，世宗即位，整頓政治，樹立新風，敬嗣暉即被放歸田里，成爲政治鬥爭的犧牲品。

致仕即退休，是年老宰相的選擇。對於申請致仕的宰相，皇帝一般要挽留。章宗時期的平章政事張萬公致仕，章宗屢次挽留，即是一例。值得注意的是，一些宰相在致仕後有再次出任宰相的情況，如海陵王時期的耨盌溫敦思忠，哀宗時期的侯摯、張行信和完顏賽不，結合前述宰相出任京府節鎮長官的情況，能夠說明宰相是皇帝選擇和重用的人選，皇帝經常需要他們發揮餘熱，爲國家做出新的貢獻。

宰相在任期間死亡，有自然死亡和非自然死亡兩種現象。自然死亡者，在金朝有 42 人，說明宰相年老在職的情況具有一定的普遍性，這和金朝官員致仕制度的不完善有直接關係。非自然死亡者，在金朝有 21 人，且多集中在熙宗、海陵王和宣宗、哀宗時期。熙宗時期派系鬥爭不斷，海陵王時期清除宗室貴族，均牽連大量宰相。在當時，非正常死亡是常見的現象。宣宗和哀宗時期，在蒙古、西夏、南宋的圍攻下領土面積縮減，宰相守土，兵敗被殺或自殺，是常見的現象。貞祐三年（1215 年）完顏承暉在中都，天興三年（1234年）完顏仲德在蔡州，都是這種情況。這些，是和金朝的整體形勢直接相關的。

綜上所述，一定數量的宰相的某一方面的史料的缺略，給我們的研究帶來了一定的影響。但是，整體上看，這種影響是有限的，對基本觀點不具有根本的否定性作用。一般情況下，皇帝掌握任命宰相的決策權。宰相的入仕途徑，集中在軍功和世襲、科舉、蔭補和流外出職上。其中，以蔭補和流外

〔註65〕《金史》卷9《章宗紀一》，中華書局 1975 年，第 225 頁。

出職爲入仕途徑的宰相，比以科舉爲入仕途徑的宰相的職位高。金朝時，在宰相的任用上，實行重女眞，輕渤海、契丹、漢族的政策；實行重北輕南的政策。金朝宰相的職位的變動，以逐級升遷爲主，越級升遷爲輔。金朝宰相群體的重組，基本上是不間斷進行的。一般情況下，在宰相群體中，女眞宰相數與其它三族宰相數相等或超過其它三族宰相數之和，以保持女眞的種族統治。金朝的宰相群體，成員更新速度快，群體流動性強。因爲有一定數量的宰相的任職時間比較長，保證了宰相群體的相對的穩定性和政策的連續性。一般情況下，去職後，出任京府節鎮長官，或再任宰相，是金朝宰相的主要出路。

第三章　宰相職權的行使

　　宰相是所謂「政事之臣」〔註1〕，他們「與天子經綸於廟堂之上」〔註2〕，「和陰陽，遂萬物，鎮撫四夷，親附百姓」〔註3〕。宰相在皇帝和百官間，行使議政權和行政權，通過推動政務的運轉，實現對國家的治理。

第一節　議政權

　　中國封建王朝，家國同構，君臣一體。宰相作為百官之長，他們的權力及其行使途徑與皇權的伸張和國家的治理有直接的關係。宰相中的讀書人，對於這一點的理解具有典型性。侯摯是明昌二年（1191年）進士，曾買田於黃山下，「客過而問焉，曰『所貴乎士大夫者，謂其得時行道，立功名於天下也。其在朝廷，則建大政，立大議，致明主於唐虞之上，措天下於泰山之安。」〔註4〕其對議政的重視程度可見一斑。根據文獻的記載，從今天研究的角度看，宰相的議政機制，有御前奏事和御前議事、尚書省會議、百官集議以及個人疏奏、接受咨詢、諫諍、封駁等數種。

一、御前奏事和御前議事

　　御前奏事和御前議事，是相銜接的兩個過程，即宰相奏事時，君臣議事，做出決策。因此，這裡對御前奏事和御前議事一起考察。

〔註1〕　《金史》卷109《陳規傳》，中華書局1975年，第2404頁。
〔註2〕　《金史》卷109《陳規傳》，中華書局1975年，第2404頁。
〔註3〕　《金史》卷109《陳規傳》，中華書局1975年，第2404頁。
〔註4〕　〔金〕趙秉文：《雙溪記》，《金文最》卷26，中華書局1990年，第364～365頁。

（一）御前奏事

1、御前奏事的時間

檢索《金史》卷九《禮志》，「朝參常朝儀」條下，有朔日、六日、十一日、十五日、二十一日、二十六日上朝，禮畢，宰相和左右司官奏事和議事，其餘官員退朝的記載。〔註5〕

檢索《大金集禮》卷四十《朔望常朝儀》，天眷二年五月所定「常朝及朔望儀式」〔註6〕，有「如謂朝廷事閒，擬依唐制，隔日視朝」〔註7〕的記載。

上述記載，相比較而言，哪一種接近歷史事實？對這一問題，需要根據歷史記載，作詳細的辯證。

表面上看，《金史》卷九《章宗紀一》中記載的上朝次數，與一個月六次的制度，比較接近。大定二十九年八月庚子，「朝於隆慶宮，是月凡三朝」〔註8〕。大定二十九年十月庚寅，「朝於隆慶宮，是月凡四朝」〔註9〕。大定二十九年十二月丙戌朔，「朝於隆慶宮，是月凡五朝」〔註10〕。明昌元年三月丙辰，「朝於隆慶宮，是月凡六朝」〔註11〕。據此，章宗每月上朝的次數在三、四、五、六間徘徊。但是，大定二十九年八月庚子是十三日，大定二十九年十月庚寅是初四日，明昌元年三月丙辰是初二日，均不符合朔日、六日、十一日、十五日、二十一日、二十六日上朝的制度。

揆諸史實，「隔日視朝」的制度，可從世宗時期尚書省奏事和皇帝與宰相議事的情況，推知一二。筆者檢索《金史》卷六至卷八《世宗紀》，以某月「朔」字爲時間座標，對其中的日期做了干支和自然數字之間的轉換，發現記載尚書省奏事和皇帝與宰相議事的日期爲一、二、三、五、七、九、十一、十三、十五、十七、十九、二十一、二十三、二十五、二十七、二十九日。

但是，對於間隔一日奏事和議事的制度，在《金史》的記載中，多有

〔註5〕詳見《金史》卷36《禮志九》，中華書局1975年，第840～841頁。

〔註6〕〔金〕張暐：《大金集禮》卷40，叢書集成初編本，中華書局1985年，第339頁。

〔註7〕〔金〕張暐：《大金集禮》卷40，叢書集成初編本，中華書局1985年，第341頁。

〔註8〕《金史》卷9《章宗紀一》，中華書局1975年，第211頁。

〔註9〕《金史》卷9《章宗紀一》，中華書局1975年，第212頁。

〔註10〕《金史》卷9《章宗紀一》，中華書局1975年，第213頁。

〔註11〕《金史》卷9《章宗紀一》，中華書局1975年，第214頁。

變通。熙宗雖曾「每日視朝，以示聖慮憂勤」〔註12〕，但常「臨朝端默」〔註13〕。海陵王自貞元三年（1155年）九月至正隆元年正月間，「數月不出，有急奏，召左右司郎中省於臥內」〔註14〕。正隆六年，海陵王至汴京，「累月不視朝，日治兵南伐，部署諸將」〔註15〕。這些，是海陵王在推動官制改革和準備南下伐宋期間，在時間上作出的安排。章宗明昌二年五月庚戌，「敕自今四日一奏事」〔註16〕。宣宗興定三年（1219年）四月庚寅，宣宗「以時暑，詔朝臣四日一奏事」〔註17〕。興定四年（1220年）五月丙申，「以時暑」而「四日一奏事」〔註18〕。這些，是章宗和宣宗因為天氣暑熱做出的安排。哀宗正大五年（1228年）四月甲辰朔，「以御史言三姦不已，凡四日不視朝」〔註19〕，目的是迴避御史彈劾其心腹的鋒芒。章宗時，承安五年正月，甚至「命左右司五日一轉奏事」〔註20〕，或是章宗春水期間的一種臨時安排。上述「四日一奏事」和「五日一轉奏事」的記載，或可以看作平時「隔日視朝」的側證。

　　金朝政局，以世宗時為最穩定。金朝皇帝臨朝聽政，以世宗為最勤。因此，金朝皇帝的奏事與議事的記錄，以世宗時期的規律性最強，為熙宗、海陵王、章宗、宣宗、哀宗所不及。金朝時期，重大典禮、特殊節日、天象異常、天氣變化、天子身體不適、皇室重要成員生病、皇室重要成員和當朝大臣薨逝及出葬等情況下，皇帝有輟朝的安排。〔註21〕皇帝的春水秋山、冬夏捺鉢等出行活動，以及皇帝臨時的一些安排如遷陵和出行上京，也對臨朝聽政帶來影響。因此，整體上看，金朝皇帝的「隔日視朝」，在實際的政務運作中，其規律性不甚明顯，在文獻中留下的記載不多，是可以理解的。

〔註12〕　〔金〕張暐：《大金集禮》卷40，叢書集成初編本，中華書局1985年，第340頁。
〔註13〕　《金史》卷63《熙宗悼平皇后傳》，中華書局1975年，第1503頁。
〔註14〕　《金史》卷5《海陵紀》，中華書局1975年，第105頁。
〔註15〕　《金史》卷83《張浩傳》，中華書局1975年，第1863頁。
〔註16〕　《金史》卷9《章宗紀一》，中華書局1975年，第218頁。
〔註17〕　《金史》卷15《宣宗紀中》，中華書局1975年，第345頁。
〔註18〕　《金史》卷16《宣宗紀下》，中華書局1975年，第352頁。
〔註19〕　《金史》卷17《哀宗紀上》，中華書局1975年，第380頁。
〔註20〕　《金史》卷11《章宗紀三》，中華書局1975年，第252頁。
〔註21〕　詳見湯巧蕾《金代輟朝制度初探》，《東方博物》第17輯，第77～80頁。

2、御前奏事的人員

參加御前奏事的人員，有宰相和左右司官〔註22〕。宰相與左右司官，在奏事時的地位有所不同。

據《大金集禮》載，天眷二年五月十三日制定的奏事儀，「領省及宰執，自東西分陛升殿。左司侍郎執奏牘，從宰執入殿，以奏目授宰執訖，於殿欄子內柱下立，餘並不得升殿。候奏事訖，即降左階，於東序立。右司侍郎自西階升殿如左右儀，降自右階，於西序立。俟領省宰執出，各稟覆簽所得聖旨。」〔註23〕其中，左右司長官即左右司侍郎雖上殿，但不奏事，只是執奏牘，待宰相奏事時呈遞給宰相。這種情況，在海陵王天德年間，出現了一些變化。《金史・百官志一》載「舊凡視朝，執政官親執奏目。天德二年，詔以付左右司官，爲定制。」〔註24〕至金末，這種情況未出現根本的變化。宣宗時，抹撚盡忠任平章政事，「盡忠言：『記注之官，奏事不當迴避，可令左右司官兼之。』宣宗以爲然。」〔註25〕說明左右司官與宰相一起參與御前奏事是一直存在的。只是《金史・百官志一》所載左右司官「兼帶修起居注官」〔註26〕，是在宣宗時出現的情況，這說明左右司官與宰相一起參與御前奏事是常規的做法。

左右司官與宰相一起參與御前奏事成爲常制，其原因在於，左右司負責具體政務的處理，即左司「總察吏、戶、禮三部受事付事」〔註27〕，右司「總察兵、刑、工三部受事付事」〔註28〕，所以左右司官對細節比宰相熟悉，能夠闡述得更清楚明白。皇帝根據事情的具體情況，作出一些具體的安排，也是有的。海陵王在貞元三年九月至正隆元年（1156年）正月間，「數月不出，有急奏，召左右司郎中省於臥內」〔註29〕。這是海陵王在準備推行新的官制

〔註22〕據《金史》卷五十五《百官志一》，金朝左右司長官，其初是左右司侍郎，天眷三年後，爲左右司郎中。在文獻中，左右司侍郎和左右司郎中間出，是正常現象。關於左右司官與左右司事，待詳述於第四章第二節。

〔註23〕〔金〕張暐：《大金集禮》卷40，叢書集成初編本，中華書局1985年，第276頁。

〔註24〕《金史》卷55《百官志一》，中華書局1975年，第1217頁。

〔註25〕《金史》卷101《抹撚盡忠傳》，中華書局1975年，第2229頁。

〔註26〕《金史》卷55《百官志一》，中華書局1975年，第1218頁。

〔註27〕《金史》卷55《百官志一》，中華書局1975年，第1217頁。

〔註28〕《金史》卷55《百官志一》，中華書局1975年，第1218頁。

〔註29〕《金史》卷5《海陵紀》，中華書局1975年，第105頁。

前，所做出的安排。承安五年春正月庚子，章宗「命左右司五日一轉奏事」〔註
30〕，應是章宗在春水期間的安排，目的是把中都的政事轉奏至春水所在的地
點。這些，都是一些臨時安排，是左右司官與宰相一起上殿奏事的補充形式。
海陵王和章宗作出這樣的安排，也是因爲左右司官熟悉細節，掌握具體情況，
聽取其彙報，即能對朝政有一個基本的把握。

　　宰相是輔政大臣，左右司官是處理具體政務的尚書省吏員之首長，二者
在地位上相差甚多。前述熙宗時宰相左右司官不能隨宰相上殿奏事，已能說
明這種區別。海陵王時起，左右司官雖能隨宰相上殿奏事，但二者的在奏事
和議事上的分量，還是不能同日而語。對於宰相與左右司官在奏事和議事上
的區別，在本書的第四章第二節中，有進一步的論述。

3、御前奏事的形式

　　御前奏事，對宰相和百官的要求，在朝參和常朝時略有不同，在《金史》
卷三十六《禮志九》「朝參常朝儀」條，均有詳細的記載。朝參時，「領省宰
執升殿奏事。殿中侍御史對立於左右衛將軍之北少前，修起居東西對立於殿
欄子內副階下，餘退」〔註31〕。常朝時，禮畢，「宰執升殿，餘官分班退。」
〔註32〕其實，如前所述，奏事時，除了宰相，還有左右司官。熙宗時，「省臣
隨班起居畢，左右司侍郎從宰執奏事」〔註33〕。其後，取消左右司侍郎，由
左右司郎中「掌本司奏事」〔註34〕。非朝參和常朝日的御前奏事，情況或大
體相同。

　　皇帝與宰相不願面見，或不能面見時，宰相通過使者，就有關情況上
奏皇帝，是宰相御前奏事的一種變通。海陵王南征，宰相們反對。當時，
張浩想奏事，但不能面見，恰好海陵派近侍周福兒來，張浩附奏：『諸將皆
新進少年，恐誤國事。宜求舊人練習兵者，以爲千戶謀克。』」〔註35〕章宗
時，因對契丹用兵，議罷郊祀或推遲郊禮。當時，完顏襄領兵在外，章宗
遣使詢問，完顏襄表示能按期平叛，郊禮如期舉行。〔註36〕其後，完顏襄

〔註30〕《金史》卷11《章宗紀三》，中華書局1975年，第252頁。
〔註31〕《金史》卷36《禮志九》「朝參常朝儀」條，中華書局1975年，第841頁。
〔註32〕《金史》卷36《禮志九》「朝參常朝儀」條，中華書局1975年，第842頁。
〔註33〕《金史》卷41《儀衛志上》，中華書局1975年，第922頁。
〔註34〕《金史》卷55《百官志一》，中華書局1975年，第1217頁。
〔註35〕《金史》卷83《張浩傳》，中華書局1975年，第1863頁。
〔註36〕《金史》卷94《內族襄傳》，中華書局1975年，第2089頁。

任樞密使兼平章政事，帶兵臨潢，征討北邊部族，「因請就用步卒穿壕築障，起臨潢左界北京路以為阻塞。言者多異同，詔問方略。」〔註 37〕完顏襄分析其中利害，金界壕邊堡因此修築成功。宣宗和哀宗時期，一些宰相長期領兵行省地方，他們的意見通過上疏上奏皇帝，也是特殊時期宰相御前奏事的一種形式。

4、御前奏事在政務運行中的地位

御前奏事，是皇帝收集信息，作為決策的依據的一種途徑。世宗勤於聽政，重視御前奏事，因此，金朝諸帝《紀》中，以世宗鼓勵宰相奏事的言論為最多。大定二年正月，世宗對宰相說：「卿等當參民間利害，及時事之可否，以時敷奏。不可公餘輒從自便，優游而已。」〔註38〕大定二十二年（1182 年）七月，「宰臣奏事，上頗違豫，宰臣請退。上曰：『豈以朕之微爽於和，而倦臨朝之大政耶？』使終其奏。」〔註39〕這一類言論，在《金史》的《世宗紀》中，能夠檢索到十餘條。章宗也有類似的言論，如他評價參知政事劉瑋時說：

（劉瑋）固甚幹，然自世宗朝逮輔朕，於事多有知而不言者。若實愚人，則不足論，知及之而不肯盡心，可乎？」〔註40〕又說：「夫為宰相而欲收恩避怨，使人人皆稱己是，賢者固若是乎？」〔註 41〕當時劉瑋已不在任，章宗的言論實際上是對現任宰相的一種督責。

皇帝以御前奏事作為收集信息的途徑，是因為尚書省是政務運行的中心，宰相統領百司，聽取百官意見上奏皇帝執行，是其職掌之一。其具體情況如下：

（1）皇帝就一些事項，要求宰相奏事，瞭解情況

這種情況，以世宗時期為最常見。大定八年（1168 年）九月，世宗因蔚州垛地薹擾民一事，稱「聞蔚州垛地薹，役夫數百千人，朕所用幾何？而擾動如此」〔註42〕，要求宰相「自今差役凡稱御前者，皆須稟奏，仍令附冊」〔註43〕。大定十七年十一月，世宗因諸路差科煩細加重百姓負擔，對宰相說：「朕常恐重

〔註37〕《金史》卷 94《內族襄傳》，中華書局 1975 年，第 2090 頁。
〔註38〕《金史》卷 6《世宗紀上》，中華書局 1975 年，第 125 頁。
〔註39〕《金史》卷 8《世宗紀下》，中華書局 1975 年，第 182 頁。
〔註40〕《金史》卷 95《劉瑋傳》，中華書局 1975 年，第 2112～2113 頁。
〔註41〕《金史》卷 95《劉瑋傳》，中華書局 1975 年，第 2113 頁。
〔註42〕《金史》卷 6《世宗紀上》，中華書局 1975 年，第 142 頁。
〔註43〕《金史》卷 6《世宗紀上》，中華書局 1975 年，第 142 頁。

斂以困吾民」〔註44〕，要求宰相「自今諸路差科之煩細者，亦具以聞」〔註45〕。

（2）宰相親臨地方，就有關情況上奏皇帝聽取裁決

明昌年間，胥持國和馬琪行省治理黃河，注意到巡河官員數冗多，互相倚賴，邀功請賞，議論紛紜，效率低下的種種弊端，相繼提出自己的處理意見，章宗「從其請」〔註46〕。宣宗時期，軍戶南遷，當時朝廷決定「以括荒田及牧馬地給軍」〔註47〕，「命尚書右丞高汝礪總之」〔註48〕，以解決軍糧問題。高汝礪親臨地方，發現其中的弊端，上奏皇帝，宣宗「詔罷給田，但半給糧、半給實直焉」〔註49〕。

（3）宰相轉述其它官員的言論，上奏皇帝

大定二十年（1180年），「河決衛州及延津京東埽，彌漫至于歸德府」〔註50〕，當時檢視官南京副留守石抹輝者彙報：「河水因今秋霖潦暴漲，遂失故道，勢益南行」〔註51〕，宰相上奏皇帝，朝廷決定「自衛州埽下接歸德府南北兩岸增築堤以捍湍怒」〔註52〕。章宗時期，甄官署丞丁用楫奉旨巡視山西兩監鑄錢利弊，回朝，向尚書省彙報：「今阜通、利通兩監，歲鑄錢十四萬餘貫，而歲所費乃至八十餘萬貫，病民而多費，未見其利便也。」〔註53〕當時，宰相上奏皇帝，朝廷決定「罷代州、曲陽二監」〔註54〕。

（4）官員就某一問題提出自己的意見，由尚書省議事，宰相上奏結果，皇帝作出決策

章宗時，御史中丞孟鑄論「提刑司改按察司，差官復察，權削望輕」〔註55〕，當時「下尚書省議」〔註56〕。尚書省議事後，宰相上奏，章宗採納了參

〔註44〕《金史》卷7《世宗紀中》，中華書局1975年，第169頁。
〔註45〕《金史》卷7《世宗紀中》，中華書局1975年，第169頁。
〔註46〕《金史》卷27《河渠志》，中華書局1975年，第679頁。
〔註47〕《金史》卷47《食貨志二》，中華書局1975年，第1053頁。
〔註48〕《金史》卷47《食貨志二》，中華書局1975年，第1053頁。
〔註49〕《金史》卷47《食貨志二》，中華書局1975年，第1053頁。
〔註50〕《金史》卷27《河渠志》，中華書局1975年，第671頁。
〔註51〕《金史》卷27《河渠志》，中華書局1975年，第671頁。
〔註52〕《金史》卷27《河渠志》，中華書局1975年，第671頁。
〔註53〕《金史》卷48《食貨志三》，中華書局1975年，第1073頁。
〔註54〕《金史》卷48《食貨志三》，中華書局1975年，第1073頁。
〔註55〕《金史》卷100《孟鑄傳》，中華書局1975年，第2202頁。
〔註56〕《金史》卷100《孟鑄傳》，中華書局1975年，第2202頁。

知政事賈鉉的意見「乞差監察時，即別遣官偕往，更不復察，諸疑獄並令按察司從正與決，庶幾可慰人望」〔註57〕。興定三年二月，元帥左都監完顏承立「以綏德、保安之境，各獲夏人統軍司文移來上」〔註58〕，「其辭雖涉不遜，而皆有保境息民之言」〔註59〕。當時，尚書省議事，上奏：「鎮戎、靈平等鎮近耗，夏人數犯疆場。此文正緩我耳，宜嚴備禦，以破奸計。」〔註60〕宣宗採納。

5、宰相的御前奏事對皇帝決策的影響

宰相的權力之一是職官選任，世宗曾對宰相說：「進賢退不肖，宰相之職也」。〔註61〕與宰相的御前奏事有關的記載，在這個方面比較多見。所以，此處以職官的選任爲例，說明宰相的御前奏事對皇帝決策的影響。

按金制，尚書省把正七品以上官員人選上奏皇帝，由皇帝決定具體的任職人員名單，這是一項常規的議程，即「正七品以上，呈省以聽制授」〔註62〕。官員除授，宰相上奏的文件稱爲「除目」。趙思文爲宣宗所熟知，「宰相進除目，及公名，宣宗必曰：『趙思文，君子人也。』」〔註63〕

在選任職官的程序中，宰相的擬奏是其中的重要環節。世宗與李石之間，有兩段對話。其一，「上曰：『朕欲於京府節鎮運司長佐三員內任文臣一員，尚未得人。』石奏曰：『資考未至，不敢擬。』上曰：『近觀節度轉運副使中才能者有之。海陵時，省令史不用進士，故少尹節度轉運副使中乏人。大定以來，用進士，亦頗有人矣，節度轉運副使中有廉能者具以名聞，朕將用之。朝官不歷外任，無以見其才，外官不歷隨朝，無以進其才，中外更試，庶可得人。』」〔註64〕其二，「他日，上復問曰：『外任五品職事多闕，何也？』石對曰：『資考少有及者。』上曰：『苟有賢能，當不次用之。』」〔註65〕世宗急於求治，對宰相有所督促；宰相照章行事，謹慎擬奏，都說明了職官的選任

〔註57〕《金史》卷100《孟鑄傳》，中華書局1975年，第2202頁。
〔註58〕《金史》卷15《宣宗紀中》，中華書局1975年，第343頁。
〔註59〕《金史》卷15《宣宗紀中》，中華書局1975年，第343頁。
〔註60〕《金史》卷15《宣宗紀中》，中華書局1975年，第343頁。
〔註61〕《金史》卷6《世宗紀上》，中華書局1975年，第125頁。
〔註62〕《金史》卷52《選舉志二》，中華書局1975年，第1157頁。
〔註63〕〔金〕元好問：《通奉大夫禮部尚書趙公神道碑》，《遺山先生文集》卷18，四部叢刊初編縮本，商務印書館1936年，第194頁。
〔註64〕《金史》卷86《李石傳》，中華書局1975年，第1914頁。
〔註65〕《金史》卷86《李石傳》，中華書局1975年，第1914頁。

的重要性。世宗與紇石烈良弼之間，有一段對話。大定三年八月，朝廷下詔：「祖宗時有勞效未曾遷賞者，五品以上御前，六品以下及無職事者尚書省約量升除。」〔註66〕紇石烈良弼上言：「祖宗以來未錄功賞者，臣考按得凡三十二人，宜差第封賞。」〔註67〕世宗詔曰：「已有五品以上官者，聞奏。六品以下及無官者，尚書省約量遷除。」〔註68〕這件事，是世宗直接安排的，說明職官的選任對於政局的穩定的重要性。

在職官的選任上，有皇帝徵求宰相的意見，然後作出決策的例子。大定初，尚書省擬楊邦基爲刑部郎中。世宗問：「縣官即除郎中，如何？」〔註69〕張浩回答：「邦基前爲兵部員外郎矣，且其人材可用」〔註70〕，世宗表示同意。世宗時，「縣令多闕」〔註71〕，世宗徵求宰相的意見，移剌道上奏：「散官宣武以上借除以充之」〔註72〕，世宗決定「廉察八品以下已去官者，錄事丞簿有清幹之譽者，縣尉入優等者，皆與縣令。散官至五品，無貪污曠職之名者，亦可與之。俟縣令不闕，即如舊制。」〔註73〕世宗曾問太尉完顏守道：「徒單鎰何如人也？」〔註74〕守道答：「有材力，可任政事。」〔註75〕世宗說：「然，當以劇任處之。」〔註76〕又說：「鎰容止溫雅，其心平易。」〔註77〕過了一段時間，徒單鎰由國史院編修官兼修起居注。烏古論元忠任御史大夫，世宗問紇石烈良弼，誰可以擔任宰相，「良弼以元忠對」〔註78〕。於是，烏古論元忠拜平章政事。世宗問劉璣爲人如何，參知政事程輝回答：「璣執強跋扈，嘗追濟南府官錢，以至委曲生意而害及平民」〔註79〕，恰好世宗聯想起劉璣放奴隸爲良民一事，認爲他存心不正，覺得對他「不宜再用」〔註80〕。鄧儼致仕，

〔註66〕 《金史》卷6《世宗紀上》，中華書局1975年，第132頁。
〔註67〕 《金史》卷88《紇石烈良弼傳》，中華書局1975年，第1950頁。
〔註68〕 《金史》卷88《紇石烈良弼傳》，中華書局1975年，第1950～1951頁。
〔註69〕 《金史》卷90《楊邦基傳》，中華書局1975年，第2007頁。
〔註70〕 《金史》卷90《楊邦基傳》，中華書局1975年，第2007頁。
〔註71〕 《金史》卷88《移剌道傳》，中華書局1975年，第1969頁。
〔註72〕 《金史》卷88《移剌道傳》，中華書局1975年，第1969頁。
〔註73〕 《金史》卷88《移剌道傳》，中華書局1975年，第1969頁。
〔註74〕 《金史》卷99《徒單鎰傳》，中華書局1975年，第2186頁。
〔註75〕 《金史》卷99《徒單鎰傳》，中華書局1975年，第2186頁。
〔註76〕 《金史》卷99《徒單鎰傳》，中華書局1975年，第2186頁。
〔註77〕 《金史》卷99《徒單鎰傳》，中華書局1975年，第2186頁。
〔註78〕 《金史》卷120《烏古論元忠傳》，中華書局1975年，第2624頁。
〔註79〕 《金史》卷97《劉璣傳》，中華書局1975年，第2158頁。
〔註80〕 《金史》卷97《劉璣傳》，中華書局1975年，第2158頁。

復求任職。章宗就此事問左右：「鄧儼可復用乎？」〔註81〕因平章政事完顏守貞對鄧儼的評價「臨事則不後於人，但多務自便耳」以及「儼前乞致仕，陛下以其頗點故許之，甚合眾議。今使復列於朝，恐風化從此壞矣」〔註82〕而作罷。賀揚庭改任陝西西路轉運使，表乞致仕。章宗問：「揚庭能幹者也，當何如？」〔註83〕當時，「右丞劉瑋言其疾」〔註84〕。於是，章宗同意了他致仕的請求。

上面之所以不厭其煩地羅列了世宗和章宗時期的大量史料，只是想說明，七品以上官員的任命，是宰相對皇帝奏事的一個重要方面。這種奏事，對於官員的仕途，具有重要的影響。

當然，宰相擬奏，是官員除授的一個重要環節。但是皇帝是決策者，其取捨是最關鍵的。尚書省奏擬除授，是一個初步方案，需要皇帝批准，方能生效。移剌益任泗州防禦使前，大定五年（1165年），「宋主新立，詔以泗州當使客所經，守臣宜擇人，宰臣進擬數人」〔註85〕，但世宗都不滿意，直接提出：「特末阿不安在？此人可也。」〔註86〕於是，朝廷任命移剌益為泗州防禦使。大定十八年（1178年）十一月，尚書省上奏：「擬同知永寧軍節度使事阿可為刺史」〔註87〕，世宗的意見是「阿可年幼，於事未練，授佐貳官可也」〔註88〕，平章政事唐括安禮進奏：「臣等以阿可宗室，故擬是職」〔註89〕，但世宗認為「郡守繫千里休戚，安可不擇人而私其親耶？若以親親之恩，賜與雖厚，無害於政。使之治郡而非其才，一境何賴焉。」〔註90〕最終，宰相擬阿可為長官，世宗修正為佐貳官。承安五年三月，尚書省上奏：「擬同知商州事蒲察西京為濟南府判官」〔註91〕，章宗認為「宰相豈可止徇人情，要當重惜名爵。此人不堪，朕常記之，止與七品足矣！」〔註92〕宣宗時期，趙思文

〔註81〕《金史》卷97《鄧儼傳》，中華書局1975年，第2150頁。
〔註82〕《金史》卷97《鄧儼傳》，中華書局1975年，第2150頁。
〔註83〕《金史》卷97《賀揚庭傳》，中華書局1975年，第2152頁。
〔註84〕《金史》卷97《賀揚庭傳》，中華書局1975年，第2152頁。
〔註85〕《金史》卷97《移剌益傳》，中華書局1975年，第2160頁。
〔註86〕《金史》卷97《移剌益傳》，中華書局1975年，第2160頁。
〔註87〕《金史》卷7《世宗紀中》，中華書局1975年，第171頁。
〔註88〕《金史》卷7《世宗紀中》，中華書局1975年，第171頁。
〔註89〕《金史》卷7《世宗紀中》，中華書局1975年，第171頁。
〔註90〕《金史》卷7《世宗紀中》，中華書局1975年，第171頁。
〔註91〕《金史》卷11《章宗紀三》，中華書局1975年，第253頁。
〔註92〕《金史》卷11《章宗紀三》，中華書局1975年，第253頁。

被任命爲太府監丞時,「丞相高琪當國,素不喜文士,循常例,擬公寶昌軍節
度副使。」〔註93〕宣宗不同意,說:「思文再歸國,忠孝可尚,例授之何以示
勸?」〔註94〕因此,特任命趙思文爲太府監丞。

上面的事例說明,宰相的御前奏事是皇帝決策的基礎,在政務運行中有
重要的地位。但是,宰相的意見,不能左右皇帝的決策,皇帝是政事最終的
決策者,這一點是毋庸置疑的。

(二) 御前議事

1、御前議事的時間和因由

御前奏事與御前議事是相互銜接的兩個過程,史書中,有這兩個互相銜
接的過程在常朝日出現的記載。世宗時,張汝霖曾「因朝奏日論事上前」〔註
95〕,修起居注移剌傑曾上書提及「朝奏屛人議事,史官亦不與聞,無由紀錄」
〔註96〕。如前所述,皇帝上朝理政,及宰相御前奏事,並非僅限於常朝日和
朝參日,而是經常進行的。因此,有理由認爲,御前議事是經常進行的政事
處理方式,應與御前奏事日相同或相近。

除因御前奏事,君臣共同議事,還有下列兩種因由:

(1) 皇帝就某一事項召集大臣聽取意見。泰和五年(1205年)六月,面
對南宋的軍事威脅,章宗「召諸大臣問備宋之策,皆以設備養惡爲言」〔註97〕,
「以南北和好四十餘載,民不知兵,不忍先發」〔註98〕。大安三年十二月,
蒙軍進攻中都,衛紹王命「太保張行簡、左丞相僕散端宿禁中議軍事」〔註99〕。
貞祐三年十一月,宣宗「與尙書右丞汝礪商略遣官括田賜軍之利害,汝礪言
不便者數端」〔註100〕,所以,宣宗下詔,要求「有司罷其令,仍給軍糧之半,
其半給詣實之價」〔註101〕。

〔註93〕 〔金〕元好問:《通奉大夫禮部尙書趙公神道碑》,《遺山先生文集》卷18,四
　　　　 部叢刊初編縮本,商務印書館1936年,第192頁。
〔註94〕 〔金〕元好問:《通奉大夫禮部尙書趙公神道碑》,《遺山先生文集》卷18,四
　　　　 部叢刊初編縮本,商務印書館1936年,第192頁。
〔註95〕 《金史》卷83《張汝霖傳》,中華書局1975年,第1866頁。
〔註96〕 《金史》卷7《世宗紀中》,中華書局1975年,第169頁。
〔註97〕 《金史》卷12《章宗紀四》,中華書局1975年,第271頁。
〔註98〕 《金史》卷12《章宗紀四》,中華書局1975年,第271頁。
〔註99〕 《金史》卷13《衛紹王紀》,中華書局1975年,第294頁。
〔註100〕 《金史》卷14《宣宗紀上》,中華書局1975年,第315頁。
〔註101〕 《金史》卷14《宣宗紀上》,中華書局1975年,第315頁。

（2）皇帝因其它官員上書言事，徵求宰相的意見，君臣共同議事。世宗時，「同知震武軍節度使鄧秉鈞陳言四事，其一言外多闕官，及循資擬注不得人」〔註102〕，世宗徵求宰相的意見，即與張汝弼、梁肅議此事。宣宗時，「侍御史劉元規上言：『僑戶宜與土民均應差役。』」〔註103〕宣宗留中，而「自以其意問宰臣」〔註104〕。御前議事的議題來自於御史臺官員，依一般程序，或下尚書省商議，但宣宗留中，就成爲御前議事的一個議題了。

2、參加御前議事的人員

御前議事，作爲一個程序，是與御前奏事相銜接的。因此，參加御前奏事的人員，即宰相與左右司郎中、員外郎，都是御前議事的人員。宰相直接與皇帝議事，其餘人員負責記錄整理，御前議事具有程序上的完整性。

實際上，除了宰相和左右司郎中、員外郎等人，參加御前議事的人員，還有諫官和記注官。只是出於保密的需要，金朝在諫官和記注官參加御前議事上的規定，是有所變動的。

大定十二年十一月，世宗與宰相議事，要求侍臣退下。當時，記注官也一起退下，被世宗阻止。世宗說：「史官記人君善惡，朕之言動及與卿等所議，皆當與知。其於記錄無或有隱，可以朕意論之。」〔註105〕但是，此後六年間，御前議事記注官記錄的做法，並未一直堅持。所以，大定十八年時，因修起居注移剌傑上書「朝奏屏人議事，史官亦不與聞，無由紀錄」〔註106〕，世宗君臣有一番討論。世宗問平章政事石琚、左丞唐括安禮，他們回答：「古者，天子置史官於左右，言動必書，所以儆戒人君，庶幾有所畏也。」〔註107〕世宗說：「朕觀《貞觀政要》，唐太宗與臣下議論，始議如何，後竟如何，此政史臣在側記而書之耳。若恐漏泄幾事，則擇愼密者任之」〔註108〕。經世宗與宰相共議，這一問題得以解決，「朝奏屏人議事，記注官不避自此始」〔註109〕。世宗對宰相說，「諫官、記注官與聞議論，亦不可與人遊從」〔註110〕，則說明

〔註102〕《金史》卷89《梁肅傳》，中華書局1975年，第1985頁。
〔註103〕《金史》卷106《賈益謙傳》，中華書局1975年，第2335頁。
〔註104〕《金史》卷106《賈益謙傳》，中華書局1975年，第2335頁。
〔註105〕《金史》卷7《世宗紀中》，中華書局1975年，第157頁。
〔註106〕《金史》卷7《世宗紀中》，中華書局1975年，第169頁。
〔註107〕《金史》卷7《世宗紀中》，中華書局1975年，第169頁。
〔註108〕《金史》卷88《石琚傳》，中華書局1975年，第1962頁。
〔註109〕《金史》卷88《石琚傳》，中華書局1975年，第1962頁。
〔註110〕《金史》卷88《唐括安禮傳》，中華書局1975年，第1966頁。

參加御前議事的不僅有記注官，還有諫官。他們的參加，對於撰寫史書，以及作出理性決策，都是有益的。

3、御前議事的具體情況

御前議事，在文獻中的記載很多。這些記載，與決策的合理化，以及與皇帝與宰相的關係，均有所涉及。

通過梳理史料，我們能夠發現，御前議事是實現決策的合理化的一個過程。

在御前議事中，皇帝擇善而從，並不以宰相地位的高低而有所偏向。大定二十三年七月，「博興縣民李孜收日炙鹽，大理寺具私鹽及刮鹼土二法以上。」〔註111〕當時，有宰相認為，李孜的鹽，與私鹽不同，其意在有所寬緩。但是，參知政事張仲愈堅持認為「私鹽罪重，而犯者猶眾，不可縱也。」〔註112〕世宗問：「刮鹼非煎，何以同私？」〔註113〕張仲愈答：「如此則渤海之人恣刮鹼而食，將侵官課矣。」〔註114〕最終，世宗聽從了他的意見，「以孜同刮鹼科罪，後犯則同私鹽法論」。〔註115〕

在御前議事中，皇帝提出自己的意見，宰相有所辯駁，皇帝能夠接受宰相對自己意見的修正。紇石烈良弼致仕，世宗問宰相：「丞相良弼必欲歸鄉里，朕以世襲猛安封其子符寶曷答，俾之侍行，何如？」〔註116〕右丞相完顏守道回答：「不若以猛安授良弼，使其子攝事。」〔註117〕世宗表示同意。大定二十六年（1186 年），世宗說：「中外皆言錢難，朕嘗計之，京師積錢五百萬貫亦不為多，外路雖有終亦無用，諸路官錢非屯兵處可盡運至京師。」〔註118〕左丞相徒單克寧說：「民間錢固已艱得，若盡歸京師，民益艱得矣！不若起其半至都，餘半變折輕齎，則中外皆便。」〔註119〕明昌四年（1193 年），章宗盼咐宰相：「隨處有無用官物，可為計置，如鐵錢之類是也。」當時，「或有言鐵錢有破損，當令所司以銅錢償之者」〔註120〕，參知政事胥持國不同意，章

〔註111〕《金史》卷49《食貨志四》，中華書局1975年，第1096頁。
〔註112〕《金史》卷49《食貨志四》，中華書局1975年，第1096頁。
〔註113〕《金史》卷49《食貨志四》，中華書局1975年，第1096頁。
〔註114〕《金史》卷49《食貨志四》，中華書局1975年，第1096頁。
〔註115〕《金史》卷49《食貨志四》，中華書局1975年，第1096頁。
〔註116〕《金史》卷88《紇石烈良弼傳》，中華書局1975年，第1955頁。
〔註117〕《金史》卷88《紇石烈良弼傳》，中華書局1975年，第1955頁。
〔註118〕《金史》卷48《食貨志三》，中華書局1975年，第1072頁。
〔註119〕《金史》卷48《食貨志三》，中華書局1975年，第1072頁。
〔註120〕《金史》卷48《食貨志三》，中華書局1975年，第1075頁。

宗說：「令償之尙壞，不償將盡壞矣！若果無用，曷別爲計？」〔註121〕胥持國辨析，「如江南用銅錢，江北、淮南用鐵錢，蓋以隔閡銅錢不令過界爾。如陝西市易亦有用銀布薑麻，若舊有鐵錢，宜姑收貯，以備緩急。」〔註122〕最終的結果，是章宗聽從了胥持國的意見，「令有司籍鐵錢及諸無用之物，貯於庫」〔註123〕。

在御前議事中，皇帝傾向於聽取有具體方案的宰相的意見，以及對熟悉具體情況的宰相的意見。

世宗時，曾問宰相：「嘗求內外官舉賢能，未聞有舉者，何也？」〔註124〕參知政事魏子平：「請當舉者每任須舉一人，視其當不，以爲賞罰」〔註125〕。紇石烈良弼說：「前詔朝官六品以上，外官五品以上，各舉所知，盍申明前詔？」〔註126〕世宗聽取了紇石烈良弼的意見。章宗時期，完顏守貞和胥持國對立，在經童科錄取問題上，二人政見不一。完顏守貞主張約取經童。胥持國主張經童科中舉者不直接進入仕途，繼續修習舉業；對於其中能夠進士及第、通過會試、通過府試和未通過上述三級考試中的任何一級的區別對待。完顏守貞的意見相對簡略，胥持國的意見相對具體。因此，章宗聽取了胥持國的意見。〔註127〕貞祐二年（1214 年）六月，宣宗南遷至湯陰，「聞汴京穀價騰踊，慮扈從人至則愈貴」〔註128〕，問宰相對這種情況的處理方案。宰相們「皆請命留守司約束」〔註129〕。參知政事高汝礪曾任戶部尙書，善於理財，認爲「物價低昂，朝夕或異，然糴多糶少則貴。蓋諸路之人輻湊河南，糴者既多，安得不貴？若禁止之，有物之家皆將閉而不出，商旅轉販亦不復入城，則糴者益急而貴益甚矣。」〔註130〕提出「事有難易，不可不知，今少而難得者穀也，多而易致者鈔也，自當先其所難，後其所易，多方開誘，務使出粟更鈔，則

〔註121〕《金史》卷 48《食貨志三》，中華書局 1975 年，第 1075 頁。
〔註122〕《金史》卷 48《食貨志三》，中華書局 1975 年，第 1075 頁。
〔註123〕《金史》卷 48《食貨志三》，中華書局 1975 年，第 1075 頁。
〔註124〕《金史》卷 88《紇石烈良弼傳》，中華書局 1975 年，第 1954 頁。
〔註125〕《金史》卷 88《紇石烈良弼傳》，中華書局 1975 年，第 1954 頁。
〔註126〕《金史》卷 88《紇石烈良弼傳》，中華書局 1975 年，第 1954 頁。
〔註127〕以上情況，參見《金史》卷 51《選舉志一》，中華書局 1975 年，第 1149～1150 頁。
〔註128〕《金史》卷 107《高汝礪傳》，中華書局 1975 年，第 2353 頁。
〔註129〕《金史》卷 107《高汝礪傳》，中華書局 1975 年，第 2353 頁。
〔註130〕《金史》卷 107《高汝礪傳》，中華書局 1975 年，第 2353～2354 頁。

穀價自平矣。」〔註131〕宣宗採納了他的意見。

在御前議事中，宰相意見不一時，皇帝有時命官員進行實地調查，作爲決策的依據。明昌三年和四年間，議區種法。章宗君臣聽取參知政事胥持國的意見後，在局部地區試行。明昌四年六月，「命近侍二人馳驛巡視京畿禾稼」〔註132〕。至明昌五年，才「敕諭農民使區種」〔註133〕。因此，一項決策的作出，有時是非常謹愼的，需要多個相關部門的協作。〔註134〕宣宗時，「朝廷議發兵河北，護民芟麥，而民間流言謂官將盡取之」〔註135〕，宣宗聽說了這件事，問宰相：「爲之奈何？」〔註136〕當時尤虎高琪等的意見是「若令樞密院遣兵居其衝要，鎭遏土寇，仍許收逃戶之田，則軍民兩便。或有警急，軍士亦必盡心。」〔註137〕高汝礪的意見是「蓋河朔之民所恃以食者，惟此麥耳。今已有流言，而復以兵往，是益使之疑懼也。不若聽其自便，令宣撫司禁戢無賴，不致侵擾足矣。逃戶田令有司收之，以充軍儲可也。」〔註138〕雙方意見對立，宣宗「詔遣戶部員外郎裴滿蒲剌都閱視田數，及訪民願發兵以否」〔註139〕。調查的結果，是河北農民都不願朝廷發兵保護，於是宣宗作罷。

在御前議事中，宰相的意見有分歧，皇帝無所適從，則再議。明昌三年（1192年）三月，議行區田法。章宗說：「卿等所言甚嘉，但恐農民不達此法。如其可行，當遍諭之。」〔註140〕明昌四年四月，章宗與宰相「復言其法」〔註141〕。貞祐三年七月，「議欲聽榷場互市用銀，而計數稅之」〔註142〕，宣宗說：「如此，是公使銀入外界也。」〔註143〕平章政事抹撚盡忠、權參知政事烏古論德升說：「賞賜之用莫如銀絹，而府庫不足以給之。互市雖有禁，而私易者

〔註131〕《金史》卷107《高汝礪傳》，中華書局1975年，第2353～2354頁。
〔註132〕《金史》卷50《食貨志五》，中華書局1975年，第1124頁。
〔註133〕《金史》卷50《食貨志五》，中華書局1975年，第1124頁。
〔註134〕詳見《金史》卷50《食貨志五》，中華書局1975年，第1123～1124頁。
〔註135〕《金史》卷107《高汝礪傳》，中華書局1975年，第2355頁。
〔註136〕《金史》卷107《高汝礪傳》，中華書局1975年，第2355頁。
〔註137〕《金史》卷107《高汝礪傳》，中華書局1975年，第2355頁。
〔註138〕《金史》卷107《高汝礪傳》，中華書局1975年，第2356頁。
〔註139〕《金史》卷107《高汝礪傳》，中華書局1975年，第2356頁。
〔註140〕《金史》卷50《食貨志五》，中華書局1975年，第1123頁。
〔註141〕《金史》卷50《食貨志五》，中華書局1975年，第1123頁。
〔註142〕《金史》卷50《食貨志五》，中華書局1975年，第1115頁。
〔註143〕《金史》卷50《食貨志五》，中華書局1975年，第1115頁。

自如。若稅之，則斂不及民而用可足。」〔註144〕平章政事尤虎高琪說：「小人敢犯，法不行爾，況許之乎？今軍未息，而產銀之地皆在外界，不禁則公私指日罄矣！」〔註145〕宰相間有分歧，宣宗說：「當熟計之」〔註146〕。

通過梳理史料，我們也能夠發現，與御前議事有關的記載，也有君尊臣卑的君臣關係的主體框架下，宰相顧及自身利益的考慮。

女真猛安謀克移民聚居聚重，以保持其民族遺風，是世宗一直強調的重要原則。所以，在御前議事中，宰相們與世宗保持一致。大定二十二年，「以山東屯田戶鄰之於邊鄙，命聚之一處，俾協力蠶種」〔註147〕當時，右丞相烏古論元忠說：「彼方之人以所得之地爲家，雖兄弟不同處，故貧者眾。」〔註148〕參知政事黏割斡特剌說「舊時兄弟雖析猶相聚種，今則不然，宜令約束之。」〔註149〕章宗在位期間，雖進行了一定的改革，但保持女真族的統治地位，與世宗及世宗以前的諸位皇帝是一致的。所以，宰相也與皇帝一致，在言談中，這種傾向有所流露。承安四年，章宗對宰相說：「人有以《八陣圖》來上者，其圖果何如？朕嘗觀宋白所集《武經》，具載攻守之法，亦多難行。」〔註150〕右丞相夾谷清臣順承之，說：「兵書一定之法，難以應變。本朝行兵惟用正奇二軍，臨敵制變，以正爲奇，以奇爲正，故無往不克。」〔註151〕

實際上，與皇帝保持一致，有時是宰相政見確與皇帝相同，有時則是宰相出於自身利益的考慮，在揣摩皇帝心理的基礎上在意見的傾向性上有所選擇的結果。張汝霖「通敏習事，凡進言必揣上微意，及朋附多人爲說，故言不忤而似忠也。」〔註152〕其在大定明昌間官至平章政事，與此當不無關係。章宗時，對諸王防禁嚴密。章宗君臣查知鎬王永中及其二子罪狀，商議處置方案。當時，章宗說：「鎬王只以語言得罪，與永蹈罪異。」〔註153〕似有所開脫。參知政事馬琪說：「永中與永蹈罪狀雖異，人臣無將，則一也。」〔註154〕

〔註144〕《金史》卷50《食貨志五》，中華書局1975年，第1115頁。
〔註145〕《金史》卷50《食貨志五》，中華書局1975年，第1115頁。
〔註146〕《金史》卷50《食貨志五》，中華書局1975年，第1115頁。
〔註147〕《金史》卷44《兵志》，中華書局1975年，第996頁。
〔註148〕《金史》卷44《兵志》，中華書局1975年，第996頁。
〔註149〕《金史》卷44《兵志》，中華書局1975年，第996頁。
〔註150〕《金史》卷44《兵志》，中華書局1975年，第997頁。
〔註151〕《金史》卷44《兵志》，中華書局1975年，第997頁。
〔註152〕《金史》卷83《張汝霖傳》，中華書局1975年，第1868頁。
〔註153〕《金史》卷85《永中傳》，中華書局1975年，第1899頁。
〔註154〕《金史》卷85《永中傳》，中華書局1975年，第1900頁。

永中家奴德哥舉報其曾與侍妾瑞雪說：「我得天下，子爲大王，以爾爲妃。」
〔註155〕章宗問：「大王何故輒出此言？」〔註156〕左丞相夾谷清臣答：「素有妄
想之心也。」〔註157〕在這次御前議事中，夾谷清臣與馬琪二人，應是在揣摩
章宗心理的基礎上有所迎合，欲置鎬王永中於死地的。

4、御前議事的作用

御前議事，有利於集思廣益，是皇帝作出決策的重要途徑。泰和五年，「宋
渝盟有端，平章政事僕散揆宣撫河南。揆奏宋人懦弱，韓侂胄用事，請遣使
詰問。」〔註158〕章宗召集大臣議事，左丞相宗浩說：「宋久敗之國，必不敢動。」
〔註159〕參知政事獨吉思忠說：「宋雖羈棲江表，未嘗一日忘中國，但力不足耳。」
〔註160〕泰和六年（1206 年）四月，章宗召集大臣議伐宋事，都認爲不值得憂
慮，代表性的言論是「鼠竊狗盜，非用兵也」〔註161〕，但獨吉思忠堅持認爲
「不早爲之所，彼將誤也」〔註162〕，章宗表示贊同。這種御前議事，能夠集
思廣益，對於作出決策，無疑是重要的途徑。

御前議事，皇帝提出問題，宰相作出方案，能夠實現高效率的決策。貞
祐四年（1216 年）正月，「言者請遣官勸農，至秋成，考其績以甄賞。」〔註
163〕宰相表示「民恃農以生，初不待勸，但寬其力，勿奪其時而已。遣官不過
督州縣計頃畝、嚴期會而已。吏卒因爲姦利，是乃妨農，何名爲勸。」〔註164〕
宣宗肯定了宰相的意見，不遣官勸農。興定元年（1217 年）十一月，宣宗對
宰相說：「朕聞百姓流亡，逋賦皆配見戶，人何以堪？又添徵軍需錢太多，亡
者詎肯復業，其並讓除之。」〔註165〕宰相提出「命行部官閱實蠲貸，已代納
者以恩例，或除他役，或減本戶雜徵四之一」〔註166〕，宣宗表示「朕於此事

〔註155〕《金史》卷 85《永中傳》，中華書局 1975 年，第 1899 頁。
〔註156〕《金史》卷 85《永中傳》，中華書局 1975 年，第 1900 頁。
〔註157〕《金史》卷 85《永中傳》，中華書局 1975 年，第 1900 頁。
〔註158〕《金史》卷 93《獨吉思忠傳》，中華書局 1975 年，第 2064 頁。
〔註159〕《金史》卷 93《獨吉思忠傳》，中華書局 1975 年，第 2064 頁。
〔註160〕《金史》卷 93《獨吉思忠傳》，中華書局 1975 年，第 2064 頁。
〔註161〕《金史》卷 93《獨吉思忠傳》，中華書局 1975 年，第 2064 頁。
〔註162〕《金史》卷 93《獨吉思忠傳》，中華書局 1975 年，第 2064 頁。
〔註163〕《金史》卷 14《宣宗紀上》，中華書局 1975 年，第 316 頁。
〔註164〕《金史》卷 14《宣宗紀上》，中華書局 1975 年，第 316 頁。
〔註165〕《金史》卷 15《宣宗紀中》，中華書局 1975 年，第 333 頁。
〔註166〕《金史》卷 15《宣宗紀中》，中華書局 1975 年，第 333 頁。

未嘗去懷，其亟行之。」〔註167〕

綜上所述，金朝的御前議事，是常規的議事方式。這種議事方式，一般在宰相御前奏事時舉行，對不同情況有不同的處置，實現宰相的理念和皇帝的意志，集思廣益，迅速決策，保證政務運行的合理和高效。

二、尚書省會議

1、議事程序

在金朝文獻中，未能檢索到金朝尚書省議事的程序。因元朝制度與金朝制度有一定淵源，故檢索元朝文獻，對金朝尚書省議事的程序做一探索。

元朝世祖時期，中統二年（1261 年）五月時，在「堂議」中，宰相曾議定「省規一十條」。其中，與中書省議事有關的，主要是其中的第二、三、四條，即：

> ……
>
> 其二，「置勤政簿一扇，凡公議已定事，詳見於簿。（一）讀一譯，不得增減。言得日標題於逐款之上，還省立檢，圓覆定行。」〔註168〕
>
> 其三，「圓議定時，首領官先擬定其事。自下而上，相次剖決，議定題押批判。若事關利害，情見不同者，各具奏稟。」〔註169〕
>
> 其四，「圓議時，非定員不與。知本房者不在迴避之限。若事涉機密者，已次請退。」〔註170〕
>
> ……

當時，元朝中書省的長官是：右丞相史天澤，左丞相耶律鑄，平章政事塔察兒、廉希憲、趙璧、王文統，右丞張易，左丞張文謙，參知政事楊果、商挺。其中，塔察兒是蒙古貴族，成吉思汗幼弟帖木哥斡赤斤孫，其時剛剛開始讀《資治通鑑》。史天澤是元朝名將，雖「年四十，始折節讀書」，

〔註167〕《金史》卷15《宣宗紀中》，中華書局1975年，第333頁。

〔註168〕〔元〕王惲：《秋澗先生大全文集》卷81《中堂事記中》，四部叢刊初編縮本，商務印書館1936年，第785頁。

〔註169〕〔元〕王惲：《秋澗先生大全文集》卷81《中堂事記中》，四部叢刊初編縮本，商務印書館1936年，第785頁。

〔註170〕〔元〕王惲：《秋澗先生大全文集》卷81《中堂事記中》，四部叢刊初編縮本，商務印書館1936年，第785頁。

〔註171〕但「當金末，名士流寓失所，悉爲治其生理而賓禮之」〔註172〕。廉希憲深通儒學，「篤好經史，手不釋卷」〔註173〕且「暇日從名儒若許衡、姚樞輩諮訪治道」〔註174〕。耶律鑄是耶律楚材子，是熟知金朝制度的漢化契丹人。其餘諸相，都是北方漢人，多讀書於金，仕宦於元，學術根基深厚。而且，中統二年四月六日，時史天澤、耶律鑄、塔察兒、楊果、商挺尚未拜相，其餘諸相曾向世祖上《大定政要》，說明他們對金朝政治的認同。此時，南宋雖在，但對元朝制度的影響很小。因此，有理由認爲，「省規一十條」是以金朝制度爲藍本議定的。

　　檢索金朝史籍，有兩條史料值得注意。其一，是《金史》卷一百一十四《白華傳》中與樞密院官赴尚書省議事後的情況，即「議既定，留奏事官與省左右司官同立奏草，圓覆諸相無異同，則右司奏上」〔註175〕。當時，白華任樞密院奏事官。金末，尚書省和樞密院分立，但行政和軍事兩個方面的事務不能截然分開，所以在樞密院官赴尚書省議事的情況下，按程序，議事後，「留奏事官與省左右司官同立奏草」，如「圓覆諸相無異同」，則由右司上奏皇帝。按常理推測，議事地點在尚書省，則議事程序應以尚書省的議事程序爲主。「圓覆」，應是樞密院官赴尚書省「圓議」後，其結果由諸相確認的一個程序。這種「圓議」，在與金初史實有關的史籍中的記載是「國有大事，適野環坐，畫灰而議，自卑者始，議畢即漫滅之，人不聞聲，其密如此。」〔註176〕「環坐」而議，即「圓議」，「自卑者始」也是和元朝的「圓議」相同的形式。上述史料，反映了金朝議事的一種習慣。其二，是章宗時的宰相完顏襄的做法，「每掾有所稟，必問曰：『諸相云何？』掾對某相如是，某相如是。襄曰：『從某議。』其事無有異者。識者謂襄誠得相體。」〔註177〕當時，完顏襄任左丞相，即首相，這條史料在一定程度上說明了金朝尚書省的議事順序。因此，「圓議」與金朝政治有直接淵源，上述諸條是探索金朝尚書省的議事程序時值得借鑒的文本。

〔註171〕《元史》卷155《史天澤傳》，中華書局1976年，第3662頁。
〔註172〕《元史》卷155《史天澤傳》，中華書局1976年，第3663頁。
〔註173〕《元史》卷126《廉希憲傳》，中華書局1976年，第3085頁。
〔註174〕《元史》卷126《廉希憲傳》，中華書局1976年，第3085頁。
〔註175〕《金史》卷114《白華傳》，中華書局1975年，第2505頁。
〔註176〕〔宋〕徐夢莘撰：《三朝北盟會編》卷3，上海古籍出版社2008年6月第2
　　　　版，第19頁。
〔註177〕《金史》卷94《內族襄傳》，中華書局1975年，第2091頁。

金朝左右司郎中有相同的職掌，掌本司受事付事外，以及「檢勾稽失、省署文牘，兼知省內宿直，檢校架閣等事」〔註178〕。既然左右司上承宰相，下察六部，即左司負責吏、戶、禮三部，右司負責兵、刑、工三部，其「受事」整理形成議題上呈宰相，議定以供聖裁，應是其職責。金末，劉肅曾在金朝尚書省任職。他的回憶是「六部應呈事務，左右司官議定可否，黏方貼於部呈，上書『送』字，得都座准議，省雜批鈞旨於後。其左右司元書『送』貼亦不揭去，用省印傅其上，蓋上下互為之防，然後送部施行。」〔註179〕這是六部有事請示時，宰相議定，付六部施行的情況。其它部門有事，需要宰相議定，付其施行；或皇帝有事，需要宰相議定，上奏皇帝決策的程序，應與此類似。以此推測，元朝「圓議定時，首領官先擬定其事」，應是沿用金朝尚書省會議的議事程序的結果。

　　尚書省議事後，由左右司整理，上奏皇帝者即「奏目」，宰相需要在奏目上簽字確認。「皇統二年四月七日，擬定奏目體式，敕旨從之。奏目後，年月日，宰相繫署臣並書名。仍宰相累書，執政官側書。奏目前，宰相自簽。聖旨仍當簽者，亦係署臣並書名」〔註180〕。這一過程，當即前引史料中「圓覆諸相無異同」的過程。如宰相有不同意見，則要在御前奏事時，單獨提出自己的意見。

2、議事人員

　　尚書省會議的議事人員，除宰相外，有時有左右司官。熙宗時期，皇統九年八月，宰相「議徙遼陽、勃海之民於燕南」〔註181〕熙宗表示同意。其後「侍從高壽星等當遷，訴於后」〔註182〕，熙宗因皇后裴滿氏知道此事，「怒議者，杖平章政事秉德，殺左司郎中三合」〔註183〕。宣宗時期，益都桃林寨總領張林據險為亂，山東行省蒙古綱奏：「林勢甚張，乞遣河南馬軍千人，單州經略司以眾接應。」〔註184〕當時，「左司郎中李躞請令綱約燕寧同力殄滅，單州經略使完顏仲元分兵三千人同往。宰相以糧運不給，益都以東，嘯聚不止

〔註178〕《金史》卷55《百官志一》，中華書局1975年，第1218頁。

〔註179〕〔元〕王惲：《秋澗先生大全文集》卷81《中堂事記中》，四部叢刊初編縮本，商務印書館1936年，第786～787頁。

〔註180〕〔金〕張暐：《大金集禮》卷31，叢書集成初編本，中華書局1985年，第276頁。

〔註181〕《金史》卷4《熙宗紀》，中華書局1975年，第86頁。

〔註182〕《金史》卷4《熙宗紀》，中華書局1975年，第86頁。

〔註183〕《金史》卷4《熙宗紀》，中華書局1975年，第86頁。

〔註184〕《金史》卷102《蒙古綱傳》，中華書局1975年，第2257頁。

一張林，宜令綱設備禦，俟來春議之。」〔註185〕但是，這種情況不多。左右司官的主要任務是整理議題和奏目，議事的主要是宰相。

3、議題來源

尚書省總攬全局，其議題來源於各個方面。從中，我們能夠確定尚書省會議在政務運行中的地位。

有時皇帝提議，宰相共議。大定年間，世宗對宰相下詔：「南路女直戶頗有貧者，漢戶租佃田土，所得無幾，費用不給，不習騎射，不任軍旅。凡成丁者簽入軍籍，月給錢米，山東路沿邊安置。其議以聞。」〔註186〕明昌四年十月，章宗出巡，諭旨尚書省：「海壖石城等縣，地瘠民困，所種惟黍稗而已。及賦於官，必以易粟輸之。或令止課所產，或依河東路減稅，至還京當定議以聞。」〔註187〕元光二年（1223 年）二月，宣宗下詔：「軍官犯罪，舊制更不可任用，今多故之秋，人才難得，朕欲除大罪外，徒刑追配有武藝善掌兵者，量才復用。其令尚書省議以聞」〔註188〕。正大三年（1226 年）三月，哀宗下詔：「尚書省議省減用度。」〔註189〕

有時議題來自於大臣上言。大定年間，「樞密使完顏思敬請教女直人舉進士，下尚書省議。」〔註190〕明昌五年，御史臺奏「請令民採煉隨處金銀銅冶」〔註191〕，章宗「命尚書省議之」〔註192〕。泰和四年（1204 年）六月，「以七鹽使司課額七年，一定為制，每斤增為四十四文，時桓州刺史張煒乞以鹽易米，詔省臣議之。」〔註193〕貞祐三年七月，「朝廷備防秋兵械，令內外職官不以丁憂致仕，皆納弓箭。」〔註194〕因張行簡上書，宣宗命尚書省議。元光末，完顏弼任知東平府事、山東西路兵馬都總管，充宣差招撫使，上書議簽軍、核實致仕官員、均定河南戶籍三事，宣宗「詔下尚書省議」〔註195〕。

〔註185〕《金史》卷 102《蒙古綱傳》，中華書局 1975 年，第 2257 頁。
〔註186〕《金史》卷 88《唐括安禮傳》，中華書局 1975 年，第 1963 頁。
〔註187〕《金史》卷 47《食貨志二》，中華書局 1975 年，第 1060 頁。
〔註188〕《金史》卷 16《宣宗紀下》，中華書局 1975 年，第 365 頁。
〔註189〕《金史》卷 17《哀宗紀上》，中華書局 1975 年，第 377 頁。
〔註190〕《金史》卷 99《徒單鎰傳》，中華書局 1975 年，第 2185 頁。
〔註191〕《金史》卷 50《食貨志五》，中華書局 1975 年，第 1116 頁。
〔註192〕《金史》卷 50《食貨志五》，中華書局 1975 年，第 1116 頁。
〔註193〕《金史》卷 49《食貨志四》，中華書局 1975 年，第 1102 頁。
〔註194〕《金史》卷 106《張行簡傳》，中華書局 1975 年，第 2333 頁。
〔註195〕《金史》卷 102《完顏弼傳》，中華書局 1975 年，第 2255 頁。

有時議題來自有司提議。大定年間，「有司言，諸路猛安謀克，恃其世襲多擾民，請同流官，以三十月爲考。詔下尙書省議。」〔註196〕泰和年間，御史中丞孟鑄「論提刑司改按察司，差官覆察，權削望輕」〔註197〕，章宗命「下尙書省議」〔註198〕。興定五年（1221年）正月，因京南、東、西三路猛安謀克軍糧問題，京南行三司石抹斡魯提議：「若分給軍戶人三十畝，使之自耕，或召人佃種，可數歲之後畜積漸饒，官糧可罷」〔註199〕，宣宗「令省臣議之」〔註200〕。

有時議題來自鄰國請求。大定年間「以防奸細，罷西界蘭州、保安、綏德三榷場」〔註201〕，二十一年（1181年）正月，西夏國王李仁孝上表請求復置榷場，「以保安、蘭州無所產，而且稅少，惟於綏德爲要地，可復設互市」〔註202〕，世宗「命省臣議之」〔註203〕。

從上面的議題看，兵、刑、錢穀等各個方面的政務，從皇帝、大臣、有司、鄰國等各個途徑傳遞到尙書省，作爲議題在尙書省會議上形成意見，上奏皇帝聽取聖裁，尙書省會議在政務運行中的樞紐地位可見一斑。

4、議事結果對決策過程的影響

一般情況下，尙書省宰相意見一致，皇帝直接採納，形成決策。大定年間，「樞密使完顏思敬請教女直人舉進士，下尙書省議。奏曰：『初立女直進士科，且免鄉、府兩試，其禮部試、廷試，止對策一道，限字五百以上成。在都設國子學，諸路設府學，並以新進士充教授，士民子弟願學者聽。歲久，學者當自衆，即同漢人進士三年一試。』從之。」〔註204〕明昌元年四月，「上封事者乞薄民之租稅，恐虞粟積久腐敗。省臣奏曰：『臣等議，大定十八年戶部尙書曹望之奏，河東及鄜延兩路稅頗重，遂減五十二萬餘石。去年赦十之一，而河東瘠地又減之。今以歲入度支所餘無幾，萬一有水旱之災，既蠲免其所入，復出粟

〔註196〕《金史》卷70《宗憲傳》，中華書局1975年，第1617頁。
〔註197〕《金史》卷100《孟鑄傳》，中華書局1975年，第2202頁。
〔註198〕《金史》卷100《孟鑄傳》，中華書局1975年，第2202頁。
〔註199〕《金史》卷47《食貨志二》，中華書局1975年，第1055頁。
〔註200〕《金史》卷47《食貨志二》，中華書局1975年，第1055頁。
〔註201〕《金史》卷50《食貨志五》，中華書局1975年，第1114頁。
〔註202〕《金史》卷50《食貨志五》，中華書局1975年，第1114頁。
〔註203〕《金史》卷50《食貨志五》，中華書局1975年，第1114頁。
〔註204〕《金史》卷99《徒單鎰傳》，中華書局1975年，第2185頁。

以賑之，非有備不可。若復欲減，將何以待之。如慮腐敗，令諸路以時曝晾，毋令致壞，違者論如律。』制可。」〔註205〕貞祐三年七月，「朝廷備防秋兵械，令內外職官不以丁憂致仕，皆納弓箭。」〔註206〕因張行簡上書，尚書省會議，「左丞相僕散端、平章政事高琪、盡忠、右丞賈益謙皆曰：『丁憂致仕者可以免此。』」〔註207〕結果，「是議也，丁憂致仕官竟得免。」〔註208〕

　　宰相議定集體上奏，又有宰相單獨提出意見的情況下，皇帝有時聽取一方意見；有時均不聽取，命尚書省復議。大定年間，蒲察通任左丞時，「詔議推排猛安謀克事，大臣皆以為止驗見在產業，定貧富，依舊科差為便。」〔註209〕蒲察通說：「必須通括各謀克人戶物力多寡，則貧富自分。貧富分，則版籍定，如有緩急，驗籍科差，富者不得隱，貧者不重困。與一例科差者，大不侔矣。」〔註210〕得到世宗的肯定。興定元年六月，張行信拜參知政事，「會宋兵侵境，朝廷議遣使詳問，高琪等以為失體」〔註211〕。張行信上疏陳述自己的意見，「上復令尚書省議，高琪等奏：『行信所言固遵舊制，然今日之事與昔不同。』詔姑待之。已而高汝礪亦上言先遣使不便，議遂寢。」〔註212〕章宗大定二十九年「上封事者言，乞放二稅戶為良。省臣欲取公牒可憑者為準，參知政事移剌履謂：『憑驗真偽難明，凡契丹奴婢今後所生者悉為良，見有者則不得典賣，如此則三十年後奴皆為良，而民且不病焉。』」〔註213〕結果，章宗「以履言未當，令再議」〔註214〕。

　　宰相議定上奏的，並非都是他們自己的意見。有時宰相上奏的是職能部門的意見，得到皇帝的採納，這種情況也是有的。大定二十九年，章宗「以選舉十事，命奉御合魯諭尚書省定擬」〔註215〕。其六是「前代官到任之後，即舉可自代者，其令自今五品以上官，舉自代以備交承。」〔註216〕經吏部初

〔註205〕《金史》卷47《食貨志二》，中華書局1975年，第1059頁。
〔註206〕《金史》卷106《張行簡傳》，中華書局1975年，第2333頁。
〔註207〕《金史》卷106《張行簡傳》，中華書局1975年，第2333頁。
〔註208〕《金史》卷106《張行簡傳》，中華書局1975年，第2333頁。
〔註209〕《金史》卷95《蒲察通傳》，中華書局1975年，第2016頁。
〔註210〕《金史》卷95《蒲察通傳》，中華書局1975年，第2016～2017頁。
〔註211〕《金史》卷107《張行信傳》，中華書局1975年，第2367頁。
〔註212〕《金史》卷107《張行信傳》，中華書局1975年，第2368頁。
〔註213〕《金史》卷46《食貨志一》，中華書局1975年，第1035頁。
〔註214〕《金史》卷46《食貨志一》，中華書局1975年，第1035頁。
〔註215〕《金史》卷54《選舉志四》，中華書局1975年，第1206頁。
〔註216〕《金史》卷54《選舉志四》，中華書局1975年，第1207頁。

擬方案，宰相議定上奏，章宗「以參政所言與吏部同，從之」〔註217〕。或者，尚書省會議，六部官有奏，皇帝直接採納，也是有迹可循的。世宗時，劉煥任監察御史，攝戶部員外郎。當時，「代州錢監雜青銅鑄錢，錢色惡，類鐵錢。民間盜鑄，抵罪者眾，朝廷患之，下尚書省議。」〔註218〕劉煥奏言：「必欲爲天下利，宜純用黃銅，得數少而利遠。其新錢已流行者，宜驗數輸納准換」〔註219〕，得到世宗的採納。

尚書省會議，是爲皇帝的決策提供參考意見。皇帝在採納過程中，有時有所修正。曹珪，徐州人。「大定四年，州人江志作亂，珪子弼在賊黨中，珪謀誅志，並弼殺之。尚書省議，當補二官雜班敘。詔曰：『珪赤心爲國，大義滅親，自古罕聞也。法雖如是，然未足以當其功，更進一官，正班用之。』」〔註220〕大定二十一年，對於金界濠邊堡戍守問題，尚書省議：「臨潢路二十四堡，堡置戶三十，共爲七百二十，若營建畢，官給一歲之食。」〔註221〕，世宗「以年饑權寢，姑令開壕爲備。」〔註222〕

皇帝就某一問題命宰相大臣商議，在商議未果的情況下，皇帝有時直接令尚書省執行。大定二十三年，有司奏猛安謀克牛具稅事，「世宗謂左丞完顏襄曰：『卿家舊止七具，今定爲四十具，朕始令卿等議此，而卿皆不欲，蓋各顧其私爾。是後限民口二十五，算牛一具。』」〔註223〕

尚書省會議是皇帝決策的基礎性條件之一，對皇帝產生一定的影響。但是，金朝的決策者是皇帝，尚書省會議結果一般情況下只是一個參考。在把結果上奏皇帝後，皇帝在決策的過程中，直接同意執行者有之，略作修正者有之，發回覆議者有之。有時，皇帝甚至對尚書省會議結果置之不理，而直接下令執行。皇帝即使聽取尚書省會議的結果，也是有所選擇的，或是聽取集體的意見，或是聽取宰相個別的意見。因此，尚書省會議雖然是政務運行的樞紐，但是因爲宰相只是皇帝的幕僚長，所以尚書省會議的結果對皇帝的決策不具有約束性作用。

〔註217〕《金史》卷54《選舉志四》，中華書局1975年，第1208頁。
〔註218〕《金史》卷128《劉煥傳》，中華書局1975年，第2764頁。
〔註219〕《金史》卷128《劉煥傳》，中華書局1975年，第2764頁。
〔註220〕《金史》卷121《曹珪傳》，中華書局1975年，第2638頁。
〔註221〕《金史》卷24《地理志上》，中華書局1975年，第563頁。
〔註222〕《金史》卷24《地理志上》，中華書局1975年，第564頁。
〔註223〕《金史》卷47《食貨志二》，中華書局1975年，第1064頁。

三、百官集議

百官集議，是指朝臣集體商議國家政事，供皇帝決策的一種方式。按金朝的議事程序，皇帝與宰相共議或宰相在尚書省會議，有未議決者，令百官集議。因此，百官集議是與御前議事和尚書省會議有承接關係的一個議事環節。

1、百官集議的出現

金朝的百官集議，據文獻記載，始於熙宗時期。天眷年間，撻懶「唱議以河南、陝西與宋，使稱臣。熙宗命群臣議」〔註224〕。金宋議和，其後，金撕毀和約，熙宗下詔，有「朕詢於眾，言或不可者三之二。朕以元元休息之意，斷自朕心，又可其請」〔註225〕的表述，當是對這次百官集議的回憶。皇統年間，增上祖宗謚號，是在百官集議的基礎上作出的決策。《大金集禮》卷三《皇統五年增上祖宗尊謚》有「宜令尚書省於都堂集文武執事官五品以上，與禮官稽考前代故事，議增上祖宗尊謚」的表述。同卷《皇統五年增上太祖尊謚》有「宜令尚書省集百官五品以上，與禮官共議增上謚號，仍詳具典禮以聞」的表述。這說明，皇統年間增上祖宗謚號和太祖謚號的決策，都是在百官集議的基礎上作出的。這些，是與金朝百官集議相關的較早的記載。

2、百官集議的地點

百官集議的地點一般是在尚書省。世宗時，「以有益貧窮猛安人數事，詔左司郎中黏割斡特剌使書之，百官集議於尚書省」〔註226〕。章宗時，明昌三年（1192年）八月，「以軍民不和、吏員姦弊」〔註227〕下詔，令「四品以下、六品以上集議於尚書省，各述所見以聞」〔註228〕。衛紹王時，大安三年（1211年），「朝廷欲塞諸城門以爲兵備，集三品官議於尚書省」〔註229〕。宣宗時，貞祐元年（1213年）十一月，「將乞和於大元，詔百官議於尚書省」。〔註230〕

百官集議的地點，有時不是在尚書省，而是在諸殿。承安二年，因「邊鄙弗寧」，章宗在便殿「召朝官四品以上入議」〔註231〕。泰和七年正月，因征

〔註224〕《金史》卷76《宗磐傳》，中華書局1975年，第1730頁。
〔註225〕〔宋〕李心傳：《建炎以來繫年要錄》卷135，中華書局1956年，第2167頁。
〔註226〕《金史》卷88《唐括安禮傳》，中華書局1975年，第1964頁。
〔註227〕《金史》卷9《章宗紀一》，中華書局1975年，第223頁。
〔註228〕《金史》卷9《章宗紀一》，中華書局1975年，第223頁。
〔註229〕《金史》卷97《張大節傳附子岩叟傳》，中華書局1975年，第2147頁。
〔註230〕《金史》卷14《宣宗紀上》，中華書局1975年，第303頁。
〔註231〕《金史》卷97《移剌益傳》，中華書局1975年，第2160頁。

宋需要，章宗兩次在諸殿集百官議事。泰和七年正月戊寅，章宗「敕宰臣舉材幹官同議南征事」〔註232〕，辛巳，朝臣「十有四人同對於慶和殿」〔註233〕。泰和七年正月壬午，章宗「詔百官及前十四人同對於廣仁殿」。紇石烈執中殺衛紹王後，至寧元年九月，「甲辰，宣宗即位。丁未，詣邸臨奠，伏哭盡哀。敕以禮改葬。胡沙虎請廢爲庶人，詔百官議於朝堂。」〔註234〕此「朝堂」，當即金朝皇帝日常處理政事的仁政殿。在諸殿舉行的百官集議不常見，皇帝親自參加，彰顯了相關議題的重要性。

3、百官集議的議題

百官集議的議題，涉及多個方面。

其一，議選舉

大定二十九年（1189年），「上封事者乞興學校，推行三舍法，及鄉以八行貢春官，以設制舉宏詞。事下尚書省集百官議。」〔註235〕興定二年（1218年）三月，「尚書集文資官雜議進士之選」〔註236〕。

其二，議軍事

承安二年八月，「以邊事未寧，詔集六品以上官於尚書省，問攻守之計」〔註237〕。泰和六年，「平章政事僕散揆宣撫河南，詔以備禦攻守之法，集百官議於尚書省。」〔註238〕大安三年，「集三品以上官議兵事」〔註239〕。興定三年正月，「以大元兵已定太原，河北事勢非復向日，集百官議備禦長久之計」〔註240〕。其後，有封建九公的舉措。正大末年，軍情緊急，「朝官集議，上策親征，中策幸陝，下策棄秦保潼關」〔註241〕，但是，直到蒙軍圍城，哀宗亦未作出決定。

其三，議財政

大定二十年四月，因猛安謀克戶貧富不同，差發不均，世宗「詔集百官

〔註232〕《金史》卷12《章宗紀四》，中華書局1975年，第279頁。
〔註233〕《金史》卷12《章宗紀四》，中華書局1975年，第279頁。
〔註234〕《金史》卷13《衛紹王紀》，中華書局1975年，第297頁。
〔註235〕《金史》卷51《選舉志一》，中華書局1975年，第1132頁。
〔註236〕《金史》卷15《宣宗紀中》，中華書局1975年，第335頁。
〔註237〕《金史》卷10《章宗紀二》，中華書局1975年，第242頁。
〔註238〕《金史》卷104《蒲察思忠傳》，中華書局1975年，第2300頁。
〔註239〕《金史》卷101《李英傳》，中華書局1975年，第2234頁。
〔註240〕《金史》卷15《宣宗紀中》，中華書局1975年，第342頁。
〔註241〕《金史》卷112《完顏合達傳》，中華書局1975年，第2467頁。

議」〔註242〕。明昌元年八月，章宗問宰相：「何以使民棄末而務本，以廣儲蓄？」〔註243〕且「令集百官議」〔註244〕。貞祐四年，宰相尤虎高琪與完顏守純在造新幣的問題上有分歧，宣宗不知所從，所以，「詔集百官議」〔註245〕。

其四，議禮儀

前引皇統年間因增上祖宗謚號和太祖謚號集百官議，是較早的二例。其後，大定二十九年正月，世宗去世。「世宗遺詔，遺詔移梓宮壽安宮」〔註246〕，章宗「詔百官議其事」〔註247〕。至寧元年九月，紇石烈執中兵變弒衛紹王，擁宣宗即位。宣宗「敕以禮改葬」〔註248〕，但紇石烈執中「請廢爲庶人」〔註249〕，故「詔百官議於朝堂」〔註250〕。

其五，議工程

明昌三年四月，章宗「詔集百官議北邊開壕事」〔註251〕。明昌五年四月，因河患，章宗說：「水之形勢，朕不親見，難爲條畫，雖卿亦然。丞相、左丞皆不熟此，可集百官詳議以行。』」〔註252〕。正大元年正月，哀宗「詔集群臣議修復河中府」〔註253〕

其六，議德運

中國古代，德運是王朝的根本問題之一。章宗時期，倡行文治，明昌至泰和間，集百官議德運。至宣宗貞祐年間，再次集百官議德運。這兩個時期的德運議，《大金德運圖說》〔註254〕有比較詳細的記載。

金朝百官集議，議題雖涉及方方面面，但是有一個共同點，即這些議題

〔註242〕《金史》卷46《食貨志一》，中華書局1975年，第1038頁。
〔註243〕《金史》卷9《章宗紀一》，中華書局1975年，第215頁。
〔註244〕《金史》卷9《章宗紀一》，中華書局1975年，第215頁。
〔註245〕《金史》卷48《食貨志三》，中華書局1975年，第1086頁。
〔註246〕〔金〕元好問：《尚書右丞耶律公神道碑》，《金文最》卷108，中華書局1990年，第1558頁。
〔註247〕〔金〕元好問：《尚書右丞耶律公神道碑》，《金文最》卷108，中華書局1990年，第1558頁。
〔註248〕《金史》卷13《衛紹王紀》，中華書局1975年，第297頁。
〔註249〕《金史》卷13《衛紹王紀》，中華書局1975年，第297頁。
〔註250〕《金史》卷13《衛紹王紀》，中華書局1975年，第297頁。
〔註251〕《金史》卷9《章宗紀一》，中華書局1975年，第221頁。
〔註252〕《金史》卷27《河渠志》，中華書局1975年，第677頁。
〔註253〕《金史》卷109《完顏素蘭傳》，中華書局1975年，第2401頁。
〔註254〕佚名編：《大金德運圖說》，文淵閣《四庫全書》本。

都是一個時期與時局和國運直接相關的重大問題，或事關政策的更革，或事涉方略的轉變，不是皇帝和宰相在御前議事和尚書省會議上能夠解決的，因此需要擴大議事官員的範圍，以期集思廣益，共商對策。

4、百官集議的召集者和參加者

有的時候，皇帝親自召集百官集議。如前所述，百官集議的地點不在尚書省，而是在諸殿舉行的情況下，百官集議的召集人就是皇帝本人。但是，這種情況不常見。百官集議的召集者，一般是宰相，在文獻中有大量的記載。大定二十年四月，因猛安謀克戶貧富不同，差發不均，世宗命宰相「集百官議」〔註255〕。章宗大定二十九年，上封事者提議興學校，推行三舍法，設制舉宏詞科，「事下尚書省集百官議」〔註256〕。明昌初，章宗「命尚書省集百官議，如何使民棄末務本以廣儲蓄」〔註257〕。貞祐三年十二月，因「近京郡縣多糴於京師，穀價翔踴」〔註258〕，宣宗「令尚書省集戶部、講議所、開封府、轉運司，議所以制之者」〔註259〕。

百官集議的參加者，有尚書省、御史臺、樞密院、諫院、翰林學士院和其它中央機構的官員。明昌六年（1195年）十一月，章宗命朝臣「二十三人充計議官，凡軍事則議之」〔註260〕，其成員有樞密使唐括貢、御史大夫移剌仲方、禮部尚書張暐。泰和七年正月，議南征事的十四名朝臣，有御史大夫崇肅、同判大睦親府事徒單懷忠、吏部尚書范楫、戶部尚書高汝礪、禮部尚書張行簡、知大興府事溫迪罕思齊。〔註261〕泰和四年，「欲增鑄錢，命百官議所以足銅之術」〔註262〕，參加者有全體宰相、御史中丞孟鑄、太府監梁璋。至寧元年九月，紇石烈執中提議廢衛紹王為庶人，「詔百官議於朝堂，議者三百餘人」〔註263〕，其中有太子少傅奧屯忠孝、侍讀學士蒲察思忠、戶部尚書武都、拾遺田庭芳、太子太保張行簡、侍御史完顏訛出等。

〔註255〕《金史》卷46《食貨志一》，中華書局1975年，第1038頁。
〔註256〕《金史》卷51《選舉志一》，中華書局1975年，第1132頁。
〔註257〕《金史》卷97《鄧儼傳》，中華書局1975年，第2150頁。
〔註258〕《金史》卷48《食貨志三》，中華書局1975年，第1084頁。
〔註259〕《金史》卷48《食貨志三》，中華書局1975年，第1084頁。
〔註260〕《金史》卷10《章宗紀二》，中華書局1975年，第237頁。
〔註261〕《金史》卷12《章宗紀四》，中華書局1975年，第279頁。
〔註262〕《金史》卷48《食貨志三》，中華書局1975年，第1078頁。
〔註263〕《金史》卷13《衛紹王紀》，中華書局1975年，第297頁。

有時，參加百官集議的官員的品級限制在一定範圍內。明昌三年八月癸卯，章宗「以軍民不和、吏員姦弊，詔四品以下、六品以上集議於尚書省，各述所見以聞」。本月甲辰，章宗又「集三品以下、六品以上官，問以朝政得失及民間利害，令各書所對」〔註264〕。大安三年，「朝廷欲塞諸城門以爲兵備，集三品官議於尚書省」〔註265〕。在議題議而不決的時候，參加百官集議的官員的範圍會逐漸擴大。承安二年，因「邊鄙弗寧」〔註266〕，章宗召集「朝官四品以上」〔註267〕集議。其後，官員的範圍有所擴大，章宗「詔集六品以上官於尚書省，問攻守之計」〔註268〕，有朝官八十四人參加。

從以上史料看，百官集議的參加者自十餘人、二十餘人、八十餘人至三百餘人，官員出自多個部門，其意見都能得到比較充分的表達，對於相關問題的議決，無疑是有益的。

5、百官集議的議事程序和形式

百官集議一般由尚書省召集，百官集議時，對相關議題意見相同者聯合提出意見或個人單獨提出意見，由宰相上奏。對於尚書省召集百官集議一事，前面已經有所述及。對於百官集議後意見的陳述和上奏，在有關文獻中有所記載。其中，比較典型的是《大金德運圖說》所記。《大金德運圖說》集中記載了宣宗貞祐年間德運議的情況。檢索《圖說》一書，引四庫館臣的陳述，「其書前爲尚書省判，次爲尚書省箚」，則集議結果由尚書省奏自不待言。《大金德運圖說》「列集議官二十二人，其中獨上議狀者六人，合具議狀者八人，連署者四人」〔註269〕，其餘四人議狀不載，四庫館臣疑其有所脫佚。這應是百官集議的一般程序。

百官集議中，官員提出自己的意見，可通過當面提議，或通過書面提議，或二者兼而有之，以供決策參考。明昌三年八月癸卯，章宗「以軍民不和、吏員姦弊，詔四品以下、六品以上集議於尚書省，各述所見以聞」〔註270〕。本月甲辰，章宗又「集三品以下、六品以上官，問以朝政得失及民間利害，

〔註264〕《金史》卷9《章宗紀一》，中華書局1975年，第223頁。
〔註265〕《金史》卷97《張大節附子岩叟傳》，中華書局1975年，第2147頁。
〔註266〕《金史》卷97《移剌益傳》，中華書局1975年，第2160頁。
〔註267〕《金史》卷97《移剌益傳》，中華書局1975年，第2160頁。
〔註268〕《金史》卷10《章宗紀二》，中華書局1975年，第242頁。
〔註269〕〔金〕佚名編：《大金德運圖說》，文淵閣《四庫全書》本，四庫館臣語。
〔註270〕《金史》卷9《章宗紀一》，中華書局1975年，第223頁。

令各書所對」〔註271〕。承安二年八月辛巳，章宗「以邊事未寧，詔集六品以上官於尚書省，問攻守之計」〔註272〕，要求大臣們「不以職位高下，或有方略材武，或長於調度，各舉三五人以備選用，無有顧望不盡所懷，期五日封章以進」〔註273〕。當時「議者凡八十四人，言攻者五，守者四十六，且攻且守者三十三，召對睿思殿，論難久之」〔註274〕。

因此，百官集議的結果，一般是用書面形式上奏給皇帝，使其決策時有明確的依據。至於由皇帝親自主持的百官集議，皇帝即時聽取百官的意見，並作出決策，程序就更加明確了。

6、百官集議的作用

百官集議一般由宰相召集，多在尚書省舉行，並由宰相上奏結果。但是，一般情況下，皇帝不直接傾向於採納宰相的意見，而是傾向於聽取除宰相外的百官的意見。至於皇帝直接召集、并親自主持、在諸殿舉行的百官集議，其採納百官的意見就更直接了。

在文獻中，能夠檢索到因宰相不同意，百官的意見不能得到採納的情況。如熙宗時，天眷年間，撻懶提議置河南、陝西地於宋，群臣多不贊同，但百官集議中，在完顏宗磐和完顏宗雋的支持下，這一意見仍得以通過。宣宗時，曾下詔「集百官議河北、陝西守禦之策」〔註275〕，但「高琪心忌之，不用一言」〔註276〕。這些，是權相在位時的特例，不能代表一般情況。

百官集議，皇帝重視與議題直接相關的職能部門的意見。世宗去世時，移剌履任禮部尚書。「世宗遺詔，移梓宮於萬寧宮。章宗詔百官議其事，皆謂當以遺詔從事」〔註277〕，但移剌履不同意，說：「非禮也！天子七月而葬，同軌畢至；其可使萬國之臣，朝大行於離宮乎？」〔註278〕章宗採納了他的意見，

〔註271〕《金史》卷9《章宗紀一》，中華書局1975年，第223頁。
〔註272〕《金史》卷10《章宗紀二》，中華書局1975年，第242頁。
〔註273〕《金史》卷10《章宗紀二》，中華書局1975年，第242頁。
〔註274〕《金史》卷10《章宗紀二》，中華書局1975年，第242頁。
〔註275〕《金史》卷106《朮虎高琪傳》，中華書局1975年，第2345頁。
〔註276〕《金史》卷106《朮虎高琪傳》，中華書局1975年，第2345頁。
〔註277〕〔金〕元好問：《尚書右丞耶律公神道碑》，《金文最》卷108，中華書局1990年，第1558頁。
〔註278〕〔金〕元好問：《尚書右丞耶律公神道碑》，《金文最》卷108，中華書局1990年，第1558頁。

「乃遷座於大安殿」〔註279〕。大定二十九年，百官集議，議題是鹽法，章宗採納了戶部尚書鄧儼的意見，決定「命寶坻、山東、滄鹽每斤減爲三十文，已發鈔引未支者准新價足之」〔註280〕。

但是，皇帝不僅僅採納職能部門的意見，對合理的意見擇善而從，在文獻中能夠檢索到更多的例子。章宗大定二十九年，「上封事者乞興學校，推行三舍法，及鄉以八行貢春官，以設制舉宏詞。事下尚書省集百官議。」〔註281〕在集議中，戶部尚書鄧儼等針對三舍法提出自己的意見，章宗採納了他的意見。明昌三年，「議開邊防濠塹」〔註282〕，因党懷英等十六人「請罷其役」〔註283〕，章宗「詔從之」〔註284〕。興定三年四月，「同提舉権貨司王三錫請権油，歲可入銀數萬兩，高琪主之，眾以爲不便，遂止」〔註285〕。貞祐三年十二月，宣宗因「近京郡縣多糴於京師，穀價翔踴」〔註286〕，令尚書省集戶部、講議所、開封府、轉運司，議所以制之者。」〔註287〕當時，宣宗「從開封府議」〔註288〕。正大年間，「詔群臣議修復河中府」〔註289〕，陳規與楊雲翼等人的意見是「河中今爲無人之境，陝西民力疲乏，修之亦不能守，不若以見屯軍士量力補治，待其可守即修之未晚也。」〔註290〕得到哀宗的採納。

總之，百官集議的議題多種多樣，參加者的範圍大，集議的結果明確，得到皇帝的採納，對朝政會產生深遠的影響。這些，都是百官集議的價值所在。

四、個人疏奏、接受咨詢、諫諍、封駁

除前述御前奏事和御前議事、尚書省會議、百官集議外，金朝宰相還通過個人疏奏、接受咨詢，以及諫諍和封駁等途徑行使議政權，對金朝政治產生影響。

〔註279〕〔金〕元好問：《尚書右丞耶律公神道碑》，《金文最》卷108，中華書局1990年，第1558頁。
〔註280〕《金史》卷49《食貨志四》，中華書局1975年，第1098頁。
〔註281〕《金史》卷51《選舉志一》，中華書局1975年，第1132頁。
〔註282〕《金史》卷125《党懷英傳》，中華書局1975年，第2727頁。
〔註283〕《金史》卷125《党懷英傳》，中華書局1975年，第2727頁。
〔註284〕《金史》卷125《党懷英傳》，中華書局1975年，第2727頁。
〔註285〕《金史》卷15《宣宗紀中》，中華書局1975年，第345頁。
〔註286〕《金史》卷48《食貨志三》，中華書局1975年，第1084頁。
〔註287〕《金史》卷48《食貨志三》，中華書局1975年，第1084頁。
〔註288〕《金史》卷48《食貨志三》，中華書局1975年，第1084頁。
〔註289〕《金史》卷109《陳規傳》，中華書局1975年，第2409～2410頁。
〔註290〕《金史》卷109《陳規傳》，中華書局1975年，第2409～2410頁。

（一）個人疏奏

顧名思義，個人疏奏即個人向皇帝上書。宰相上書，以針對問題提出意見為主，兼及其它，從而推動相關問題的解決。

1、宰相去世前，用遺表的形式陳述自己對軍政事務的意見

大定十一年（1171 年），宗敘巡邊回朝，未及面見皇帝。六月，「病甚，遺表朝政得失，及邊防利害，力疾，使其子上之」〔註291〕。世宗去世前，命徒單克寧為首的三名宰相輔佐章宗。明昌二年正月，徒單克寧去世，上遺表陳述自己的政治理念，「人君往往重君子而反疏之，輕小人而終昵之。願陛下慎終如始，安不忘危，而言不及私」〔註292〕，告誡章宗近君子而遠小人。

2、宰相辭職，臨行上表，陳述自己的意見

明昌四年，參知政事張萬公辭職，授知東平府事，「捧書言曰：『臣狂妄，有一言欲今日以聞，會受除未及耳。夫內外之職，憂責如一，畎畝之臣猶不忘君，芻蕘之言，明主所擇，伏望聖聰省察。』」〔註293〕得到章宗的採納。

3、宰相遠離京城，承擔任務，就相關問題，陳述自己的意見

明昌年間，胥持國和馬琪行省治理黃河，就治河的方案和都水外監人員的任用辦法向皇帝上書提出自己的意見。〔註294〕宣宗時，僕散端「以左丞相兼都元帥行省陝西」期間，就邊防措置方案上奏皇帝。〔註295〕興定年間，李復亨任參知政事，「河南雨水害稼，復亨為宣慰使，御史中丞完顏伯嘉副之，循行郡縣」〔註296〕。當時，李復亨就巡行途中所見所聞的宣慰司官吏與州府司縣行總管府及管軍官會飲、馬政、閒田三事上奏，宣宗「詔有司議行焉」〔註297〕。

4、宰相出行回朝，皇帝問事。在口語不足以表達意思的情況下，宰相用書面和口語相結合的形式提出報告

大定年間，平章政事完顏襄「詔受北部進貢。使還，世宗問邊事，具圖以進，因上羈縻屬部、鎮服大石之策，詔悉行之。」〔註298〕

〔註291〕《金史》卷71《宗敘傳》，中華書局1975年，第1645頁。
〔註292〕《金史》卷92《徒單克寧傳》，中華書局1975年，第2052頁。
〔註293〕《金史》卷95《張萬公傳》，中華書局1975年，第2103頁。
〔註294〕詳見《金史》卷27《河渠志》，中華書局1975年，第679頁。
〔註295〕《金史》卷101《僕散端傳》，中華書局1975年，第2232～2233頁。
〔註296〕《金史》卷100《李復亨傳》，中華書局1975年，第2218頁。
〔註297〕《金史》卷100《李復亨傳》，中華書局1975年，第2218頁。
〔註298〕《金史》卷94《內族襄傳》，中華書局1975年，第2087頁。

5、因重大軍事決策需要，皇帝命宰相上奏章提出自己的意見

泰和七年，征宋期間，章宗曾「詔大臣宿於秘書監，各具奏帖以聞」〔註299〕。貞祐三年三月，宣宗曾「詔百官各陳防邊利害，封章以聞」〔註 300〕。上述「大臣」和「百官」，其範圍不僅限於宰相，但是宰相是「大臣」和「百官」之長，應在其中，自不待多言。

6、對於有關事項，首相提出處置辦法，其餘宰相有不同觀點，上書皇帝，陳述自己的意見

在這種情況下，皇帝有時下令尙書省復議或舉行百官集議，則宰相的上書成爲推動決策過程合理化的重要因素。興定年間，「宋兵侵境，朝廷議遣使詳問，高琪等以爲失體」〔註301〕，參知政事張行信上書認爲，遣使詳問是國家故事，是可行的方案。宣宗令尙書省復議，因高汝礪意見與尤虎高琪相同而作罷。〔註302〕「同提舉権貨司王三錫建議権油」〔註303〕，尤虎高琪「以用度方急」〔註304〕勸宣宗推行這一政策。高汝礪上疏提出自己的反對意見，宣宗雖表示肯定，「然重違高琪意，乃詔集百官議於尙書省」〔註305〕，經過百官集議，皇帝取得了一定的支持，說「古所不行者而今行之，是又生一事也，其罷之。」〔註306〕

7、宰相上書皇帝的其它情況

皇帝在外，宰相上書，呈報某種情況。海陵王南征，尙書令張浩留守南京。世宗即位於東京時，張浩使人筆錄世宗即位敕書，書面呈報海陵王。〔註307〕

宰相上表，推薦職官人選。世宗即位，張浩時任尙書令，邊元鼎因其表薦，任職於翰林學士院。〔註308〕

〔註299〕《金史》卷93《獨吉思忠傳》，中華書局1975年，第2064頁。
〔註300〕《金史》卷14《宣宗紀上》，中華書局1975年，第307頁。
〔註301〕《金史》卷107《張行信傳》，中華書局1975年，第2367頁。
〔註302〕張行信上疏，尚書省議事後，尤虎高琪奏「行信所言固遵舊制，然今日之事與昔不同」宣宗「詔姑待之。」隨後「高汝礪亦上言先遣使不便，議遂寢」。見《金史》卷107《張行信傳》，中華書局1975年，第2368頁。高汝礪上疏，詳見《金史》卷107《高汝礪傳》，中華書局1975年，第2357～2358頁。
〔註303〕《金史》卷107《高汝礪傳》，中華書局1975年，第2359頁。
〔註304〕《金史》卷107《高汝礪傳》，中華書局1975年，第2359頁。
〔註305〕《金史》卷107《高汝礪傳》，中華書局1975年，第2360頁。
〔註306〕《金史》卷107《高汝礪傳》，中華書局1975年，第2361頁。
〔註307〕詳見〔宋〕徐夢莘撰《三朝北盟會編》卷242，上海古籍出版社2008年6月第2版，第1743頁。
〔註308〕〔金〕元好問：《中州集》卷2《邊內翰元鼎》，中華書局1959年，第92頁。

宰相表請立儲。世宗在上京時，「（大定）二十五年，左丞相守道賜宴北部，詔（徒單）克寧行左丞相事。」〔註309〕顯宗去世後，「九月，世宗還京師。十一月，克寧表請立金源郡王爲皇太孫，以繫天下之望。」〔註310〕

皇帝有志於治，宰相上疏言及治道。章宗即位後，「章宗銳意於治平」〔註311〕，徒單鎰拜參知政事，上疏論君臣關係。〔註312〕

（二）宰相接受皇帝咨詢

宰相中，多通典籍者，且長期在中樞任職，對相關情況非常熟悉。因此，皇帝咨詢宰相，對於決策的合理化，是有一定的必要性的。

1、皇帝咨詢宰相，為自己的決策取得依據或創造條件

大定十二年十一月，世宗問宰相：「宗室中有不任官事者，若不加恩澤，於親親之道，有所未弘。朕欲授以散官，量予廩祿，未知前代何如？」〔註313〕左丞石琚答：「陶唐之親九族，周家之內睦九族，見於《詩》、《書》，皆帝王美事也。」〔註314〕大定二十五年十二月，世宗問宰相：「原王大興行事如何？」〔註315〕右丞黏割斡特剌答：「聞都人皆稱之」〔註316〕。世宗說：「朕令察於民間，咸言見事甚明，予奪皆不失當，曹、鄶二王弗能及也。又聞有女直人訴事，以女直語問之，漢人訴事，漢語問之。大抵習本朝語爲善，不習，則淳風將棄。」〔註317〕張汝弼答：「不忘本者，聖人之道也。」〔註318〕黏割斡特剌答：「以西夏小邦，崇尚舊俗，猶能保國數百年。」〔註319〕世宗總結：「事當任實，一事爲僞則喪百眞，故凡事莫如眞實也。」〔註320〕世宗咨詢宰相，前者意在爲宗室貴族任官取得理論依據，後者意在爲皇孫完顏璟任相進而繼承皇位鋪平道路。

〔註309〕《金史》卷92《徒單克寧傳》，中華書局1975年，第2048頁。
〔註310〕《金史》卷92《徒單克寧傳》，中華書局1975年，第2048頁。
〔註311〕《金史》卷99《徒單鎰傳》，中華書局1975年，第2186頁。
〔註312〕《金史》卷99《徒單鎰傳》，中華書局1975年，第2186～2187頁。
〔註313〕《金史》卷7《世宗紀中》，中華書局1975天，第157頁。
〔註314〕《金史》卷7《世宗紀中》，中華書局1975年，第157頁。
〔註315〕《金史》卷8《世宗紀下》，中華書局1975年，第191頁。
〔註316〕《金史》卷8《世宗紀下》，中華書局1975年，第191頁。
〔註317〕《金史》卷8《世宗紀下》，中華書局1975年，第191頁。
〔註318〕《金史》卷8《世宗紀下》，中華書局1975年，第191頁。
〔註319〕《金史》卷8《世宗紀下》，中華書局1975年，第191頁。
〔註320〕《金史》卷8《世宗紀下》，中華書局1975年，第191頁。

2、皇帝咨詢宰相，宰相據實回答，能夠集思廣益，實現理性決策。

世宗曾對宰相說：「朕爲天子，未嘗敢專行獨斷，每事遍問卿等，可行則行之，不可則止也。」〔註321〕右丞相石琚和平章政事唐括安禮答：「好問則裕，自用則小，陛下行之，天下幸甚。」〔註322〕世宗咨詢宰相，君臣問對的情況，在《金史》世宗君臣的《紀》和《傳》中能夠檢索到很多，以下試舉數例。

世宗在東京即位，獨吉義拜參知政事，世宗問獨吉義：「正隆率諸道兵伐宋，若反旆北指，則計將安出？」〔註323〕獨吉義答：「正隆多行無道，殺其嫡母，阻兵虐眾，必將自斃。陛下太祖之孫，即位此其時也。」〔註324〕世宗再問：「卿何以知之？」〔註325〕獨吉義再答：「陛下此舉若太早，則正隆未渡淮，太遲則窩斡必太熾。今正隆已渡淮，窩斡未至太盛，將士在南，家屬皆在此，惟早幸中都爲便。」〔註326〕世宗採納獨吉義的建議，決定定都中都。世宗問宰相：「堯有九年之水，湯有七年之旱，而民不病饑。今一二歲不登，而人民乏食，何也？」〔註327〕紇石烈良弼答：「古者地廣人淳，崇尚節儉，而又惟農是務，故蓄積多，而無飢饉之患也。今地狹民眾，又多棄本逐末，耕之者少，食之者眾，故一遇凶歲而民已病矣。」〔註328〕世宗同意紇石烈良弼的觀點，「命有司懲戒荒縱不務生業者」〔註329〕。魏子平任參知政事，世宗問魏子平：「古者稅什一而民足，今百一而民不足，何也？」〔註330〕魏子平答：「什一取其公田之入，今無公田而稅其私田，爲法不同。古有一易再易之田，中田一年荒而不種，下田二年荒而不種。今乃一切與上田均稅之，此民所以困也。」〔註331〕世宗又問：「戍卒逋亡物故，今按物力高者補之，可乎？」〔註332〕魏子平又答：「富家子弟驕懦不可用，守戍歲時求索無厭，家產隨壞。若按物力多寡賦之，募材勇騎射之士，不足則調兵家子弟補之，庶幾官收實用，人無失職之患。」

〔註321〕《金史》卷88《石琚傳》，中華書局1975年，第1962頁。
〔註322〕《金史》卷88《石琚傳》，中華書局1975年，第1962頁。
〔註323〕《金史》卷86《獨吉義傳》，中華書局1975年，第1917頁。
〔註324〕《金史》卷86《獨吉義傳》，中華書局1975年，第1917～1918頁。
〔註325〕《金史》卷86《獨吉義傳》，中華書局1975年，第1918頁。
〔註326〕《金史》卷86《獨吉義傳》，中華書局1975年，第1918頁。
〔註327〕《金史》卷88《紇石烈良弼傳》，中華書局1975年，第1954頁。
〔註328〕《金史》卷88《紇石烈良弼傳》，中華書局1975年，第1954頁。
〔註329〕《金史》卷88《紇石烈良弼傳》，中華書局1975年，第1954頁。
〔註330〕《金史》卷89《魏子平傳》，中華書局1975年，第1976頁。
〔註331〕《金史》卷89《魏子平傳》，中華書局1975年，第1976～1977頁。
〔註332〕《金史》卷89《魏子平傳》，中華書局1975年，第1977頁。

〔註333〕世宗採納了他的意見。

實際上，皇帝咨詢宰相，實現決策的合理化，在熙宗、海陵、章宗時期也有據可查。熙宗殺完顏希尹，其後，「察其無罪，深閔惜之」〔註334〕，問宗憲：「希尹有大功於國，無罪而死，朕將錄用其孫，如之何？」〔註335〕宗憲答：「陛下深念希尹，錄用其孫，幸甚。若不先明死者無罪，生者何由得仕。」〔註336〕熙宗說：「卿言是也。」〔註337〕於是，「即日復希尹官爵，用其孫守道爲應奉翰林文字。」〔註338〕海陵王曾經「選廷臣十人備諮訪」〔註339〕，是其咨詢大臣的一種方式。明昌元年，章宗問宰相：「今何不專用律文？」〔註340〕平章政事張汝霖答：「前代律與令各有分，其有犯令，以律決之。今國家制、律混淆，固當分也。」〔註341〕於是，「置詳定所，命審定律、令」〔註342〕。

（三）諫諍

皇帝集權，在行政和決策上有時難免疏漏和失誤。因此，需要宰相諫諍，以彌補皇帝的闕失。但是，宰相諫諍對皇帝不存在強制性的約束力，有效與否，全在皇帝自身的取捨。

1、宰相有進諫皇帝的責任

大定二年、六年、八年、十年、十一年、十七年、十九年、二十一年，世宗均曾鼓勵宰相進諫。〔註343〕世宗即位，進軍中都，正隆年間的宰相歸附，張浩和紇石烈良弼再任，世宗對他們在正隆年間諫阻海陵王南征的行爲表示肯定。〔註344〕大定十九年（1179年），世宗諡熙宗爲孝成皇帝，同時詔書中

〔註333〕《金史》卷89《魏子平傳》，中華書局1975年，第1977頁。
〔註334〕《金史》卷70《宗憲傳》，中華書局1975年，第1616頁。
〔註335〕《金史》卷70《宗憲傳》，中華書局1975年，第1616頁。
〔註336〕《金史》卷70《宗憲傳》，中華書局1975年，第1616頁。
〔註337〕《金史》卷70《宗憲傳》，中華書局1975年，第1616頁。
〔註338〕《金史》卷70《宗憲傳》，中華書局1975年，第1616頁。
〔註339〕《金史》卷125《蕭永祺傳》，中華書局1975年，第2721頁。
〔註340〕《金史》卷45《刑志》，中華書局1975年，第1021頁。
〔註341〕《金史》卷45《刑志》，中華書局1975年，第1021頁。
〔註342〕《金史》卷45《刑志》，中華書局1975年，第1021頁。
〔註343〕詳見《金史》卷6、7、8《世宗紀》，中華書局1975年，第125、141、141、147、148～149、167、172～173、181頁。
〔註344〕《金史》卷83《張浩傳》，中華書局1975年，第1864頁；《金史》卷88《紇石烈良弼傳》，中華書局1975年，第1950頁。

有言「右丞相岐國王亮不務弼諧，反行篡弒，妄加黜廢，抑損徽稱」〔註345〕，指責海陵王任相卻不諫止熙宗的過失。其後，世宗重申海陵王在任相期間不諫止熙宗過失的失職行為，「海陵庶人，昔相熙宗，無匡救之益，乃伺其間隙，肆行大逆，盜據神器，十有二年。」〔註346〕

　　這說明，世宗認為，宰相進諫是其職責所在。世宗的觀點，在金朝皇帝中，具有一定的代表性。

　　2、宰相進諫皇帝的具體情況

　　（1）宰相進諫，糾正皇帝的政治觀念。

　　世宗時，瀘溝河決，徒單克寧時任左丞相，「瀘溝河決久不能塞，加封安平侯，久之，水復故道。」世宗說：「鬼神雖不可窺測，即獲感應如此。」〔註347〕徒單克寧說：「神之所祐者正也，人事乖，則弗享矣。報應之來皆由人事。」〔註348〕世宗同意其觀點。徒單鎰任參知政事，進諫章宗：「人生有欲，不限以制，則侈心無極。今承平日久，當慎行此道，以為經久之治。」〔註349〕

　　（2）宰相進諫，意在保護皇帝的健康與安全。

　　熙宗「日與近臣酣飲，或繼以夜，莫能諫之」〔註350〕，皇統五年（1145年）五月因「平章政事勖諫」〔註351〕，熙宗「止酒」〔註352〕並「布告廷臣」〔註353〕。世宗射虎，完顏守道進諫。當時，完顏守道跟隨世宗出獵，「有虎傷獵夫，帝欲親射之，守道叩馬極諫而止」〔註354〕。世宗出獵，梁肅進諫：「四時畋獵，雖古禮，聖人亦以為戒。陛下春秋高，屬時嚴寒，馳騁於山林之間。法宮燕處，亦足怡神，願為宗社自重，天下之福也。」〔註355〕

　　（3）宰相進諫，勸皇帝遵守禮節，鞏固根本，節制私欲，勤政愛民。

〔註345〕〔金〕張暐：《大金集禮》卷4，叢書集成初編本，中華書局1985年，第55頁。

〔註346〕〔金〕張暐：《大金集禮》卷4，叢書集成初編本，中華書局1985年，第63頁。

〔註347〕《金史》卷92《徒單克寧傳》，中華書局1975年，第2050頁。

〔註348〕《金史》卷92《徒單克寧傳》，中華書局1975年，第2050頁。

〔註349〕《金史》卷99《徒單鎰傳》，中華書局1975年，第2186頁。

〔註350〕《金史》卷65《勖傳》，中華書局1975年，第1559頁。

〔註351〕《金史》卷4《熙宗紀》，中華書局1975年，第81頁。

〔註352〕《金史》卷4《熙宗紀》，中華書局1975年，第81頁。

〔註353〕《金史》卷4《熙宗紀》，中華書局1975年，第81頁。

〔註354〕《金史》卷88《完顏守道傳》，中華書局1975年，第1957頁。

〔註355〕《金史》卷89《梁肅傳》，中華書局1975年，第1985頁。

　　大定二年正月，「丙子，獻享山陵，禮畢，欲獵而還，左丞相晏等諫曰：『邊事未寧，不宜遊幸。』戊寅，還宮。」〔註356〕石琚任相，「世宗將立元妃為后，以問琚，琚屏左右曰：『元妃之立，本無異辭，如東宮何？』世宗愕然曰：『何謂也？』琚曰：『元妃自有子，元妃立，東宮搖矣。』世宗悟而止。」〔註357〕孟浩任參知政事，世宗「敕有司東宮涼樓增建殿位」〔註358〕，孟浩進諫：「皇太子義兼臣子，若所居與至尊宮室相侔，恐制度未宜，固宜示以儉德。」〔註359〕世宗同意，並對太子說：「朕思漢文純儉，心常慕之，汝亦可以為則也。」〔註360〕徒單克寧以宰相監修國史，世宗問史事，徒單克寧進諫：「臣聞古者人君不觀史，願陛下勿觀。」〔註361〕世宗只好解釋：「朕豈欲觀此？深知史事不詳，故問之耳。」〔註362〕

　　章宗即位，太傅徒單克寧任尚書令。當時，「尚書省奏猛安謀克願試進士者聽之」〔註363〕，章宗問：「其應襲猛安謀克者學於太學可乎？」〔註364〕徒單克寧答：「承平日久，今之猛安謀克其材武已不及前輩，萬一有警，使誰禦之？習辭藝，忘武備，於國弗便。」〔註365〕章宗說：「太傅言是也。」〔註366〕左司郎中劉昂與蒲陰縣令大中等十餘人因私議朝政的罪名下獄，尚書省奏其罪，參知政事孫鐸進諫：「昂等非敢議朝政，但如鄭人游鄉校耳。」〔註367〕章宗醒悟，「乃薄其罪」〔註368〕，說明當時章宗似有意從重處置，因孫鐸諫言有所減輕。

　　正大年間，「同判睦親府內族撒合輦交結中外，久在禁近。哀宗為太子，有定策功，由是頗惑其言，復倚信日深」〔註369〕。撒合輦不法，臺諫多次彈

〔註356〕《金史》卷6《世宗紀上》，中華書局1975年，第125頁。
〔註357〕《金史》卷88傳「贊」，中華書局1975年，第1970頁。
〔註358〕《金史》卷89《孟浩傳》，中華書局1975年，第1980頁。
〔註359〕《金史》卷89《孟浩傳》，中華書局1975年，第1980頁。
〔註360〕《金史》卷89《孟浩傳》，中華書局1975年，第1980頁。
〔註361〕《金史》卷92《徒單克寧傳》，中華書局1975年，第2050頁。
〔註362〕《金史》卷92《徒單克寧傳》，中華書局1975年，第2050頁。
〔註363〕《金史》卷92《徒單克寧傳》，中華書局1975年，第2052頁。
〔註364〕《金史》卷92《徒單克寧傳》，中華書局1975年，第2052頁。
〔註365〕《金史》卷92《徒單克寧傳》，中華書局1975年，第2052頁。
〔註366〕《金史》卷92《徒單克寧傳》，中華書局1975年，第2052頁。
〔註367〕《金史》卷99《孫鐸傳》，中華書局1975年，第2194頁。
〔註368〕《金史》卷99《孫鐸傳》，中華書局1975年，第2194頁。
〔註369〕《金史》卷115《赤盞尉忻傳》，中華書局1975年，第2532頁。

劾，但哀宗一直拖著，不願其離開京城。赤盞尉忻時任尙書右丞，進諫「撒合輦姦諛之最，日在天子左右，非社稷福」〔註370〕，哀宗悔悟，「出爲中京留守，朝論快之」〔註371〕。哀宗至蔡州，「命有司修見山亭及同知衙，爲遊息之所。」〔註372〕又「內侍殿頭宋規密奉詔與御史大夫鎬夫人蒲察氏選擇室女，已得數人，將進御」〔註373〕，這兩件事，均因右丞完顏仲德進諫而作罷。

3、宰相進諫的重要作用

金朝皇帝中，以世宗爲最善納諫，宰相「佐明主，諫行言聽，膏澤下於民」〔註374〕，與皇帝共同創造了金朝的盛世局面。金末，宰相進諫的重要性，仍有所體現。宣宗時，高汝礪諫止爲猛安謀克括地和授地，避免了社會的混亂。完顏仲德諫止哀宗選室女和修見山亭，穩定了朝政，爲圍城中金朝君臣一體的氣壯山河的戰鬥，創造了條件。

反之，宰相進諫，皇帝不聽從，因此帶來的嚴重後果，則從反面證明了宰相進諫的重要性。正隆年間，海陵王準備南征，耨盌溫敦思忠進諫，「海陵既不用思忠言，運四方甲仗於中都。思忠曰：『州郡無兵，何以備盜賊？』海陵盡籍丁壯爲兵，思忠曰：『山後契丹諸部，恐未可盡起。』皆不聽。」〔註375〕其後，「州郡盜起，守令不能制。契丹撒八、窩斡果反，期年乃克之。」〔註376〕海陵王南征前，張浩和蕭玉曾進諫。海陵王問用兵利害。張浩不敢正諫，於是「婉詞以對，欲以微止海陵用兵」〔註377〕。海陵王問蕭玉：「朕今欲伐江南，卿以爲如何？」〔註378〕蕭玉答：「不可」〔註379〕並提出自己的意見〔註380〕。當時，海陵王不聽張浩和蕭玉諫言，並杖責二人。耶律安禮任尙書左丞，「密諫伐江南，忤海陵意，罷爲南京留守」〔註381〕。紇石烈良弼進諫

〔註370〕《金史》卷115《赤盞尉忻傳》，中華書局1975年，第2532頁。
〔註371〕《金史》卷115《赤盞尉忻傳》，中華書局1975年，第2532頁。
〔註372〕《金史》卷119《完顏仲德傳》，中華書局1975年，第2608頁。
〔註373〕〔金〕王鶚：《汝南遺事》卷1，叢書集成初編本，商務印書館1939年，第9頁。
〔註374〕《金史》卷88傳「贊」，中華書局1975年，第1970頁。
〔註375〕《金史》卷84《耨盌溫敦思忠傳》，中華書局1975年，第1883頁。
〔註376〕《金史》卷84《耨盌溫敦思忠傳》，中華書局1975年，第1883頁。
〔註377〕《金史》卷83《張浩傳》，中華書局1975年，第1863頁。
〔註378〕《金史》卷76《宗本傳附蕭玉傳》，中華書局1975年，第1736頁。
〔註379〕《金史》卷76《宗本傳附蕭玉傳》，中華書局1975年，第1736頁。
〔註380〕《金史》卷76《宗本傳附蕭玉傳》，中華書局1975年，第1736頁。
〔註381〕《金史》卷83《耶律安禮傳》，中華書局1975年，第1872頁。

〔註382〕，海陵王不聽，並任命他為右領軍大都督，帶兵南征。結果，海陵王南征不利，世宗在遼陽起兵，海陵王自身被弒，太子光英被殺，結局悲慘。張萬公任相，諫括田，章宗不從。結果，「兵日益驕，民日益困，養成癰疽，計日而潰。貞祐之亂，盜賊滿野」〔註383〕，成為促進金朝衰亡的重要因素。宣宗將幸南京，徒單鎰進諫：「鑾輅一動，北路皆不守矣。今已講和，聚兵積粟，固守京師，策之上也。南京四面受兵。遼東根本之地，依山負海，其險足恃，備禦一面，以為後圖，策之次也。」〔註384〕宣宗不聽從。此後，金朝東北和河北、河東之地盡失，朝廷局促於河南和陝西，局面漸至不可收拾。

因此，宰相進諫，往往關係到國家的興衰治亂，是具有重要意義的。

4、皇帝不聽諫言，宰相束手無策

皇帝掌握最終決策權，宰相的意見，皇帝往往不聽從，宰相束手無策的情況，在文獻中能夠檢索到多處記載。

海陵王時，天德三年（1151年）五月，「命徒單貞語宰臣，前所誅黨人諸婦人中多朕中表親，欲納之官中」〔註385〕。平章政事蕭裕不同意，海陵王不聽從，「遂納宗本子莎魯啜，宗固子胡里剌、胡失打，秉德弟糺里等妻宮中」〔註386〕。海陵王命令張浩和敬嗣暉營建南京宮室，張浩進諫：「往歲營治中都，天下樂然趨之。今民力未復，而重勞之，恐不似前時之易成也」〔註387〕，海陵王不聽從。海陵王南征，耨盌溫敦思忠、張浩、蕭玉、耶律安禮、紇石烈良弼均曾進諫，海陵王不接受。所以，營建南京宮室、南征等，一切都按照海陵王的安排進行。

世宗時，對宰相提到「海陵時，契丹人尤被信任，終為叛亂，群牧使鶴壽、駙馬都尉賽一、昭武大將軍尢魯古、金吾衛上將軍蒲都皆被害。賽一等皆功臣之後，在官時未嘗與契丹有怨，彼之野心，亦足見也。」〔註388〕世宗

〔註382〕紇石烈良弼「海陵伐宋，良弼諫不聽，以為右領軍大都督。」說明其在正隆間曾諫止海陵南征。《金史》卷88《紇石烈良弼傳》，中華書局1975年，第1950頁。

〔註383〕〔金〕元好問：《平章政事壽國張文貞公神道碑》，《遺山先生文集》卷16，四部叢刊初編縮本，商務印書館1936年，第167頁。

〔註384〕《金史》卷99《徒單鎰傳》，中華書局1975年，第2191頁。

〔註385〕《金史》卷5《海陵紀》，中華書局1975年，第97～98頁。

〔註386〕《金史》卷5《海陵紀》，中華書局1975年，第97～98頁。

〔註387〕《金史》卷83《張浩傳》，中華書局1975年，第1863頁。

〔註388〕《金史》卷88《唐括安禮傳》，中華書局1975年，第1965頁。

的言論中，有敵視契丹人的意思，因此，唐括安禮進諫：「聖主溥愛天下，子育萬國，不宜有分別。」〔註389〕世宗堅持說：「朕非有分別，但善善惡惡，所以爲治。異時或有邊釁，契丹豈肯與我一心也哉。」〔註390〕爲此，世宗做了一系列加強控制契丹人的決策。

世宗、章宗出獵，宰相都曾進諫。梁肅諫世宗出獵「四時畋獵，雖古禮，聖人亦以爲戒。陛下春秋高，屬時嚴寒，馳聘於山林之間。法宮燕處，亦足怡神，願爲宗社自重，天下之福也。」〔註391〕世宗解釋：「朕諸子方壯，使之習武，故時一往爾。」〔註392〕章宗出獵，平章政事張汝霖諫之。章宗答：「卿能每事如此，朕復何憂？然時異事殊，得中爲當」〔註393〕。世宗、章宗對出獵的行爲有所迴護，未因宰相的諫言而停止捺鉢。

5、宰相進諫與否，對其仕途和名聲的影響

皇帝掌握最高權力，宰相進諫的政治風險是客觀存在的。有的宰相因此被杖責或罷職。張浩與蕭玉諫止海陵王南征，海陵王不聽從並杖責二人。〔註394〕耶律安禮任尙書左丞，「密諫伐江南，忤海陵意，罷爲南京留守」〔註395〕。耨盌溫敦思忠諫止海陵南征，「思忠見疏」〔註396〕。烏古論元忠任相，「世宗將幸會寧，元忠進諫不聽，出知眞定府」〔註397〕。完顏守貞「相章宗，屢直言，有重望」〔註398〕，章宗「厭守貞直言，由宰相出留守東京」〔註399〕。

所以，宰相們明哲保身，不直諫、顯諫、正諫、強諫的例子，在文獻記載中有一定的普遍性。海陵王時，問用兵利害，張浩不敢正諫，「婉詞以對」，用「臣觀天意，欲絕趙氏久矣。」即「趙構無子，樹立疏屬，其勢必生變，可不煩用兵而服之」〔註400〕的理由諫止海陵王用兵。章宗時，寵愛元妃李氏。

〔註389〕《金史》卷88《唐括安禮傳》，中華書局1975年，第1965頁。
〔註390〕《金史》卷88《唐括安禮傳》，中華書局1975年，第1965頁。
〔註391〕《金史》卷89《梁肅傳》，中華書局1975年，第1985頁。
〔註392〕《金史》卷89《梁肅傳》，中華書局1975年，第1985頁。
〔註393〕《金史》卷9《章宗紀一》，中華書局1975年，第212頁。
〔註394〕詳見《金史》卷83《張浩傳》，中華書局1975年，第1863～1864頁；《金史》
　　　　卷76《宗本傳附蕭玉傳》，中華書局1975年，第1736頁。
〔註395〕《金史》卷83《耶律安禮傳》，中華書局1975年，第1872頁。
〔註396〕《金史》卷84《耨盌溫敦思忠傳》，中華書局1975年，第1883頁。
〔註397〕《金史》卷120《烏古論元忠傳》，中華書局1975年，第2624頁。
〔註398〕〔金〕劉祁撰，崔文印點校：《歸潛志》卷10，中華書局1983年，第112頁。
〔註399〕〔金〕劉祁撰，崔文印點校：《歸潛志》卷10，中華書局1983年，第112頁。
〔註400〕《金史》卷83《張浩傳》，中華書局1975年，第1863頁。

徒單鎰在章宗讓宰臣比較漢高祖和光武帝優劣的時候，趁機微諫：「光武再造漢業，在位三十年，無沉湎冒色之事。高祖惑戚姬，卒至於亂。由是言之，光武優。」〔註401〕世宗時，張汝弼任相，「不能正諫。上所欲為，則順而導之，所不欲為，則微言以觀其意。上責之，則婉辭以引過，終不忤之也」〔註402〕。章宗時，張萬公任相，「素沉厚深謹，務安靜少事以為治，與同列議多不合。然頗嫌畏，不敢犯顏強諫，須帝有問，然後審畫利害而質言之，帝雖從而弗行也」〔註403〕。宣宗時，高汝礪任相「為人慎密廉潔，能結人主知。守格法，循默避事，不肯強諫。故為相十餘年，未嘗有譴訶。壽考康寧，當世莫及。金國以來書生當國者，惟公一人耳。」〔註404〕

　　正因為進諫皇帝需要承擔一定的政治風險，直諫的宰相能夠得到朝野上下和後世史臣的讚譽，不能直諫的宰相則成為社會輿論攻擊的對象。石琚諫止世宗立后，元朝史臣評論：「人主家事，人臣之所難言者，許敬宗以一言幾亡唐祚，琚之對，其為金謀者至矣。」〔註405〕對完顏守貞和高汝礪，劉祁的回憶是：完顏守貞「最賢」〔註406〕，「相章宗，屢正言，有重望」〔註407〕；高汝礪「自南渡執政，在中書十餘年，無正言直諫聞於外，清論鄙之。」〔註408〕兩相對比，如涇渭分明。

（四）封駁

　　封駁又稱奏改，是「奏聞改正」的簡稱，是宰相諫諍的特殊形式。世宗勤政，金朝史料，與皇帝的言論有關者，以世宗為最豐富。所以皇帝議「封駁」的言論在《金史》的《世宗紀》中有集中記載。茲舉二例。大定十一年十月，世宗對宰相說：「朕已行之事，卿等以為成命不可復更，但承順而已，一無執奏。且卿等凡有奏，何嘗不從。自今朕旨雖出，宜審而行，有未便者，即奏改之。或在下位有言尚書省所行未便，亦當從而改之，毋拒而不從。」〔註409〕

〔註401〕《金史》卷99《徒單鎰傳》，中華書局1975年，第2188頁。
〔註402〕《金史》卷83《張汝弼傳》，中華書局1975年，第1871頁。
〔註403〕《金史》卷95《張萬公傳》，中華書局1975年，第2103頁。
〔註404〕〔金〕劉祁撰，崔文印點校：《歸潛志》卷6《高丞相汝礪》，中華書局1975年，第56頁。
〔註405〕《金史》卷88傳「贊」，中華書局1975年，第1970頁。
〔註406〕〔金〕劉祁撰，崔文印點校：《歸潛志》卷10，中華書局1983年，第112頁。
〔註407〕〔金〕劉祁撰，崔文印點校：《歸潛志》卷10，中華書局1983年，第112頁。
〔註408〕〔金〕劉祁撰，崔文印點校：《歸潛志》卷9，中華書局1983年，第99頁。
〔註409〕《金史》卷6《世宗紀上》，中華書局1975年，第149～150頁。

大定十六年（1176 年）十二月，世宗對宰相說：「凡已經奏斷事有未當，卿等勿謂已行，不爲御前改正。朕以萬幾之繁，豈無一失？卿等但言之，朕當更改，必無吝也！」〔註410〕從中可以看出皇帝在政治決策與執行過程中的謹慎態度。

　　實際上，宰相行使封駁的權力，並非僅限於世宗時期，而是貫穿金朝始終的。

　　皇統五年，「將肆赦，議覃恩止及女直人」〔註411〕，宗憲上奏：「莫非王臣，慶幸豈可有間邪」〔註412〕，熙宗「遂改其文，使均被焉」〔註413〕。

　　大定年間，「世宗以功臣子孫宗族中無顯仕者」〔註414〕，任命移剌高山奴爲秘書少監，「有司奏其事」〔註415〕，宗憲說：「高山奴傲狠貪墨，不可致之左右」〔註416〕，世宗答：「朕以其父祖有功耳，既爲人如此，豈可玷職位哉」〔註417〕，「追還制命」〔註418〕，並對右丞蘇保衡、參政石琚說：「此朕之過舉，不可不改，卿等當盡心以輔朕也。」〔註419〕世宗病重，「詔太孫與諸王大臣俱宿禁中」〔註420〕。徒單克寧上奏：「皇太孫與諸王宜別嫌疑，正名分，宿止同處，禮有未安。」〔註421〕世宗「詔太孫居慶和殿東廡」〔註422〕。

　　章宗即位，詔文有「凡除名開落官吏並量材錄用」〔註423〕，平章政事張汝霖「奏眞盜枉法不可恕」〔註424〕，其意在於對文字有所改動，但尙書令徒單克寧說：「陛下初即位，行非常之典，贓吏誤沾恩宥其害小，國之大信不可失也。」〔註425〕章宗同意後者的意見，奏改作罷。泰和三年，賈鉉拜參知政

〔註410〕《金史》卷 7《世宗紀中》，中華書局 1975 年，第 165 頁。
〔註411〕《金史》卷 70《宗憲傳》，中華書局 1975 年，第 1617 頁。
〔註412〕《金史》卷 70《宗憲傳》，中華書局 1975 年，第 1617 頁。
〔註413〕《金史》卷 70《宗憲傳》，中華書局 1975 年，第 1617 頁。
〔註414〕《金史》卷 70《宗憲傳》，中華書局 1975 年，第 1617 頁。
〔註415〕《金史》卷 70《宗憲傳》，中華書局 1975 年，第 1617 頁。
〔註416〕《金史》卷 70《宗憲傳》，中華書局 1975 年，第 1617 頁。
〔註417〕《金史》卷 70《宗憲傳》，中華書局 1975 年，第 1617 頁。
〔註418〕《金史》卷 70《宗憲傳》，中華書局 1975 年，第 1617 頁。
〔註419〕《金史》卷 70《宗憲傳》，中華書局 1975 年，第 1617 頁。
〔註420〕《金史》卷 92《徒單克寧傳》，中華書局 1975 年，第 2051 頁。
〔註421〕《金史》卷 92《徒單克寧傳》，中華書局 1975 年，第 2051 頁。
〔註422〕《金史》卷 92《徒單克寧傳》，中華書局 1975 年，第 2051 頁。
〔註423〕《金史》卷 92《徒單克寧傳》，中華書局 1975 年，第 2051 頁。
〔註424〕《金史》卷 92《徒單克寧傳》，中華書局 1975 年，第 2051 頁。
〔註425〕《金史》卷 92《徒單克寧傳》，中華書局 1975 年，第 2051 頁。

事。「亳州醫者孫士明輒用黃紙大書『敕賜神針先生』等十二字，及於紙尾年月間摹作寶樣朱篆青龍二字，以誑惑市人。有司捕治款伏。值赦，大理寺議宜准偽造御寶，雖遇赦不應原。」〔註426〕當時，「已奏可矣」〔註427〕，賈鉉奏：「天子有八寶，其文各異，若偽造，不限用泥及黃蠟。今用筆描成青龍二字，既非八寶文，論以偽造御寶，非本法意。」章宗醒悟，孫士明「遂以赦原」〔註428〕。次日，章宗對宰相說：「已行之事，賈鉉猶執奏，甚可嘉也，群臣亦當如此矣。」〔註429〕鼓勵宰相的封駁行為。

崇慶、至寧、貞祐年間，西夏軍隊攻擊葭州、保安州、會州，並攻陷涇州。貞祐二年八月，「歸國人喬成齎夏國書，大概言金邊吏侵略，乞禁戢」〔註430〕，宣宗「詔移文答之」〔註431〕。宰相上奏：「既非公牒，今將責問，彼必飾詞，徒為虛文，無益於事。」〔註432〕宣宗「乃止」〔註433〕。興定元年十月，「右司諫許古勸宣宗與宋議和，宣宗命古草牒，以示宰臣」〔註434〕，尤虎高琪說：「辭有哀祈之意，自示微弱不足取。」〔註435〕宣宗「遂寢」〔註436〕。

上述封駁，一般是以宰相個人的名義進行的。實際上，在史料中，還存在一類以宰相集體的名義出現的。

大定二十年，「詔猛安謀克俸給，令運司折支銀絹」，但宰相們認為「若估粟折支，各路運司儲積多寡不均，宜令依舊支請牛頭稅粟。如遇凶年盡貸與民，其俸則於錢多路府支放，錢少則支銀絹亦未晚也。』」〔註437〕世宗同意宰相們的觀點。承安四年，賈鉉「遷禮部尚書，諫議如故。」〔註438〕「是時有詔，凡奉敕商量照勘公事皆期日聞奏。」〔註439〕賈鉉的意見是「若如此，

〔註426〕《金史》卷99《賈鉉傳》，中華書局1975年，第2192頁。
〔註427〕《金史》卷99《賈鉉傳》，中華書局1975年，第2192頁。
〔註428〕《金史》卷99《賈鉉傳》，中華書局1975年，第2192頁。
〔註429〕《金史》卷99《賈鉉傳》，中華書局1975年，第2192頁。
〔註430〕《金史》卷134《夏國傳》，中華書局1975年，第2871～2872頁。
〔註431〕《金史》卷134《夏國傳》，中華書局1975年，第2871～2872頁。
〔註432〕《金史》卷134《夏國傳》，中華書局1975年，第2871～2872頁。
〔註433〕《金史》卷134《夏國傳》，中華書局1975年，第2871～2872頁。
〔註434〕《金史》卷106《尤虎高琪傳》，中華書局1975年，第2344頁。
〔註435〕《金史》卷106《尤虎高琪傳》，中華書局1975年，第2344頁。
〔註436〕《金史》卷106《尤虎高琪傳》，中華書局1975年，第2344頁。
〔註437〕《金史》卷58《百官志四》，中華書局1975年，第1341～1342頁。
〔註438〕《金史》卷99《賈鉉傳》，中華書局1975年，第2191頁。
〔註439〕《金史》卷99《賈鉉傳》，中華書局1975年，第2191頁。

恐官吏迫於限期，姑務苟簡，反害事體。況簿書自有常程，御史臺治其稽緩，如事有應密，三月未絕者，令具次第以聞。」〔註440〕事「下尚書省議」〔註441〕，宰相商議的結果是，「如省部可即定奪者，須三月擬奏，如取會案牘卒難補勘者，先具次第奏知，更限一月結絕，違者准稽緩制書罪之。」〔註442〕這一類封駁，是皇帝下詔後，在執行的過程中，宰相們集體對原詔的一種否定和修正，是決策合理化過程的一個環節。

第二節　行政權

金朝時期，皇帝是最終決策者。皇帝決策，宰相奉行，是朝政運行的正常程序。宰相行使行政權，有發佈命令、監督執行、親自處理政務和兼領其它職務等途徑。通過這些途徑，皇帝的意志通過宰相貫徹到中央各部門和地方各路府州縣，實現對天下的治理。

一、發佈命令

在宰相的輔助下，皇帝作出的決策，需要通過宰相發佈命令的方式推動執行。

（一）宰相在行政體系中的地位

在專制社會，皇帝是決策者，其命令通過宰相下達百官執行，貫徹自己的執政理念。因此，尚書省在行政體系中的樞紐地位，對於宰相推動政令的貫徹執行具有舉足輕重的作用。

天會十五年（1137年），金朝廢除偽齊，建立行臺尚書省，對河南、陝西土地進行直接統治。天會十五年十一月《廢劉豫指揮》〔註443〕，其中尚書省上奏請求廢除偽齊的原因，皇帝聖旨表示同意，尚書省承皇帝聖旨下指揮，對有關細節作出安排。從程序上，齊國廢除，行臺尚書省建立，河南、陝西平定，一個完整的決策和行政過程完成。在公文中，體現了尚書省的樞紐地位。

〔註440〕《金史》卷99《貫鉉傳》，中華書局1975年，第2191頁。
〔註441〕《金史》卷99《貫鉉傳》，中華書局1975年，第2191頁。
〔註442〕《金史》卷99《貫鉉傳》，中華書局1975年，第2192頁。
〔註443〕〔宋〕徐夢莘：《三朝北盟會編》卷182，上海古籍出版社2008年6月第2版，第1317～1318頁。

大定十五年（1175 年），重修中嶽廟。承皇帝聖旨，尚書省先對有關情況進行調查，「十四年秋九月。敕遣中人諭旨宰相。諸岳廟久闕修治。宜加增飾。其遣使馳傳遍詣檢視以聞。明年使者覆命。即以諸應費材用工徒與夫百物之數具圖上之。」〔註444〕其後，有「重修之命」〔註445〕。當時，「尚書省乃以其事下於府，府以是下之縣」〔註446〕。由此可見，宰相和尚書省在這一過程中發揮了樞紐作用。

（二）宰相發佈命令的種類

宰相是百官之長，承皇帝的命令宣諭百官恪盡職守。大定九年（1169 年）四月，世宗對宰相說：「朕觀在位之臣，初入仕時，競求聲譽以取爵位，亦既顯達，即徇默苟容爲自安計，朕甚不取。宜宣諭百官，使知朕意。」〔註447〕通過檢索史料，可知宰相發佈的命令涉及以下多個方面。

1、命百官上言

泰和年間，鈔法不能流轉，「內外百官所司不同，比應詔言事者不啻千數，俱不達各司利害，汗漫陳說，莫能詳盡」〔註448〕，只有戶部尚書高汝礪上言切當，章宗敕尚書省「其諭內外百司各究利害舉明，若可舉而不即申聞，以致上司舉行者，量制其罰」〔註449〕。

2、薦舉人才

大定八年七月，世宗對平章政事完顏思敬等說：「朕思得賢士，寤寐不忘。自今朝臣出外，即令體訪外任職官廉能者，及草萊之士可以助治者，具姓名以聞。」〔註450〕大定九年，世宗對宰相說：「朕思得忠廉之臣，與之共治，故嘗命五品以上各舉所知，於今數年矣。以天下之大，豈無其人，由在上者知而不舉也。」〔註451〕左丞相紇石烈良弼答：「已申前令，命舉之矣。」〔註452〕

〔註444〕〔金〕黃久約：《重修中嶽廟碑》，《金文最》卷 72，中華書局 1990 年，第 1061 頁。

〔註445〕〔金〕黃久約：《重修中嶽廟碑》，《金文最》卷 72，中華書局 1990 年，第 1061 頁。

〔註446〕〔金〕黃久約：《重修中嶽廟碑》，《金文最》卷 72，中華書局 1990 年，第 1061 ～1062 頁。

〔註447〕《金史》卷 6《世宗紀上》，中華書局 1975 年，第 144 頁。

〔註448〕《金史》卷 107《高汝礪傳》，中華書局 1975 年，第 2353 頁。

〔註449〕《金史》卷 107《高汝礪傳》，中華書局 1975 年，第 2353 頁。

〔註450〕《金史》卷 6《世宗紀上》，中華書局 1975 年，第 142 頁。

〔註451〕《金史》卷 54《選舉志四》，中華書局 1975 年，第 1205 頁。

3、任命官員

宣宗時，「（尤虎）高琪定制，省、部、寺、監官，參注進士，吏員又使由郡轉部，由部轉臺省，不三五年，皆得要職。」〔註453〕

4、派遣官員

大定十二年三月，世宗下詔尚書省：「贓污之官，已被廉問，若仍舊職，必復害民。其遣使諸道，即日罷之。」〔註454〕明昌三年五月，尚書省奏：「近以山東、河北之饑，已委宣差所至安撫賑濟。」〔註455〕承安二年十月，「諭尚書省，遣官詣各路通檢民力，命戶部尚書賈執剛與（高）汝礪先推排在都兩警巡院，令諸路所差官視以為法焉。」〔註456〕

5、通檢推排

大定四年（1164年）通檢推排，世宗下詔「凡規措條理，命尚書省畫一以行」〔註457〕，尚書省是具體方案的制定者和執行者。泰和二年（1202年）閏十二月，因「推排時，既問人戶浮財物力，而又勘當比次，期迫事繁，難得其實」〔註458〕，章宗「敕尚書省，定人戶物力隨時推收法，令自今典賣事產者隨業推收，別置標簿，臨時止拘浮財物力以增減之」。〔註459〕

6、儲備糧食

大定十六年九月，世宗「諭左丞相紇石烈良弼曰：『西邊自來不備儲蓄，其令所在和糴，以為緩急之備。』」〔註460〕

7、救濟饑民

明昌三年七月，章宗敕尚書省：「饑民如至遼東，恐難遽得食，必有饑死者。其令散糧官問其所欲居止，給以文書，命隨處官長計口分散，令富者出粟養之，限以兩月，其粟充秋稅之數。」〔註461〕

〔註452〕《金史》卷54《選舉志四》，中華書局1975年，第1205頁。

〔註453〕〔金〕劉祁撰，崔文印點校：《歸潛志》卷7，中華書局1983年，第71頁。

〔註454〕《金史》卷7《世宗紀中》，中華書局1975年，第156頁。

〔註455〕《金史》卷9《章宗紀一》，中華書局1975年，第222頁。

〔註456〕《金史》卷107《高汝礪傳》，中華書局1975年，第2353頁。

〔註457〕《金史》卷46《食貨志一》，中華書局1975年，第1038頁。

〔註458〕《金史》卷46《食貨志一》，中華書局1975年，第1040頁。

〔註459〕《金史》卷46《食貨志一》，中華書局1975年，第1040頁。

〔註460〕《金史》卷7《世宗紀中》，中華書局1975年，第165頁。

〔註461〕《金史》卷9《章宗紀一》，中華書局1975年，第222頁。

8、鞏固河防

章宗認爲負責河防的王汝嘉和田櫟不稱職，明昌五年二月，諭平章政事完顏守貞「可諭旨令往盡心固護，無致失備，及講究所以經久之計。稍涉違慢，當並治罪」〔註462〕。

9、養馬

在對蒙戰爭中，軍馬是重要的戰略物資。宣宗時，尤虎高琪奏：「河南鎮防二十餘軍，計可得精騎二萬，緩急亦足用。」〔註463〕宣宗說：「馬雖多，養之有法，習之有時，詳諭所司令加意也。」〔註464〕

10、捕盜

大定初，世宗下詔，命宰相「遍諭將士，能捕殺窩斡者加特進、授真總管。」〔註465〕

11、覆查刑獄

興定五年六月，尚書省奏僕散安貞謀叛。「宣宗謂平章政事英王守純曰：『朕觀此奏，皆飾詞不實，其令覆案之。』」〔註466〕

12、訪求遺骸

大定十六年九月，世宗「諭左丞相良弼曰：『海陵非理殺戮臣下，甚可哀憫。其孛論出等遺骸，仰逐處訪求，官爲收葬。』」〔註467〕

13、抑制佛教

大定十四年（1174年）四月，世宗諭宰相：「聞愚民祈福，多建佛寺，雖已條禁，尚多犯者，宜申約束，無令徒費財用。」〔註468〕

14、鞏固城防

天興元年，南京圍城。平章政事完顏白撒「令諸生監送軍士飲食，視醫藥，書炮夫姓名」〔註469〕，又「令於城上放紙鳶，鳶書上語，招誘脅從之人，

〔註462〕《金史》卷27《河渠志》，中華書局1975年，第676頁。
〔註463〕《金史》卷106《尤虎高琪傳》，中華書局1975年，第2341頁。
〔註464〕《金史》卷106《尤虎高琪傳》，中華書局1975年，第2341頁。
〔註465〕《金史》卷133《窩斡傳》，中華書局1975年，第2853頁。
〔註466〕《金史》卷102《僕散安貞傳》，中華書局1975年，第2247頁。
〔註467〕《金史》卷7《世宗紀中》，中華書局1975年，第165頁。
〔註468〕《金史》卷7《世宗紀中》，中華書局1975年，第161頁。
〔註469〕〔金〕劉祁撰，崔文印點校：《歸潛志》卷11，中華書局1983年，第123～124頁。

使自拔以歸，受官賞」〔註470〕，又「夜舉燈球爲令，使軍士自暗門出劫戰，令諸生執役，燈滅者死」。〔註471〕雖然是「白撒本無守禦才，但以嚴刻立威譽」〔註472〕的措施，但是這一系列的行爲都是宰相的安排，是其行使權力的一個方面。

綜上所述，宰相發佈命令，所涉種類甚多。從監督官員恪盡職守、舉薦人才治理國家到通檢推排、儲備糧食，至於鞏固城防和訪求遺骸，多種多樣的政令都需要通過宰相所在的尚書省發佈，轉化爲中央和地方各級各類官員的行動。這進一步說明宰相和尚書省在政務運行過程中的樞紐作用。

二、監督執行

專制時代，行政體系實行分層控制和分級管理，其目的在於把皇帝的意志貫徹到中央和地方各個職能部門，實現對國家的治理。控制和管理，實際上就是監督執行的過程。宰相對百官的監督是建立在這樣的行政程序上的，即皇帝監督宰相，宰相監督百官，完成政令的貫徹執行過程。

（一）尚書省在監督執行程序中的地位

皇帝通過尚書省實現對百官的監督，宰相監督百官，是其本職工作。在監督百官執行政令的體系，尚書省處於皇帝和百官間的樞紐地位。熙宗時期，程寀任翰林待制兼右諫議大夫，上疏說「尚書省，天子喉舌之官，綱紀在焉。臣願詔尚書省，戒勵百官，各揚其職，以立綱紀。」〔註473〕世宗時期，對宰相提及「進賢退不肖，宰相之職也」〔註474〕。貞祐三年，侯摯上章言九事，其中有「省部所以總天下之紀綱」〔註475〕的表述，也是能夠說明問題的。

世宗時，宰相唐括安禮和參知政事移剌道因「大理寺事多留滯，宰相不督責之」〔註476〕而受到世宗的責備。宣宗時，因「所造軍器往往不可用」〔註477〕問宰相尤虎高琪，尤虎高琪答「軍器美惡在兵部，材物則戶部，工匠則工

〔註470〕〔金〕劉祁撰，崔文印點校：《歸潛志》卷11，中華書局1983年，第124頁。
〔註471〕〔金〕劉祁撰，崔文印點校：《歸潛志》卷11，中華書局1983年，第124頁。
〔註472〕〔金〕劉祁撰，崔文印點校：《歸潛志》卷11，中華書局1983年，第124頁。
〔註473〕《金史》卷105《程寀傳》，中華書局1975年，第2309頁。
〔註474〕《金史》卷6《世宗紀上》，中華書局1975年，第125頁。
〔註475〕《金史》卷108《侯摯傳》，中華書局1975年，第2384頁。
〔註476〕《金史》卷88《唐括安禮傳》，中華書局1975年，第1965頁。
〔註477〕《金史》卷106《尤虎高琪傳》，中華書局1975年，第2341頁。

部」〔註478〕，宣宗諭令「治之」〔註479〕。興定五年，廷試進士中出現了問題。當時，監試官參知政事李復亨未能有效監督有關官員罷爲定國軍節度使〔註480〕，讀卷官禮部尚書趙秉文、翰林待制崔禧、歸德治中時戩、應奉翰林文字程嘉善都受到了降職的處罰。這一事件，也能夠說明尚書省在行政體系中的地位。

（二）監督執行的手段

在原則上，宰相總持大綱，不親細務，否則其行爲會受到質疑和抨擊。宣宗時，王擴任南京路轉運使，「平章政事高琪閱尚食物，謂擴曰：『聖主焦勞萬機，賴膳羞以安養，臣子宜盡心。』擴曰：『此自食監事，何勞宰相！』」〔註481〕。貞祐三年十一月，侯摯任參知政事，監察御史陳規上章言其「按閱倉庫，規畫権酤，豈大臣所宜親」〔註482〕。在士大夫的觀念中，親理細務是具體職能部門的事情，宰相插手其中，被認爲是不適當的。因此，宰相一般是通過刑罰和黜陟監督百官，從而推動政令的執行的。

1、刑罰

宰相用刑罰監督百官，熙宗時的田穀黨獄是一顯例。皇統七年六月，「殺橫海軍節度使田穀、左司郎中奚毅、翰林待制邢具瞻及王植、高鳳廷、王效、趙益興、龔夷鑒等」〔註483〕，雖有深層次的原因，但其直接線索是「選人龔夷鑒除名，值赦，赴吏部銓，得預覃恩。穀已除橫海，部吏以夷鑒白穀，穀乃倒用月日署之。」〔註484〕一事，其「專擅朝政」〔註485〕的罪名是有來源的。這一事件固然反映了原遼官與原宋官之間的矛盾，但當時宗弼任領三省事，有權監督六部，懲治相關人員。這是宰相的監督執行權力的一個證明。

宰相用刑罰監督百官，以杖刑爲常見。金朝用杖刑，在太祖時已有記載，完顏昂（吾都補）和婆盧火都曾因事被杖責。〔註486〕熙宗曾杖責左丞

〔註478〕《金史》卷106《朮虎高琪傳》，中華書局1975年，第2341頁。
〔註479〕《金史》卷106《朮虎高琪傳》，中華書局1975年，第2341頁。
〔註480〕詳見《金史》卷100《李復亨傳》，中華書局1975年，第2219頁。
〔註481〕《金史》卷104《王擴傳》，中華書局1975年，第2295～2296頁。
〔註482〕《金史》卷109《陳規傳》，中華書局1975年，第2402頁。
〔註483〕《金史》卷4《熙宗紀》，中華書局1975年，第83頁。
〔註484〕《金史》卷89《孟浩傳》，中華書局1975年，第1979頁。
〔註485〕《金史》卷89《孟浩傳》，中華書局1975年，第1979頁。
〔註486〕詳見《金史》卷65《昂傳》中華書局1975年，第1553頁；《金史》卷71《婆盧火傳》，中華書局1975年，第1638頁。

唐括辯和平章政事秉德。〔註487〕海陵王杖責宰相，是其常用的手段。其實，杖刑不僅限於皇帝杖責宰相，宰相杖責百官，在史籍中也多有記載。宣宗時期「丞相高琪奏定職官犯罪的決百餘條」〔註488〕。當時，「尤虎高琪爲相，惡士大夫，有罪輒以軍儲論加箠杖，在位者往往被其苦。」〔註489〕，以至於「醫家以酒下地龍散，投以蠟丸，則受杖者失痛覺，此方大行於時。」〔註490〕除尤虎高琪外，文獻中有宣宗和哀宗時宰相徒單思忠和完顏白撒對官員用箠刑的記載。徒單思忠「好用麻椎擊人，號麻椎相公」〔註491〕。平章政事白撒徵太學生爲炮夫，諸生不從，白撒「以緩期，杖戶部主事田芝」〔註492〕。白撒又準備用燈毬爲令，派兵出暗門劫營，「以燈毬未具，杖刑部郎中石抹世勣」〔註493〕。當時，仕宦數十年未受箠成爲值得表彰的事情。馮璧「憂畏敬愼，不忽遺細微，故自釋褐至今，將三十年，而公私無箠贖之玷」〔註494〕。趙思文「揚歷中外將三十年，屢以『課最』聞，而未嘗有箠贖之玷」〔註495〕。

2、黜陟

宰相用黜陟獎懲百官，是因爲，官員的任免，宰相在其中掌握權力。蕭裕與海陵相結，「海陵爲左丞，除裕兵部侍郎」〔註496〕。天德三年，海陵王「命尚書右丞張浩調選燕京，仍諭浩無私徇」〔註497〕。大定三年，同知西京留守事曹望之上書論便宜五事，其中就有「宰相拔擢及其所識，不及其所不識。內外官所舉亦輒不用，或指以爲朋黨，遂不敢復舉。」〔註498〕

〔註487〕《金史》卷4《熙宗紀》，中華書局1975年，第84頁。《金史》卷4《熙宗紀》，中華書局1975年，第86頁。

〔註488〕〔金〕趙秉文：《尚書左丞張公神道碑》，《金文最》卷89，中華書局1990年，第1297頁。

〔註489〕〔金〕劉祁撰，崔文印點校：《歸潛志》卷8，中華書局1983年，第89頁。

〔註490〕〔金〕元好問：《中州集》卷8《苑渭州中》，中華書局1959年，第422頁。

〔註491〕〔金〕劉祁撰，崔文印點校：《歸潛志》卷7，中華書局1983年，第69頁。

〔註492〕〔金〕劉祁撰，崔文印點校：《歸潛志》卷11，中華書局1983年，第123頁。

〔註493〕〔金〕劉祁撰，崔文印點校：《歸潛志》卷11，中華書局1983年，第124頁。

〔註494〕〔金〕元好問：《內翰馮公神道碑銘》，《遺山先生文集》卷19，四部叢刊初編縮本，商務印書館1936年，第201頁。

〔註495〕〔金〕元好問：《通奉大夫禮部尚書趙公神道碑》，《遺山先生文集》卷18，四部叢刊初編縮本，商務印書館1936年，第194頁。

〔註496〕《金史》卷129《蕭裕傳》，中華書局1975年，第2790頁。

〔註497〕《金史》卷5《海陵紀》，中華書局1975年，第97頁。

〔註498〕《金史》卷92《曹望之傳》，中華書局1975年，第2037頁。

的表述。大定十八年十一月，趙承元因曹王請屬，由宰相擬注再任曹王府文學。〔註499〕蔡珪有風疾，不能言語，宰相卻任命其爲濰州刺史。〔註500〕這兩件事，因世宗發現，宰相受到責備。金朝後期，這種情況沒有出現根本的變化。據劉祁回憶，當時「宰相用人，必先擇無鋒鋩、軟熟易制者」〔註501〕。因而，「正人君子多不得用，雖用亦未久，遽退閒」〔註502〕，所以，「宰相如左丞，官如陳司諫規、司諫、程、雷御史，皆不能終其任也」〔註503〕。貞祐年間，「尤虎高琪爲相，欲樹黨固其權，先擢用文人，將以爲羽翼。已而，臺諫官許古、劉元規之徒見其恣橫，相繼言之。高琪大怒，斥罷二人。因此大惡進士，更用胥吏。彼喜其獎拔，往往爲盡心，於是吏權大盛，勝進士矣。」〔註504〕

因此，宰相能夠以黜陟爲手段，監督百官執行政令。世宗時，大定十二年二月，「尚書省奏，廉察到同知城陽軍事山和尚等清強官，上曰：『此輩暗察明訪皆著政聲，可第其政績，各進官旌賞。其速議升除。』」〔註505〕大定十八年十一月，尚書省奏：「崇信縣令石安節買車材於部民，三日不償其直，當削官一階，解職。」〔註506〕宣宗時，「陳州防禦呂子羽，因取會逃戶，致秋稅有不足者。豐衍庫官趙某，以應入庫物未足，寄民家。罪皆怠慢，的決追解而已。有司附會丞相高琪，苛細生事，以子羽不以軍儲爲意，即不以社稷爲念。某官物不即入庫，意望入己。委曲生意，皆處以死。」〔註507〕石抹世勣曾任華州元帥府參議官，後任尚書省左司郎中，元光元年（1222年），奪一官，解職。其原因是「初，世勣任華州，有薦其深通錢穀者，復察不如所舉，未籍行止中。後主者舉覺，平章英王以世勣避都司之繁，私屬治籍吏冀改他職，

〔註499〕詳見《金史》卷8《世宗紀中》，中華書局1975年，第171～172頁。

〔註500〕《金史》卷125《蔡珪傳》，中華書局1975年，第2718頁。

〔註501〕〔金〕劉祁撰，崔文印點校：《歸潛志》卷7，中華書局1983年，第70～71頁。

〔註502〕〔金〕劉祁撰，崔文印點校：《歸潛志》卷7，中華書局1983年，第70～71頁。

〔註503〕〔金〕劉祁撰，崔文印點校：《歸潛志》卷7，中華書局1983年，第70～71頁。

〔註504〕〔金〕劉祁撰，崔文印點校：《歸潛志》卷7，中華書局1983年，第71頁。

〔註505〕《金史》卷7《世宗紀中》，中華書局1975年，第155頁。

〔註506〕《金史》卷7《世宗紀中》，中華書局1975年，第171頁。

〔註507〕〔金〕王鶚：《汝南遺事·總論》，叢書集成初編本，商務印書館1939年，第50頁。

奏下有司，故有是責。」〔註508〕

三、親自處理政務

宰相主管政務，一般是通過發佈命令和監督執行完成的。但是，在監督執行的過程中，宰相也往往親自參與其中。有時，皇帝也派宰相出朝親自處理一些政務。

金朝宰相是有一定的分工的。世宗時，劉瑋「拜參知政事，仍領戶部」〔註509〕。哀宗時，李蹊「拜參知政事，進左、右丞，專掌財賦。」〔註510〕只是，在有關的文獻中，這一類史料能夠檢索到的很少，更多的是宰相在任期間由皇帝臨時安排親自處理一些政務的記載。

1、修城

海陵王「欲都燕，遣畫工寫京師宮室制度，至於闊狹修短曲盡其數，授之左相張浩輩，按圖以修之。」〔註511〕天德三年張浩「與燕京留守劉筈、大名尹盧彥倫監護工作，命浩就擬差除。既而暑月，工役多疾疫。詔發燕京五百里內醫者，使治療，官給藥物，全活多者與官，其次給賞，下者轉運司舉察以聞。」〔註512〕正隆三年（1158年）十月，「詔左丞相張浩、參知政事敬嗣暉營建南京宮室」〔註513〕。世宗時，尚書右丞蘇保衡、參知政事石琚共同主管宮中十六位工役，世宗對石琚說：「此役不欲煩民，丁匠皆給雇直，毋使貪吏夤緣爲姦利，以興民怨。卿等勉力，稱朕意焉。」〔註514〕宣宗時，宰相親自參與，安排修南京裏城。興定三年十月「裏城畢工，百官稱賀。宴宰臣便殿。遷右丞摯官一階，賜右丞相琪、左丞汝礪、參知政事思忠金鼎各一，重幣三」〔註515〕。

〔註508〕《金史》卷114《石抹世勣傳》，中華書局1975年，第2518頁。

〔註509〕《金史》卷95《劉瑋傳》，中華書局1975年，第2112頁。

〔註510〕〔金〕劉祁撰，崔文印點校：《歸潛志》卷6《李左丞蹊》，中華書局1983年，第60頁。

〔註511〕〔宋〕徐夢莘：《三朝北盟會編》卷244，上海古籍出版社2008年6月第2版，第1751頁。

〔註512〕《金史》卷83《張浩傳》，中華書局1975年，第1862頁。

〔註513〕《金史》卷5《海陵紀》，中華書局1975年，第109頁。

〔註514〕《金史》卷88《石琚傳》，中華書局1975年，第1959頁。

〔註515〕《金史》卷115《宣宗紀中》，中華書局1975年，第346頁。

2、治河

明昌年間，胥持國和馬琪行省治河，是親自安排工程的進行。明昌五年（1194年）治理黃河，即詔「以知大名府事內族裔、尚書戶部郎中李敬義充行戶工部事，以參知政事胥持國都提控」〔註516〕。明昌五年閏十月，馬琪自行省回朝面見章宗，對有關情況作了彙報，同時提出「臣乞前期再往河上監視」〔註517〕。

3、易田分田

紇石烈良弼任平章政事，「山東兩路猛安謀克與百姓雜居，詔良弼度宜易置，使與百姓異聚，與民田互相犬牙者，皆以官田對易之，自是無復爭訴。」〔註518〕貞祐年間，高汝礪任相，軍戶南遷，宣宗「遣右司諫馮開等分詣諸郡就給之，人三十畝，以汝礪總之。」〔註519〕

4、勸農

興定四年七月「詔參知政事李復亨為慰使，御史丞完顏伯嘉副之，循行郡縣勸農」〔註520〕。興定四年七月，「以河南大水，下詔免租勸種，且命參知政事李復亨為宣慰使，中丞完顏伯嘉副之」〔註521〕。

5、備糧

奧屯忠孝任參知政事時，「中都圍急，糧運道絕，詔忠孝搜括民間積粟，存兩月食用，悉令輸官，酬以銀鈔或僧道戒牒。」〔註522〕貞祐三年七月，「遣參知政事高汝礪往河南，便宜措置糧儲」〔註523〕。同年九月，「命右丞汝礪詣陳州規畫糧儲」〔註524〕。同年十月，「命高汝礪糴於河南諸郡，令民輸挽入京」〔註525〕。天興元年，「京師被圍數月，倉廩空虛。尚書右丞李蹊坐糧不給下獄，已而免死除名。」〔註526〕興定四年九月「詔參知政事李復亨提

〔註516〕《金史》卷27《河渠志》，中華書局1975年，第676頁。

〔註517〕《金史》卷27《河渠志》，中華書局1975年，第679頁。

〔註518〕《金史》卷88《紇石烈良弼傳》，中華書局1975年，第1951頁。

〔註519〕《金史》卷107《高汝礪傳》，中華書局1975年，第2355頁。

〔註520〕《金史》卷16《宣宗紀下》，中華書局1975年，第353頁。

〔註521〕《金史》卷47《食貨志二》，中華書局1975年，第1061頁。

〔註522〕《金史》卷104《奧屯忠孝傳》，中華書局1975年，第2298頁。

〔註523〕《金史》卷14《宣宗紀上》，中華書局1975年，第310頁。

〔註524〕《金史》卷14《宣宗紀上》，中華書局1975年，第312頁。

〔註525〕《金史》卷50《食貨志五》，中華書局1975年，第1118頁。

〔註526〕〔金〕劉祁撰，崔文印點校：《歸潛志》卷11《錄大梁事》，中華書局1983年，第125頁。

控芻糧事」〔註 527〕。興定五年十月，「命僕散毅夫行尚書省於京東，督諸軍芻糧」〔註 528〕。

6、鑄錢

大定二十二年十月，「以參加政事黏割斡特剌提控代州阜通監」〔註 529〕。

7、製造兵器

海陵南征前，「委右丞李通提控造軍器於燕山之西北隅」〔註 530〕。

8、修壕築障

章宗時，平章政事完顏襄「請就用步卒穿壕築障，起臨潢左界北京路以為阻塞」，〔註 531〕並「親督視之，軍民並役，又募饑民以傭即事，五旬而畢」〔註 532〕。

9、鎮守

大安三年九月，「大元前軍至中至都，中都戒嚴。參知政事梁琯鎮撫京城。」〔註 533〕貞祐四年十月，蒙軍南下，「命參知政事徒單思忠提控鎮撫京師」〔註 534〕。天興元年，蒙軍圍攻南京「大臣皆分主方面。時京城西南隅最急，完顏白撒主之。西隅尤急，赤盞合喜主之。東北隅稍緩，丞相完顏塞不主之。」〔註 535〕哀宗東征，完顏奴申「拜參知政事，留守南京」〔註 536〕。

10、制法

完顏守貞「讀書，通法律，明習國朝故事。時金有國七十年，禮樂刑政因遼、宋舊制，雜亂無貫，章宗即位，乃更定修正，為一代法。其儀式條約，多守貞裁訂，故明昌之治，號稱清明。」〔註 537〕

〔註 527〕《金史》卷 16《宣宗紀下》，中華書局 1975 年，第 354 頁。
〔註 528〕《金史》卷 16《宣宗紀下》，中華書局 1975 年，第 358 頁。
〔註 529〕《金史》卷 48《食貨志三》，中華書局 1975 年，第 1072 頁。
〔註 530〕〔宋〕徐夢莘：《三朝北盟會編》卷 242，上海古籍出版社 2008 年 6 月第 2 版，第 1741 頁。
〔註 531〕《金史》卷 94《內族襄傳》，中華書局 1975 年，第 2090 頁。
〔註 532〕《金史》卷 94《內族襄傳》，中華書局 1975 年，第 2090～2091 頁。
〔註 533〕《金史》卷 13《衛紹王紀》，中華書局 1975 年，第 294 頁。
〔註 534〕《金史》卷 14《宣宗紀上》，中華書局 1975 年，第 320 頁。
〔註 535〕〔金〕劉祁撰，崔文印點校：《歸潛志》卷 11，中華書局 1983 年，第 123 頁。
〔註 536〕〔金〕劉祁撰，崔文印點校：《歸潛志》卷 6《完顏參政速蘭》，中華書局 1983 年，第 61 頁。
〔註 537〕《金史》卷 73《守貞傳》，中華書局 1975 年，第 1689 頁。

11、決獄

章宗時，鄭王永蹈謀反。「是時，永蹈在京師，詔平章政事完顏守貞、參知政事胥持國、戶部尚書楊伯通、知大興府事尼龐古鑒鞫問，連引甚眾，久不能決。」〔註538〕宣宗時，貞祐四年六月，「以旱，詔參知政事李革審決京師冤獄」〔註539〕。

12、調節矛盾

天興二年（1233年），哀宗在歸德，城中只有馬用和蒲察官奴兩軍「朝廷知兩人不協，恐生變。三月戊辰，制旨令宰相錫宴省中，和解之。」〔註540〕

13、侍藥

大定七年（1167年），顯宗有病，世宗「詔左丞守道侍湯藥，徙居瓊林苑臨芳殿調治」〔註541〕。

14、監護皇嗣

章宗去世時，留下遺詔「內人有娠者兩位，生子立為儲嗣」〔註542〕，衛紹王即位，命宰相僕散端和孫即康「護視章宗內人有娠者」〔註543〕。

15、巡邊

移剌子敬任禮部郎中，海陵「詔子敬宴賜諸部」〔註544〕。大定二年閏月，「詔平章政事移剌元宜泰州路規措邊事」〔註545〕。同年九月，「詔尚書右丞紇石烈良弼以便宜招撫奚、契丹之叛者」〔註546〕。大定三年八月，「詔參知政事完顏守道招撫契丹餘黨」〔註547〕。大定十年（1170年）八月，「遣參知政事宗敘北巡」〔註548〕。元光二年正月，把胡魯任尚書右丞，宣宗「遣胡魯往陝西，與行省賽不、合達從宜規畫」〔註549〕。

〔註538〕《金史》卷85《永蹈傳》，中華書局1975年，第1901頁。
〔註539〕《金史》卷14《宣宗紀上》，中華書局1975年，第319頁。
〔註540〕《金史》卷116《石盞女魯歡傳》，中華書局1975年，第2544頁。
〔註541〕《金史》卷19《世紀補》，中華書局1975年，第411頁。
〔註542〕《金史》卷101《僕散端傳》，中華書局1975年，第2231頁。
〔註543〕《金史》卷101《僕散端傳》，中華書局1975年，第2231頁。
〔註544〕《金史》卷89《移剌子敬傳》，中華書局1975年，第1988頁。
〔註545〕《金史》卷6《世宗紀上》，中華書局1975年，第126頁。
〔註546〕《金史》卷6《世宗紀上》，中華書局1975年，第129頁。
〔註547〕《金史》卷6《世宗紀上》，中華書局1975年，第132頁。
〔註548〕《金史》卷6《世宗紀上》，中華書局1975年，第147頁。
〔註549〕《金史》卷108《把胡魯傳》，中華書局1975年，第2392頁。

16、送質

天興元年，蒙軍圍南京。三月，「庚子，封荊王子訛可爲曹王，議以爲質。」〔註550〕當時，李蹊任尙書左丞，「奉使軍前送曹王」〔註551〕。

17、治喪

大定二十一年，世宗元妃李氏薨，「平章政事唐括安禮、曹王允功等上表奉慰」〔註552〕，「平章政事烏古論元忠監護葬事」〔註553〕。世宗東巡上京，顯宗監國。當時，因左丞相完顏守道宴賜北部，由樞密使徒單克寧行左丞相事〔註554〕。顯宗薨，在世宗回中都前，徒單克寧主持喪事。

18、遷陵

貞元三年六月，「命右丞相僕散思恭、大宗正丞胡拔魯如上京，奉遷山陵及迎永壽宮皇太后」〔註555〕，七月甲午，「遣平章政事蕭玉迎祭祖宗梓宮於廣寧」〔註556〕。九月，「平章政事張暉迎祭梓宮於宗州」〔註557〕。

19、作碑

大定九年，「詔翰林學士張景仁作《淸安寺碑》，其文不稱旨，詔左丞石琚共修之。」〔註558〕

20、祭神

大定四年五月，「命參知政事石琚等於北郊望祭禱雨」〔註559〕。大定八年十二月「命右丞相良弼告天地」〔註560〕。大定二十三年二月，「以尙書右丞張汝弼攝太尉，致祭於至聖文宣王廟」〔註561〕。大定十四年三月，

〔註550〕《金史》卷17《哀宗紀上》，中華書局1975年，第386頁。

〔註551〕〔金〕劉祁撰，崔文印點校：《歸潛志》卷6《李左丞蹊》，中華書局1983年，第60頁。

〔註552〕《金史》卷64《世宗元妃李氏傳》，中華書局1975年，第1523頁。

〔註553〕《金史》卷64《世宗元妃李氏傳》，中華書局1975年，第1523頁。

〔註554〕《金史》卷92《徒單克寧傳》，中華書局1975年，第2048頁。

〔註555〕《金史》卷5《海陵紀》，中華書局1975年，第104頁。

〔註556〕《金史》卷5《海陵紀》，中華書局1975年，第104頁。

〔註557〕《金史》卷5《海陵紀》，中華書局1975年，第104頁。引文中「張暉」即《金朝宰相簡表》中女眞宰相赤盞暉的漢姓名。

〔註558〕《金史》卷64《睿宗貞懿皇后傳》，中華書局1975年，第1519頁。

〔註559〕《金史》卷6《世宗紀上》，中華書局1975年，第134頁。

〔註560〕〔金〕張暐：《大金集禮》卷8，叢書集成初編本，中華書局1985年，第101頁。

〔註561〕《金史》卷8《世宗紀下》，中華書局1975年，第183頁。

因更御名，「命左丞相良弼告天地，平章守道告太廟，左丞石琚告昭德皇后廟，禮部尚書張景仁告社稷，及遣官祭告五嶽」〔註562〕。承安元年（1196年）三月，「遣參知政事尼厖古鑑祈雨於社稷」〔註563〕；四月，「命尚書右丞胥持國祈雨於太廟」〔註564〕，又「命參知政事馬琪祈雨於太廟」〔註565〕。章宗久無子，完顏襄任左丞相，泰和元年（1201年）春，「承命馳禱於亳州太清宮及后土方岳」〔註566〕；泰和二年，「皇子生，（完顏）襄復自請報謝」〔註567〕。同時，章宗「詔平章政事徒單鎰報謝太廟，右丞完顏匡報謝山陵，使使亳州報謝太清宮」〔註568〕。興定二年六月，「遣高汝礪、徒單思忠禱雨」〔註569〕。

通過檢索史料，我們發現，宰相親自處理的政務，一般是皇帝臨時安排的。在這些臨時安排，除祭神、作碑等，他們一般是親臨而不親爲，只是現場監督政務的執行。以修城爲例，「張浩營建燕京宮室，選（劉）樞分治工役。」〔註570〕海陵遷汴前，「遣左相張浩、右參政（敬）嗣暉起天下軍民工匠民夫，限五而役三工匠，限三而役兩，統計二百萬，運天下林木花石營都於汴。」〔註571〕。因此，宰相親自處理政務，主要是監督屬下執行任務，負責協調各種關係。在文獻中一般檢索不到宰相親自處理政務時所兼職，說明這種安排具有一定的隨意性。

四、兼領其它職務

兼領其它職務，是宰相監督百官執行的一個方面。因爲金朝宰相兼領其它職務的現象普遍存在，所以這裡單列出來進行集中的考察。

按照宰相所兼職務的性質，有下面的一些分類：

〔註562〕《金史》卷31《禮志四》，中華書局1975年，第752頁。
〔註563〕《金史》卷10《章宗紀二》，中華書局1975年，第238頁。
〔註564〕《金史》卷10《章宗紀二》，中華書局1975年，第238頁。
〔註565〕《金史》卷10《章宗紀二》，中華書局1975年，第238頁。
〔註566〕《金史》卷94《內族襄傳》，中華書局1975年，第2092頁。
〔註567〕《金史》卷94《內族襄傳》，中華書局1975年，第2092頁。
〔註568〕《金史》卷64《章宗元妃李氏傳》，中華書局1975年，第1528頁。
〔註569〕《金史》卷15《宣宗紀中》，中華書局1975年，第338頁。
〔註570〕《金史》卷105《劉樞傳》，中華書局1975年，第2315頁。
〔註571〕〔宋〕徐夢莘：《三朝北盟會編》卷242，上海古籍出版社2008年6月第2版，第1741頁。

（一）經濟類職務

宰相兼任三司和大司農司職務。《金史》中，有宰相領三司事的記載。興定三年正月，侯摯曾以尚書右丞領三司事。〔註572〕《汝南遺事》載，金朝有「大司農司兼採訪公事」一職，「在京設大司農一員，正二品，多以宰職兼領。」〔註573〕

（二）行政類職務

宰相兼任行臺尚書省或知大興府職務。宗弼曾任「尚書左丞相兼侍中，太保、都元帥、領行臺」〔註574〕。劉筈，皇統九年九月，「拜平章政事，封吳國公，行臺右丞相如故」〔註575〕。胥鼎原任知大興府事，貞祐二年（1214年）四月，「拜尚書右丞，仍兼知府事」〔註576〕。

（三）軍事類職務

1、出征

宰相出征，行省地方，往往多行「節制」、「監督」之權。皇統年間，完顏宗弼領兵南征，其所任職務是「皇叔太傅尚書左丞相兼侍中監修國史都元帥領行臺尚書省事」〔註577〕。大定二年十一月，僕散忠義伐宋，「駐南京節制諸軍」〔註578〕，兼都元帥。泰和六年十月，「平章政事僕散揆督諸道兵伐宋」〔註579〕時，兼左副元帥。貞祐年間，僕散端「拜尚書左丞相。三年，兼樞密副使，未幾，進兼樞密使。數月，以左丞相兼都元帥行省陝西」〔註580〕。

2、留守

宰相留守，兼任樞密院和元帥府職，在皇帝遷都的情況下，直接面對敵軍。宣宗遷汴，完顏承暉「進拜右丞相，兼都元帥，徙封定國公，與皇太子

〔註572〕《金史》卷47《食貨志二》，中華書局1975年，第1054頁。

〔註573〕〔金〕王鶚撰：《汝南遺事·總論》，叢書集成初編本，商務印書館1939年，第51頁。

〔註574〕《金史》卷76《宗弼傳》，中華書局1975年，第1755頁。

〔註575〕《金史》卷78《劉筈傳》，中華書局1975年，第1772頁。

〔註576〕《金史》卷108《胥鼎傳》，中華書局1975年，第2374頁。

〔註577〕〔宋〕徐夢莘：《三朝北盟會編》卷208，上海古籍出版社2008年6月第2版，第1502頁。

〔註578〕《金史》卷92《徒單克寧傳》，中華書局1975年，第2045頁。

〔註579〕《金史》卷12《章宗紀四》，中華書局1975年，第278頁。

〔註580〕《金史》卷101《僕散端傳》，中華書局1975年，第2232頁。

留守中都」〔註581〕。不久，「莊獻太子去之，右副元帥蒲察七斤以其軍出降，中都危急」〔註582〕，宣宗下詔，「以抹撚盡忠爲平章政事，兼左副元帥」〔註583〕，與右丞相完顏承暉一起，留守中都。天興元年十月，「哀宗議親出捍禦」，以完顏奴申爲「參知政事、兼樞密副使」，〔註584〕與完顏習捏阿不「總諸軍留守京師」〔註585〕。

（四）文化類職務

1、修史

宰相兼任史官。金朝「史館有監修，宰相爲之」〔註586〕。蕭裕任平章政事時，曾監修國史。〔註587〕高汝礪任左丞、張行信任參知政事、梁璫任參知政事時，曾兼修《章宗實錄》〔註588〕。興定元年，尚書省就史館修《章宗實錄》一事向宣宗上奏，其中有「崇慶中，既以參知政事梁璫兼之，覆命翰林承旨張行簡同事，蓋行簡家學相傳，多所考據。今修，左丞汝礪已充兼修，宜令參知政事行信同修如行簡例。」〔註589〕宣宗表示同意。實際上，金朝「凡修史，宰相、執政皆預焉」〔註590〕，且「女直、漢人各一員」〔註591〕，以上所舉，僅是文獻中常見的幾例。

2、行禮

宰相兼任禮官。皇統五年增上太祖諡號，「命太傅左丞相宗弼充大禮使」〔註592〕。天德二年正月，完顏勖任太師領三省事，增上德宗諡號，「以太師勖充奉冊寶大禮使」〔註593〕。大定十一年，紇石烈良弼任左丞相，「有事南郊，

〔註581〕《金史》卷101《完顏承暉傳》，中華書局1975年，第2225頁。
〔註582〕《金史》卷101《完顏承暉傳》，中華書局1975年，第2225頁。
〔註583〕《金史》卷101《完顏承暉傳》，中華書局1975年，第2225頁。
〔註584〕《金史》卷115《完顏奴申傳》，中華書局1975年，第2453～2454頁。
〔註585〕《金史》卷115《完顏奴申傳》，中華書局1975年，第2453～2454頁。
〔註586〕〔金〕元好問：《中州集》卷10《李講議汾》，中華書局1959年，第490頁。
〔註587〕《金史》卷129《蕭裕傳》，中華書局1975年，第2790頁。
〔註588〕《金史》卷107《張行信傳》，中華書局1975年，第2368頁。
〔註589〕《金史》卷107《張行信傳》，中華書局1975年，第2368頁。
〔註590〕《金史》卷107《張行信傳》，中華書局1975年，第2368頁。
〔註591〕《金史》卷107《張行信傳》，中華書局1975年，第2368頁。
〔註592〕〔金〕張暐：《大金集禮》卷3，叢書集成初編本，中華書局1985年，第40頁。
〔註593〕〔金〕張暐：《大金集禮》卷5，叢書集成初編本，中華書局1985年，第63頁。

良弼爲大禮使」〔註594〕完顏賽不任尚書右丞相，正大三年「宣宗廟成，將禘祭，議配享功臣，論者紛紜」〔註595〕時，完顏賽不「爲大禮使」〔註596〕。天德二年正月，尊冊太皇太妃「左丞宗義攝侍中，參政劉麟攝中書令」〔註597〕。大定七年冊禮「奉冊太尉、奉寶司徒、讀冊中書令兼進冊中書侍郎、讀寶侍中兼進寶門下侍郎以宰相攝」〔註598〕，這一類「攝」職，在《大金集禮》中能夠檢索到多處。

（五）教育類職務

宰相兼任師、傅、保一類的東宮職務，以輔導太子。大定年間，宗憲曾任太子太師，世宗對他說「卿年老舊人，更事多矣，皇太子年尙少，謹訓導之。」〔註599〕其後，宗憲「拜平章政事，太子太師如故」〔註600〕。大定年間，宗尹「拜平章政事，封代國公，兼太子太傅」〔註601〕。石琚「進拜左丞，兼太子少師」〔註602〕。完顏守道「拜參知政事、兼太子少保」〔註603〕，其後，「進尙書左丞，兼太子少師」〔註604〕。

宰相兼職，不排除是對他們優遇的一種表示。泰和四年六月，「罷兼官俸給」〔註605〕，說明此前一個時期兼職兼俸，是對有關人員的一種福利。但是，從實際情況看，除史官、禮官、東宮師傅保這一類的職務，其餘的兼職多是朝廷在面對緊急情況給予宰相的一種臨時差遣，是出於他們處理政務的方便所作出的一種臨時性安排。所以，他們在經濟、行政、軍事上兼職取得的權力是有時限的，不能保證他們權力的持續增長。

綜上所述，宰相對皇帝的匡輔，是通過行使權力實現的。在金朝各個機構和官員中，尙書省處於樞紐地位，宰相通過議政和行政權力的行使，實現

〔註594〕《金史》卷88《紇石烈良弼傳》，中華書局1975年，第1953頁。
〔註595〕《金史》卷113《完顏賽不傳》，中華書局1975年，第2482頁。
〔註596〕《金史》卷113《完顏賽不傳》，中華書局1975年，第2482頁。
〔註597〕〔金〕張暐：《大金集禮》卷7，中華書局1985年，第85頁。
〔註598〕〔金〕張暐：《大金集禮》卷2，中華書局1985年，第20頁。
〔註599〕《金史》卷70《宗憲傳》，中華書局1975年，第1616頁。
〔註600〕《金史》卷70《宗憲傳》，中華書局1975年，第1616頁。
〔註601〕《金史》卷73《宗尹傳》，中華書局1975年，第1674頁。
〔註602〕《金史》卷88《石琚傳》，中華書局1975年，第1959頁。
〔註603〕《金史》卷88《守道傳》，中華書局1975年，第1957頁。
〔註604〕《金史》卷88《守道傳》，中華書局1975年，第1957頁。
〔註605〕《金史》卷12《章宗紀四》，中華書局1975年，第268頁。

對皇帝的匡輔和對天下的治理。有金一代，宰相通過議政權的行使，包括御前奏事和議事，尚書省會議，主持百官集議和個人疏奏、接受咨詢、諫諍、封駁，集中百官的意見，參與中央的決策，糾正皇帝的闕失。在皇帝和百官間，以宰相爲中心的信息交流是順暢的，這保證了宰相議政權行使的穩定性。宰相通過行政權的行使，包括發佈詔令、監督執行、親自處理政務和兼領其它職務，把皇帝的決策貫徹到中央各職能部門和地方各路府州縣。總之，金朝地域廣大，人口眾多，情況複雜。因此，皇帝不能兼顧天下事，設官分職，以宰相統領之，是理性的選擇。要之，金朝宰相雖具有議政權和行政權，但皇帝是最高決策者，決定宰相兩方面的權力的行使的路徑和範圍。因此，皇帝與宰相間，在權力的行使上，具有明顯的君主臣輔和君定臣行的特徵。

第四章　宰相間、宰相與左右司、宰相與其它中央機構的關係

作爲輔佐皇帝的高級官員群體，宰相間、宰相與左右司、宰相與其它中央機構存在著一定的聯繫。本章準備通過考察這些方面的關係，進一步探索金朝的政務運行程序，並爲探索宰相與皇帝的關係準備條件。

第一節　宰相間的關係

檢索《金史·百官志》，金朝宰相的員數一般是在九名以上。從實際情況看，同時任職的宰相少則三四名，多則八九名，甚至有十名以上的。這些宰相之間的關係，對於宰相權力的行使，對於宰相與皇帝的關係，都有直接的影響，是需要具體考察的問題。

一、宰相間的結黨傾軋

金朝宰相群體中，成員多，因利益的不同，結成不同的集團，並展開傾軋。

熙宗時，宗翰爲首，聯合高慶裔、蕭慶組成的集團與宗幹、宗磐爲首的集團間的爭鬥，結果是宗翰集團被清除。隨後，宗磐聯合宗雋組成的集團，與宗幹集團爭鬥，結果是宗磐集團被清除，宗幹集團獨攬朝政。當時，宗幹先聯合宗磐清除宗翰集團，再聯合完顏希尹清除宗磐集團，再聯合宗弼清除完顏希尹，最後與宗弼相表裏，壟斷朝政。完顏希尹先後在宗翰、宗幹集團中，最後被宗弼清除掉。韓企先則在諸個集團中居中聯絡，通過所謂「隱者

政治」〔註1〕施展才能。宗幹在世時，宗弼與其聯合。宗幹去世後，宗弼集團獨攬朝政。宗弼去世後，群相依違於帝、后間，不停地分化組合，最終產生完顏亮、秉德、唐括辯為首的集團，弒君自立。海陵殺秉德和唐括辯，屠殺宗室貴族，宗室貴族宰相集團力量產生的根源被清除。

金朝宰相結成利益集團並互相傾軋的情況，主要集中在熙宗時，是制度不成熟、對宰相的控制機制不健全的情況下發生的。其後，雖有以宰相為首的官僚集團，如海陵時的蕭裕集團，章宗時的胥持國集團和完顏守貞集團，宣宗時的紇石烈執中集團和尤虎高琪集團，哀宗時的蒲察官奴集團，但基本上是以一名宰相為首聯合一些朝官組成的，且存在時間不長，即在皇帝的控制下被清除或解散。所以，從長時段看，宰相們結成集團的事實，不能代表金朝宰相間關係的一般情況。

金朝宰相多級多員，四個民族中以女真宰相為基本力量，是宰相任用上的一個重要特點，在金朝有集中的表現。宰相集團內部的派系不能長期存在，與此有直接關係。熙宗時，有宗翰、宗磐、宗幹、宗弼四集團相繼秉政，是金朝宗室貴族控制朝政的表徵。實際上，四個集團中，只有宗乾和宗弼兩個集團是穩定存在的，且與皇帝是兼容的而非對立的。海陵王時期，宗室貴族基本退出宰相群體。從海陵王時期開始，中經世宗、章宗、衛紹王、宣宗，直至哀宗時期，蕭裕、胥持國、完顏守貞、紇石烈執中、尤虎高琪、蒲察官奴是皇帝注意到的幾個集團首領，但其集團成員單一，未形成兩個或兩個以上兩個宰相聯合執政的局面，結果被一一擊破，與此有直接關係。這就可以解釋金朝的結局，亡於外患而非亡於內亂，恰恰能夠說明皇權的向心力遠勝於相權的向心力，宰相是以皇帝為中心的群體。

二、宰相間的分工協作

宰相間有一定的分工，通過議政和行政，共同推動朝政的運轉。

宰相間，是有一定分工的。檢索《金史·百官志》，有尚書令「總領紀綱，儀刑端揆」〔註2〕，左右丞相和平章政事「掌丞天子，平章萬機」〔註3〕，左右丞和參知政事「為宰相之貳，佐治省事」〔註4〕的記載。宰相地

〔註1〕詳見李秀蓮《試論金初宰相韓企先與隱者政治》，載《遼寧工程技術大學學報》2009年第1期，第68～69頁。
〔註2〕《金史》卷55《百官志一》，中華書局1975年，第1217頁。
〔註3〕《金史》卷55《百官志一》，中華書局1975年，第1217頁。
〔註4〕《金史》卷55《百官志一》，中華書局1975年，第1217頁。

位不同，職責也有所不同。《大金集禮》卷三十一「奏事」條，有「皇統二年（1142 年）四月七日，擬定奏目體式，敕旨從之。奏目後，年月日，宰相繫署臣並書名。仍宰相累書，執政官側書。奏目前，宰相自簽。聖旨仍當簽者，亦係署臣並書名」〔註 5〕的記載。但是，「宰相」與「執政」間地位與職責上的區別，以及宰相間分工協作的具體情況，尚需在排比史料的基礎上進行具體分析。

首相，顧名思義，是宰相之首領，位高權重，在朝廷禮儀上，在政務運行的過程中，其重要性有一系列的表現。

在朝廷禮儀上，如前所述，完顏宗弼、完顏勗、紇石烈良弼、完顏賽不等，在熙宗、海陵王、世宗、哀宗時，以首相任大禮使，說明其在宰相群體中的重要地位。

在政務運行中，我們能夠檢索到與完顏宗磐、完顏言（烏帶）、耨盌溫敦思忠、張浩、紇石烈良弼、完顏襄、完顏匡、徒單鎰、完顏賽不、完顏仲德有關的史料，貫穿熙宗時期至哀宗時期，能夠證明首相在宰相群體中的重要地位。

天眷年間「太宗長子宗磐以太師領三省事，位在宗幹上。宗翰薨已久，宗幹不能與宗磐獨抗」〔註 6〕。「宗磐爲太師，撻懶爲左副元帥，人爭附之」〔註 7〕。「太宗長子宗磐爲宰相，位在宗幹上，撻懶、宗雋附之，竟執議以河南、陝西地與宋」。〔註 8〕上面的三條史料，說明當時對議政的結果產生影響的因素主要是兩個：一是宗室貴族出身的大臣，產生重要作用。宗磐、撻懶、宗雋三人，只有一人是宰相，其餘二人一是左副元帥，一是東京留守。三人聯合，力量勝於宗幹，所以河南、陝西與宋。二是首相有舉足輕重的地位。宗磐是首相，位置在宗幹上，所以在議政中處於相對優勢地位。後來，熙宗任命完顏希尹爲左丞相，宗幹與他聯合，才終於排除了宗磐的影響。試想，宗磐、宗幹同樣是領三省事，地位略有差別，在決策上的影響已經有所不同。領三省事、尚書令、左丞相與其下的各個職位間，差別更大，則對決策影響的強弱當更不可同日而語了。

〔註 5〕　〔金〕張暐：《大金集禮》卷 31，叢書集成初編本，中華書局 1985 年，第 276 頁。

〔註 6〕　《金史》卷 79《王倫傳》，中華書局 1975 年，第 1793 頁。

〔註 7〕　《金史》卷 91《石抹卞傳》，中華書局 1975 年，第 2018 頁。

〔註 8〕　《金史》卷 77《撻懶傳》，中華書局 1975 年，第 1765 頁。

　　天德年間，烏帶任左丞相，「早朝，以日陰晦將雨，意海陵不視朝，先趨出朝，百官皆隨之去」[註9]。其後，耨盌溫敦思忠任左丞相，徒單恭任平章政事，時海陵王的岳父。海陵對宰相說：「斜也爲相，朕非私之。今聞軍國大事凡斜也所言，卿等一無取，豈千慮無一得乎？」[註10]耨盌溫敦思忠枚舉數事，回答：「某事本當如此，斜也輒以爲如彼，皆妄生異議，不達事宜。臣逮事康宗，累朝宰相未嘗有如斜也專恣者」[註11]，結果「海陵默然」[註12]。此時，雖有領三省事完顏亮，位在左丞相耨盌溫敦思忠上。但是，天德年間，領三省事已經逐漸向虛職轉化，左丞相是實際上的首相。據上述史料，耨盌溫敦思忠在議政時的影響力可見一斑。

　　大定二年二月，「壬寅，太傅、尚書令張浩來見」[註13]，同月「甲辰，以張浩爲太師，尚書令如故」[註14]。正隆、大定鼎革之際，世宗虛位以待，張浩的職務實現從海陵到世宗間的平穩過渡，說明前朝首相對穩定政局的重要作用。紇石烈良弼長期任首相，政務中的疑難問題多有合理的解決方案。他「在告既久」[註15]，導致「省多滯事」[註16]，世宗不得不要求宰相們「自今疑事久不能決者，當具以聞」[註17]，由自己親自解決，這說明首相在朝政運行中的重要地位。

　　世宗、章宗時，完顏襄「在政府二十年」[註18]，以「明練故事，簡重能斷」[註19]著稱。史載，「襄重厚寡言，務以鎮靜守法。每掾有所稟，必問曰：『諸相云何？』掾對某相如是，某相如是。襄曰：『從某議。』其事無有異者。識者謂襄誠得相體。」[註20]他議政時的情形，及其影響力，在這些文字中可見一斑。

　　泰和八年（1208年）十一月，章宗去世，完顏匡「受遺詔，立衛紹王」

[註9]　《金史》卷132《烏帶傳》，中華書局1975年，第2821頁。
[註10]　《金史》卷120《徒單恭傳》，中華書局1975年，第2616頁。
[註11]　《金史》卷120《徒單恭傳》，中華書局1975年，第2616頁。
[註12]　《金史》卷120《徒單恭傳》，中華書局1975年，第2616頁。
[註13]　《金史》卷6《世宗紀上》，中華書局1975年，第126頁。
[註14]　《金史》卷6《世宗紀上》，中華書局1975年，第126頁。
[註15]　《金史》卷88《紇石烈良弼傳》，中華書局1975年，第1955頁。
[註16]　《金史》卷88《紇石烈良弼傳》，中華書局1975年，第1955頁。
[註17]　《金史》卷88《紇石烈良弼傳》，中華書局1975年，第1955頁。
[註18]　《金史》卷94《內族襄傳》，中華書局1975年，第2092頁。
[註19]　《金史》卷94《內族襄傳》，中華書局1975年，第2092頁。
[註20]　《金史》卷94《內族襄傳》，中華書局1975年，第2091頁。

〔註 21〕。立衛紹王時，完顏匡發揮了一定作用，其原因是完顏匡與僕散端同為平章政事，是首相，且完顏匡是「顯宗侍讀，最為舊臣，有征伐功」〔註 22〕。隨後，章宗立兩遺腹子之一為皇嗣的願望不能實現和李妃集團的傾覆，也與完顏匡有關。史載，「蓋章宗崩三日而稱范氏胎氣有損。章宗疾彌留，亦無完顏匡都提點中外事務敕旨。或謂完顏匡欲奪定策功，構致如此。」〔註 23〕此事是非尚容再論，但完顏匡在泰和、大安間的一系列作為，是與其作為首相的地位分不開的。其後，完顏匡晉尚書令，位望尊隆，直至去世。

　　至寧、貞祐年間，紇石烈執中兵變，當時對穩定局面具有舉足輕重的作用的，是右丞相徒單鎰。當時，作為首相，徒單鎰位望隆重。紇石烈執中向他咨詢，他的建議是「翼王，章宗之兄，顯宗長子，眾望所屬，元帥決策立之，萬世之功也」〔註 24〕，所以，紇石烈執中「迎宣宗於彰德」〔註 25〕。因此，「至寧、貞祐之際，轉敗為功，惟鎰是賴焉」〔註 26〕。宣宗貞祐年間和興定年間，尤虎高琪任右丞相。當時，僕散端和完顏承暉先後任左丞相，但一行省陝西，一留守中都，尤虎高琪實際上是尚書省的首相。當時，對南宋用兵、集結重兵防守南京、修南京裏城、發行貞祐通寶等重大的軍事和經濟事務，都是在尤虎高琪的主持下作出安排的。後來，宣宗逐步削奪了尤虎高琪的權力，他的政治生涯才走到了盡頭。

　　正大三年，完顏賽不任右丞相，「宣宗廟成，將禘祭，議配享功臣，論者紛紜。賽不為大禮使，因言：『丞相福興死王事，七斤謹守河南以迎大駕，功宜配享。』議遂定。」〔註 27〕同一時期，侯摯任平章政事，「都堂會議，摯以國勢不支，因論數事，曰：『只是更無擘劃。』白撒怒曰：『平章出此言，國家何望耶！』意在置之不測。賽不顧謂白撒曰：『侯相言甚當。』白撒遂含憤而罷。」〔註 28〕這兩件事，首相完顏賽不均以一言定議，說明其位置的重要性。

　　哀宗時，完顏仲德在蔡州，其職雖是尚書右丞，但左丞以上職位無人任

〔註 21〕《金史》卷 98《完顏匡傳》，中華書局 1975 年，第 2173 頁。

〔註 22〕《金史》卷 64《章宗元妃李氏傳》，中華書局 1975 年，第 1529 頁。

〔註 23〕《金史》卷 64《章宗元妃李氏傳》，中華書局 1975 年，第 1531 頁。

〔註 24〕《金史》卷 99《徒單鎰傳》，中華書局 1975 年，第 2190 頁。

〔註 25〕《金史》卷 99《徒單鎰傳》，中華書局 1975 年，第 2190 頁。

〔註 26〕《金史》卷 99《徒單鎰傳》，中華書局 1975 年，第 2190 頁。

〔註 27〕《金史》卷 113《完顏賽不傳》，中華書局 1975 年，第 2482 頁。

〔註 28〕《金史》卷 113《完顏賽不傳》，中華書局 1975 年，第 2482 頁。

職，所以實際上是首相。完顏仲德「領省院，事無鉅細，率親爲之，選士括馬，繕治甲兵」〔註29〕。當時，哀宗困守蔡州一隅，完顏仲德意在西遷，但因近侍不願遷徙，其志向未能實現。

　　但是，因爲金朝皇帝一般都勤政，注意集中權力，一意孤行者有之，兼採其它宰相和其它官員意見者有之，限制了首相的影響力。海陵南征，耨盌溫敦思忠表示反對，但海陵一意孤行，耨盌溫敦思忠也無可奈何。世宗聰察，注意聽取宰相全體的意見，甚至直接聽取三品以下官員的意見。大定初，張汝弼任應奉翰林文字，「世宗御翠巒閣，召左司郎中高衎及汝弼問曰：『近日除授，外議何如？宜以實奏，毋少隱也。有不可用者當改之。』」〔註30〕大定九年，高德基任刑部尚書，「有犯罪當死者，宰相欲從末減」〔註31〕，高德基說：「法無二門，失出猶失入也」〔註32〕，宰相不從。上奏皇帝時，世宗肯定高德基的意見，且召集諸部尚書，對他們說：「自朕即位以來，以政事與宰相爭是非者，德基一人而已。自今部上省三議不合，即具以聞。」〔註33〕世宗這樣做，是控制輿論的一種措施，直接削弱了宰相群體的影響，首相自然不能例外。宣宗南遷，對徒單鎰諫阻：「鑾輅一動，北路皆不守矣。今已講和，聚兵積粟，固守京師，策之上也。南京四面受兵。遼東根本之地，依山負海，其險足恃，備禦一面，以爲後圖，策之次也。」〔註34〕但是，宣宗決心南下，不聽徒單鎰的意見。哀宗時期，完顏賽不任首相，雖在朝廷中有舉足輕重的地位，但哀宗對白撒更親近信任；完顏仲德在蔡州雖主持政局，但哀宗把近侍當作心腹，所以，哀宗的行爲，直接限制了首相完顏賽不和完顏仲德的影響力。

　　金朝宰相，因軍事需要，經常帶兵出征，如皇統年間的左丞相完顏宗弼、大定年間的左丞相僕散忠義、明昌年間的左丞相夾谷清臣、承安年間的左丞相完顏襄長期在外領兵，對穩定戰局有直接作用。貞祐年間，也有兩位首相出朝領兵，但一直沒有回朝，即僕散端和完顏承暉。戰爭期間，軍政事務繁多；他們不在朝，但朝政正常運行。這說明，首相的地位雖高，權力雖重，但都不是絕對的。金朝的宰相制度，實際上是宰相集體負責制，共同推動朝

〔註29〕　《金史》卷119《完顏仲德傳》，中華書局1975年，第2608頁。
〔註30〕　《金史》卷83《張汝弼傳》，中華書局1975年，第1869頁。
〔註31〕　《金史》卷90《高德基傳》，中華書局1975年，第1996頁。
〔註32〕　《金史》卷90《高德基傳》，中華書局1975年，第1996頁。
〔註33〕　《金史》卷90《高德基傳》，中華書局1975年，第1996頁。
〔註34〕　《金史》卷99《徒單鎰傳》，中華書局1975年，第2191頁。

政的運行的。

　　張帆先生在論及金元時期的宰相制度時，曾有「由於宰相級別劃分較細，其職掌的側重點也有所不同，大致丞相的輔助決策職能更爲突出，平章政事以下（特別是左右丞和參知政事）的監督執行職能更爲明顯」〔註35〕的觀點。檢索史料，筆者認爲，宰相間確有一定的分工，但這種分工不是絕對的。在文獻中，與左右丞相以上輔助決策和平章政事以下監督執行的相關史料固然有，但支持相反的觀點的史料的存在也是較爲普遍的。

　　左右丞相以上輔助決策的情況，前述第三章已經羅列甚多，茲不贅述。平章政事以下，左右丞和參知政事監督執行的史實，兼採張先生所引史料，這裡再多做些引述。海陵南征前，「委右丞李通提控造軍器於燕山之西北隅」〔註36〕。世宗時，參知政事石琚和尙書右丞蘇保衡「監護十六位工役，詔共典其事，給銀牌二十四，許從宜規畫」〔註37〕；黏割斡特剌任參知政事，曾「提控代州阜通監」〔註38〕，至尙書右丞，又負責「獄訟簿書」〔註39〕。宣宗時，奧屯忠孝「拜參知政事，中都圍急，糧運道絕，詔忠孝搜括民間積粟」〔註40〕。哀宗時，李蹊「拜參知政事，進左右丞，專掌財賦」〔註41〕。

　　宰相間輔助決策和監督執行的分工不是絕對的。左右丞和參知政事輔助決策，在文獻中，能夠檢索到相當多的相關史料。在前述「議政權」一節已經有所羅列和論述，茲再舉三例。大定二十六年，黏割斡特剌任尙書左丞，「世宗謂曰：『朕昨與宰臣議可授執政者，卿不在焉。今阿魯罕年老，斡魯也多病，吾欲用宗浩，何如？』斡特剌奏曰：『彼二人者恐不得力，獨宗浩幹能可任。』遂用宗浩。」〔註42〕泰和六年四月，章宗「召大臣議伐宋事，大臣猶言無足慮者。或曰：『鼠竊狗盜，非用兵也。』」〔註43〕參知政事獨吉思忠堅持認爲

〔註35〕吳宗國：《中國古代官僚政治制度研究》，北京大學出版社 2004 年第 2 版，第319 頁。

〔註36〕〔宋〕徐夢莘：《三朝北盟會編》卷 242，上海古籍出版社 2008 年 6 月第 2版，第 1741 頁。

〔註37〕《金史》卷 88《石琚傳》，中華書局 1975 年，第 1959 頁。

〔註38〕《金史》卷 95《黏割斡特剌傳》，中華書局 1975 年，第 2108 頁。

〔註39〕《金史》卷 95《黏割斡特剌傳》，中華書局 1975 年，第 2109 頁。

〔註40〕《金史》卷 104《奧屯忠孝傳》，中華書局 1975 年，第 2298 頁。

〔註41〕〔金〕劉祁撰，崔文印點校：《歸潛志》卷 6《李左丞蹊》，中華書局 1983 年，第 60 頁。

〔註42〕《金史》卷 95《黏割斡特剌傳》，中華書局 1975 年，第 2109 頁。

〔註43〕《金史》卷 93《獨吉思忠傳》，中華書局 1975 年，第 2064 頁。

「不早爲之所，彼將誤也」〔註44〕，得到章宗的肯定。貞祐三年十一月，宣宗「與尙書右丞汝礪商略遣官括田賜軍之利害，汝礪言不便者數端。乃詔有司罷其令，仍給軍糧之半，其半給詣實之價」〔註45〕。這裡的三例，涉及任相、用兵、軍糧三事，說明左右丞和參知政事在輔助決策時是有一定的地位的。

同時，值得注意的是，宰相不止是輔助決策，其監督執行甚至親自處理政務的情況，在文獻中也有記載。正隆三年十月，海陵王「詔左丞相張浩、參知政事敬嗣暉營建南京宮室」〔註46〕。貞元三年六月，海陵王「命右丞相僕散思恭、大宗正丞胡拔魯如上京，奉遷山陵及迎永壽宮皇太后」〔註47〕。大定十四年三月，世宗更御名，「命左丞相良弼告天地」〔註48〕。章宗久無子，完顏襄任左丞相，泰和元年春，「承命馳禱於亳州太清宮及后土方岳」〔註49〕。至於左右丞相兼任軍事職務離朝用兵，則是金朝時期最常見的現象了。

三、皇帝在宰相間關係中的作用

熙宗時，宗室貴族宰相各集團是在太祖和太宗時宗室貴族集團的基礎上發展起來的。熙宗的即位，本來就是宗室貴族各集團互相制衡的結果。所以，在位期間，制度不健全，自身軍政經驗不足，宰相集團間傾軋不止，熙宗也無可奈何。海陵即位後，至金末，這種情況基本上不復存在。

金朝時，遇到重要的軍政問題，舉凡任命高級官員、遷都、移民、括地、議德運、對宋用兵、開女眞進士科、治理黃河和修築界壕，宰相集體議政，輔助決策，根據實際情況由相關宰相監督執行，前述已詳。這些，都是在皇帝的主持下進行的。皇帝任命宰相，多民族的宰相共同組成宰相群體，在皇帝的控制下議政和行政，行使權力。熙宗時期情況特殊，其餘諸帝在位期間，其掌握全局的地位基本上是一以貫之的。這樣，皇帝能夠隨時調節宰相間的關係，使其忠於職守；防止宰相間結成集團，確保其對自己集體負責。

總之，金朝宰相，是由皇帝控制的，首相具有一定地位的，宰相集體負

〔註44〕《金史》卷93《獨吉思忠傳》，中華書局1975年，第2064頁。
〔註45〕《金史》卷14《宣宗紀上》，中華書局1975年，第315頁。
〔註46〕《金史》卷5《海陵紀》，中華書局1975年，第109頁。
〔註47〕《金史》卷5《海陵紀》，中華書局1975年，第104頁。
〔註48〕《金史》卷31《禮志四》，中華書局1975年，第752頁。
〔註49〕《金史》卷94《內族襄傳》，中華書局1975年，第2092頁。

責的群體。在制度健全的情況下，這樣的群體中，一般不出現兩個或兩個以上宰相組成的集團，一個宰相聯合一些朝臣組成的集團，其存在時間也很短。因此，金朝政務的運行，一般是平穩的。

第二節　宰相與左右司的關係

左右司是尚書省的僚屬機關，有左右司官和令史、譯史、通事等吏員。宰相與左右司的關係，可以表述爲宰相監督左右司處理具體政務。但是，因爲皇帝在其中的作用，宰相與左右司的關係呈現出一定的複雜性。

一、金朝的左右司

金朝的左右司制度，是在唐、宋基礎上演變形成的。〔註50〕金朝的左右司中，左右司官和左右司吏員的地位和職責有所不同，以下分述之。

（一）左右司官

檢索《金史》卷五十五《百官志一》，左司「郎中一員，正五品。國初置左、右司侍郎〔註51〕，天眷三年（1140年）始更今名。舊凡視朝，執政官親執奏，自天德二年詔以付左、右司官，爲定制。員外郎一員，正六品。掌本司奏事，總察吏、戶、禮三部受事付事，兼帶修起居注官，迴避其間記述之事……都事二員，正七品。」〔註52〕右司，「郎中一員，正五品。員外郎一員，正六品。掌本司奏事，總察兵、刑、工三部受事付事，兼帶修注官，迴避其間記述之事。都事二員，正七品。」〔註53〕

金朝左右司的基本職掌，是分督六部文案，其中左司分督吏、戶、禮三部之事，右司分督兵、刑、工三部之事。這一點，與唐、宋左右司基本相同。金末，劉肅曾任職尚書省，他所回憶的金朝左右司工作的具體程序是：「省府各房止立鈞旨簿，無行卷。六部應呈事務，左右司議定可否，黏方帖於部呈，

〔註50〕張帆先生對此有一定的論述，此不贅。詳見吳宗國先生主編《中國古代官僚政治制度研究》，北京大學出版社2004年，第321頁。

〔註51〕檢索《金史》卷4《熙宗紀》，天眷元年（1138年）八月「己卯，以河南地與宋。以右司侍郎張通古等使江南」說明此時左右司長官是左右司侍郎，《金史》卷55《百官志一》的記載屬實。詳見《金史》卷4《熙宗紀》，中華書局1975年，第73頁。

〔註52〕《金史》卷55《百官志一》，中華書局1975年，第1217～1218頁。

〔註53〕《金史》卷55《百官志一》，中華書局1975年，第1218頁。

上書送字，得都座鈞旨，省雜批鈞旨於後。其左右司元書送帖亦不揭去，用省印傳其上，蓋上下互為之防，然後送部施行。」〔註54〕左右司官有兼職，如尚書省有提點歲賜所，「左右司郎中、員外郎兼之，掌提點歲賜出入錢幣之事」〔註55〕；又如，宣宗時，曾採納平章政事抹撚盡忠的意見，即「記注之官，奏事不當迴避，可令左右司官兼之」〔註56〕，由左右司官兼任記注官，使其具有了史官的職掌。不過，這時已經是金朝後期的事了。

左右司官是「首領官」〔註57〕，在尚書省的政務運行中地位重要。前引《秋澗先生大全文集》卷八十一《中堂事記中》史料所示左右司工作程序，其初議六部事務，上報宰相會議，在政務運行中的地位是很重要的。宣宗指示御史臺：「朕處分尚書事，或至數日不奉行，及再問則巧飾次第以對。大臣容有遺忘，左右司玩弛，臺臣當糾。今後復爾，並罪卿等」〔註58〕。哀宗有言「近侍，腹心也。御史，耳目也。兼是二者，非宰相、首領官乎？宰相大臣事或有所不知，知之者惟左右司官耳！」〔註59〕。這說明，對具體政務的熟稔，左右司官在宰相之上。鄧儼歷任左司員外郎、右司郎中、左司郎中，「掌機務者數年」〔註60〕。當時，「有司奏使宋者，世宗命選漢官一人」〔註61〕，參知政事梁蕭提出三個人選，即戶部侍郎王翛、工部侍郎張大節、左司郎中鄧儼，世宗說「王翛、張大節苦無資歷，與左右司官辛苦不同，其命儼往」〔註62〕。左右司地位關鍵，鄧儼所掌為「機務」；左右司政務繁忙，所以鄧儼「辛苦」，這一切都說明了左右司在政務運行中的重要地位。石抹世勣曾任華州元帥府參議官，後任尚書省左司郎中，元光元年，奪一官，解職。其原因是「初，世勣任華州，有薦其深通錢穀者，復察不如所舉，未籍行止中。後主者舉覺，

〔註54〕〔元〕王惲：《秋澗先生大全文集》卷81《中堂事記中》，四部叢刊初編縮本，商務印書館1936年，第786～787頁。

〔註55〕《金史》卷55《百官志一》，中華書局1975年，第1219頁。

〔註56〕《金史》卷101《抹撚盡忠傳》，中華書局1975年，第2229頁。

〔註57〕金末，劉祁草崔立碑，與麻革入尚書省「省掾曹益甫引見首領官張信之、元裕之二人」即此。詳見〔金〕劉祁《歸潛志》卷12，中華書局1983年，第131頁。

〔註58〕《金史》卷15《宣宗紀中》，中華書局1975年，第346頁。

〔註59〕〔金〕王鶚：《汝南遺事》卷3，，叢書集成初編本，商務印書館1939年，第27頁。

〔註60〕《金史》卷97《鄧儼傳》，中華書局1975年，第2149頁。

〔註61〕《金史》卷97《鄧儼傳》，中華書局1975年，第2149頁。

〔註62〕《金史》卷97《鄧儼傳》，中華書局1975年，第2149頁。

平章英王以世勣避都司之繁，私屬治籍吏冀改他職，奏下有司，故有是責。」〔註63〕這說明，左右司作爲「都司」，事務繁雜，以至於在仕進中有避之者。

正是因爲左右司官有這樣的地位和這些職掌，所以其政務繁多，難以盡述。這裡，僅以選官爲例，略窺其一斑。

尙書省左司，「每月朔朝，則先集是月秩滿者爲簿，名曰闕本，及行止簿、貼黃簿、幷官制同進呈，御覽畢則受而藏之」〔註64〕，「每有除拜，凡尙書省所不敢擬注者，則一闕具二三人以聽制授焉」〔註65〕。「自非制授，選在外官，命左司移文勾取。承安三年，始命置簿勾取」〔註66〕。

熙宗時期，文資官「惟聽左司官舉用」〔註67〕。至皇統八年，才根據循資格的原則，制定新的規定。但是，省選一般是左司擬定人選，由宰相敲定名單，並上奏皇帝最後批准的，即所謂「正七品以上，呈省以聽制授」〔註68〕。所以，左司官處理政務，是在宰相監督下進行的。以下，試舉二例，以說明這一問題。劉昂「自國子司業擢左司郎中」〔註69〕，「會遼陽人大中欲搖執政賈鉉」〔註70〕，劉昂「爲言者所劾」〔註71〕降授上京留守判官。此事，因審官院掌書大中漏言除授事，執政賈鉉、左司郎中劉昂均受到牽連。孫即康任左丞，「舊制，尙書省令史考滿優調，次任回降。崔建昌已優調興平軍節度副使，未回降即除大理司直。詔知除郭邦傑、李蹊杖七十勒停，左司員外郎高庭玉決四十解職，即康待罪」〔註72〕。崔建昌的仕進，在程序上不符合規定，尙書省令史郭邦傑和李蹊、左司員外郎高庭玉、左丞孫即康都需要對此負責，說明宰相監督左右司的關係。

左右司選官，不僅是省選。金朝制度，「自從九品至從七品職事官，部擬」〔註73〕，即所謂「部選」。在文獻中，左右司官參與「部選」的情況，也較爲常見，茲舉二例：

〔註63〕《金史》卷114《石抹世勣傳》，中華書局1975年，第2518頁。
〔註64〕《金史》卷55《百官志一》，中華書局1975年，第1218頁。
〔註65〕《金史》卷55《百官志一》，中華書局1975年，第1218頁。
〔註66〕《金史》卷54《選舉志四》，中華書局1975年，第1197頁。
〔註67〕《金史》卷52《選舉志二》，中華書局1975年，第1168頁。
〔註68〕《金史》卷52《選舉志二》，中華書局1975年，第1157頁。
〔註69〕〔金〕元好問：《中州集》卷4《劉左司昂》，中華書局1959年，第193頁。
〔註70〕〔金〕元好問：《中州集》卷4《劉左司昂》，中華書局1959年，第193頁。
〔註71〕〔金〕元好問：《中州集》卷4《劉左司昂》，中華書局1959年，第193頁。
〔註72〕《金史》卷99《孫即康傳》，中華書局1975年，第2196頁。
〔註73〕《金史》卷52《選舉志二》，中華書局1975年，第1157頁。

海陵王時，賈昌祚任左司郎中，「王彦潛、常大榮、李慶之皆在吏部選中，吏部擬彦潛、大榮皆進士第一，次當在慶之上，彦潛洺州防禦判官，大榮臨海軍節度判官，慶之沈州觀察判官。左司郎中賈昌祚挾私，欲與慶之洺州，詭曰：『洺雖佳郡，防禦幕官在節鎮下。』乃改擬彦潛臨海軍，大榮沈州，慶之洺州。慶之初赴選，昌祚以慶之爲會試詮讀官，而慶之弟慶雲爲尚書省令史，多與權貴遊，海陵心惡之，嘗謂左右司『昌祚必與慶之善關』。大奉國臣者，遼陽人，永寧太后族人，先爲東京警巡院使，以贓免去，欲因太后求見，海陵不許。衍與奉國臣有鄉里舊，擬爲貴德縣令。海陵大怒，於是昌祚、衍、吏部侍郎馮仲等，各杖之有差，慶雲決杖一百五十，罷去。」〔註74〕章宗時，賈益謙升左司郎中，章宗對他說：「汝自知除至居是職，左司事不爲不練，凡百官行止、資歷固宜照勘，勿使差繆。若武庫署直長移剌郝自平定州軍事判官召爲典與副轄，在職才五月，降授門山縣簿尉。朕比閱貼黃，行止乃俱書作一十三月，行止尚如此失實，其如選法何？蓋是汝不用心致然爾。今姑杖知除掾，汝勿復犯之。」〔註75〕這說明，「部選」職官，不僅限於「部」，左右司官也參與其中，並承擔一定的責任。

實際上，「總察吏、戶、禮三部受事付事」的左司和「總察兵、刑、工三部受事付事」的右司，都是兼管省、部，而以省爲主。左右司官的職掌，不僅限於省、部。據文獻記載，左右司官，有奏事的職掌，前述已詳。因此，左右司官有「奏官」之名。王鶚《汝南遺事‧總論》中，即有「某起絲冷族，濫竊科名。始以詞賦待罪於玉堂，終於奏官承乏乎蘭省」〔註76〕的記載。左右司官掌奏目，宰相上朝，隨從奏事，是其一般的奏事途徑。奏目由左右司官整理，對政事的處理意見中常有左右司官的觀點。奏事時，因對相關政事熟悉，左右司官也參與議政。只是，左右司官的御前議政相對少，一般情況下不能對皇帝的決策產生決定性影響。

（二）左右司吏員

左右司吏員，有令史、譯史、通事等。檢索《金史》卷五十五《百官志一》，「尚書省」條下，有「女直省令史三十五人，左二十人，右十五人」

〔註74〕《金史》卷90《高衍傳》，中華書局1975年，第2005頁。
〔註75〕《金史》卷106《賈益謙傳》，中華書局1975年，第2334頁。
〔註76〕〔金〕王鶚：《汝南遺事‧總論》，叢書集成初編本，商務印書館1939年，第51頁。

〔註 77〕，「漢令史三十五人，左二十一人，右十四人」〔註 78〕，「省譯史十四人，左右各七人，女直譯史同」〔註 79〕，「通事八人，左右各四人」〔註 80〕的記載。他們是尚書省具體事務的主要承擔者。

上述吏員中，令史的地位為最重要。章宗與大臣談及「紀綱不立」時，曾歸罪於令史，說「至於徇情賣法，省、部令史尤甚」。泰和四年五月，「定省令史關決公務，詭稱已稟，擅退六部、大理寺法狀及妄有所更易者罪」〔註 81〕。與令史相比，譯史和通事在政務運轉中的地位要差很多，文獻中對二者的記錄，能夠檢索到的較少，這應該是原因之一。因此，這裡以令史為中心，探討尚書省吏員與宰相的關係。

令史的來源有四，「曰文資，曰女直進士，曰右職，曰宰相子」〔註 82〕。所謂「文資」，即進士或進士出身的幕職州縣官。據《建炎以來繫年要錄》載，熙宗時「都事令史用登進士第者，預其選，人以為榮」〔註 83〕。據《松漠紀聞》載，「省部有令史，以進士及第者為之」〔註 84〕。這一做法，在海陵王時曾有所改變。正隆元年，「罷是制，止於密院臺及六部吏人令史內選充」〔註 85〕。世宗時，大定二年，「罷吏人而復皇統選進士之制」〔註 86〕。按劉祁的說法，是「金朝大定初，張太師浩制皇制，祖免親、宰相子試外，雜用進士。凡登第歷三任至縣令，以次召補充」〔註 87〕。至大定二十三年，時女真進士開科已十年，世宗對宰相說：「女直進士可依漢兒進士補省令史」〔註 88〕。所以，左右司有一批進士出身的吏員，遠見卓識者，經常嶄露頭角。熙宗時，高德基任尚書省令史，「海陵為相，專愎自用，人莫敢拂其意，德基每與之詳

〔註 77〕　《金史》卷 55《百官志一》，中華書局 1975 年，第 1218 頁。
〔註 78〕　《金史》卷 55《百官志一》，中華書局 1975 年，第 1218 頁。
〔註 79〕　《金史》卷 55《百官志一》，中華書局 1975 年，第 1218 頁。
〔註 80〕　《金史》卷 55《百官志一》，中華書局 1975 年，第 1218 頁。
〔註 81〕　《金史》卷 12《章宗紀四》，中華書局 1975 年，第 268 頁。
〔註 82〕　《金史》卷 52《選舉志二》，中華書局，1975 年，第 1168 頁。
〔註 83〕　〔宋〕李心傳：《建炎以來繫年要錄》卷 84，中華書局，1956 年，第 1388 頁。
〔註 84〕　〔宋〕徐夢莘：《三朝北盟會編》卷 221，上海古籍出版社 2008 年 6 月第 2 版，第 1594 頁。
〔註 85〕　《金史》卷 52《選舉志二》，中華書局，1975 年，第 1168 頁。
〔註 86〕　《金史》卷 52《選舉志二》，中華書局，1975 年，第 1168 頁。
〔註 87〕　〔金〕劉祁撰，崔文印點校：《歸潛志》卷 7，中華書局 1983 年，第 76 頁。
〔註 88〕　《金史》卷 8《世宗紀下》，中華書局 1975 年，第 185 頁。

辨。」〔註89〕大定中，高有鄰（字德卿）任尚書省令史，「時相議絀詞賦，專明經，德卿以賦有譎諫之議，反覆詰難，竟得不罷。而後擢第者，廷試時務策，亦自德卿發之。」〔註90〕泰和年間，議大臣諡號，經尚書省令史李秉鈞上言，正隆年間因直諫被殺的太醫祁宰事「下太常，諡曰忠毅」〔註91〕。史邦直任尚書省令史時，「宰相李公適之聞其名，問以三白渠利害；邦直以書對，細字滿三十紙，推究源委，凡公私所以為弊者無不備。按而用之，強有力者將無所容姦。適之大稱異之。」〔註92〕這些人的存在，對於推動朝政的合理化，貫徹皇帝治理國家的意志，是重要的條件。王朝的長治久安，符合皇帝、宰相、左右司官和左右司令史各方利益，則是不言自明的。

令史的來源中，「女直進士」與「文資」，其遠見卓識，應約略接近。除此而外，尚有「宰執子」、「宗室子」和「密院臺部統軍司令史」〔註93〕。「宰執子」、「宗室子」令史，是廕補制度下，對宰相和宗室貴族的優待。「密院臺部統軍司令史」，是其它官員子弟以及路府州縣吏員的進身的階梯。在皇帝的眼中，他們的素質，與進士出身的令史，有一定的差距。世宗有「夫儒者操行清潔，非禮不行。以吏出身者，自幼為吏，習其貪墨，至於為官，習性不能遷改。政道興廢，實由於此」〔註94〕的說法，即是一例。

金朝左右司分房治事，這一制度當來源於北宋。北宋尚書省左右司郎中、員外郎各一人，分治省事，「左司治吏、戶、禮、奏鈔、班簿房，右司治兵、刑、工、案鈔房，而開拆、制敕、御史、催驅、封樁、印房則通治之。」〔註95〕金朝左右司分房，有知管差除房、刑房、禮房、糧草房、邊關房等。張公理任尚書省令史，在「知管差除房」〔註96〕辦事。承安二年，規定「以習學

〔註89〕《金史》卷90《高德基傳》，中華書局1975年，第1996～1997頁。

〔註90〕〔金〕元好問：《中州集》卷8《高工部有鄰》，中華書局1959年，第403頁。

〔註91〕〔金〕趙秉文：《祁忠毅公傳》，《金文最》卷114，中華書局1990年，第1633頁。

〔註92〕〔金〕元好問：《史邦直墓表》，《遺山先生文集》卷22，四部叢刊初編縮本，商務印書館1936年，第232頁。引文中，「李公適之」即前文《金朝宰相簡表》中的宰相李蹊。

〔註93〕《金史》卷55《百官志一》，中華書局1975年，第1218頁。

〔註94〕《金史》卷8《世宗紀下》，中華書局1975年，第185頁。

〔註95〕《宋史》卷161《職官志一》，中華書局1977年，第3790頁。

〔註96〕〔金〕元好問：《資善大夫吏部尚書張公神道碑銘並引》，《遺山先生文集》卷20，四部叢刊初編縮本，商務印書館1936年，第208頁。

知除、刑房知案、及兵興時邊關令史，三十月除隨朝闕」〔註97〕。劉祁《錄崔立碑事》載「數日，忽一省卒詣予家，齎尚書禮房小帖子云『首領官召赴禮房』」〔註98〕。商衡任尚書省令史時，「歷糧草、邊關、知管差除三房」〔註99〕。聶天驥曾任「尚書省邊關糧草房令史」〔註100〕。與這些「房」有關的史料，在文獻中還能再檢索到一些。左右司下的「房」應該還有其它一些名目，因金朝史料缺略嚴重，具體情況尚難確知。

二、宰相與左右司的關係

尚書省裏，宰相在上，令史在下，政務運行中，左右司官是聯結二者的紐帶。現實生活中，宰相和左右司官，宰相和左右司令史間，經常有直接的聯繫，以實現各自的目的。有時，因此形成一定的利益集團，在文獻中是有據可查的。

田毂黨獄，尚書省令史許霖「時時毀短之於宗弼，凡與毂善者皆指以爲朋黨」〔註101〕。「選人龔夷鑒除名，值赦，赴吏部銓，得預覃恩。毂已除橫海，部吏以夷鑒白毂，毂乃倒用月日署之。許霖在省典覃恩，行臺省工部員外郎張子周素與毂有怨，以事至京師，微知夷鑒覃恩事，嗾許霖發之。」〔註102〕在左丞相宗弼的主持下，所謂「黨人」一網打盡。高懷貞任尚書省令史「素與海陵狎昵」〔註103〕，甚至有「熙宗在位久，委政大臣，海陵以近屬爲宰相，專威福柄，遂成弑逆之計，皆懷貞輩小人從臾導之」〔註104〕這一類的說法。皇統九年十二月，平章政事完顏亮通過政變奪取帝位。在其政變集團中，其親信尚書省令史李老僧在內宮與外廷之間的聯繫中發揮了重要作用。寢殿小底大興國「以李老僧屬海陵，得爲尚書省令史，故使老僧結興國爲內應，而

〔註97〕《金史》卷52《選舉志二》，中華書局1975年，第1169頁。

〔註98〕〔金〕劉祁撰，崔文印點校：《歸潛志》卷12《錄崔立碑事》，中華書局1983年，第131頁。

〔註99〕〔金〕元好問：《平叔墓銘》，《遺山先生文集》卷21，四部叢刊初編縮本，商務印書館1936年，第222頁。

〔註100〕〔金〕元好問：《聶元吉墓誌銘》，《遺山先生文集》卷21，四部叢刊初編縮本，商務印書館1936年，第226頁。

〔註101〕《金史》卷89《孟浩傳》，中華書局1975年，第1979頁。

〔註102〕《金史》卷89《孟浩傳》，中華書局1975年，第1979頁。

〔註103〕《金史》卷129《高懷貞傳》，中華書局1975年，第2789頁。

〔註104〕《金史》卷129《高懷貞傳》，中華書局1975年，第2789頁。

興國亦以被杖怨熙宗，遂與亮約」〔註105〕，「及將舉事，使老僧結興國，興國終為海陵取符鑰，納海陵宮中成弒逆者，老僧為之也。」〔註106〕

海陵王謀誅宗本、秉德，設計陷害，尚書省令史蕭玉質成其事，海陵王看中的是宗本任相，蕭玉任尚書省令史，「蕭玉出入宗本家，親信如家人」〔註107〕。因為「蕭玉與宗本厚，人所共知」〔註108〕，所以用其證實確有其事，能夠取信於百官。敬嗣暉任尚書省令史「有才辯，海陵為宰相，愛之，及篡立，擢起居注，歷諫議大夫、吏部侍郎、左宣徽使」〔註109〕。

完顏守貞任平章政事，「禮接士大夫在其門者，號『冷巖十俊』」〔註110〕，其中即有尚書省令史孟奎。胥持國任相，趨走其門者人稱「胥門十哲」〔註111〕，其中有「尚書省令史傅汝梅、張翰、裴元、郭郓」〔註112〕四人。張行信奏參知政事奧屯忠孝非相才，宣宗說：「朕始即位，進退大臣自當以禮，卿語其親知，諷令求去可也。」〔註113〕其後，「行信以語右司郎中把胡魯，把胡魯以宣宗意白忠孝」〔註114〕。從中，可以看出左右司官員和宰相之間的關係。尤虎高琪不法，「平章政事英王守純欲發其罪，密召右司員外郎王阿里、知案蒲鮮石魯剌、令史蒲察胡魯謀之。石魯剌、胡魯以告尚書省都事僕散奴失不，僕散奴失不以告高琪。」〔註115〕守純與尤虎高琪作為宰相，分別與左右司官和左右司令史有親密的關係，由此可見一斑。

左右司令史處理政務，是在宰相和左右司官的監督下進行的。宣宗時，守純任平章政事，尚書省令史梁璹誤書轉運副使張正倫宣命，守純「奏乞治罪」〔註116〕宣宗說：「令史有犯，宰臣自當治之，何必關朕耶？」〔註117〕左右司官，作為首領官，也監督左右司令史。章宗時，鄒谷任大理寺丞，「尚書

〔註105〕《金史》卷5《海陵紀》，中華書局1975年，第93頁。
〔註106〕《金史》卷132《李老僧傳》，中華書局1975年，第2828頁。
〔註107〕《金史》卷76《宗本傳》，中華書局1975年，第1732頁。
〔註108〕《金史》卷76《宗本傳》，中華書局1975年，第1732頁。
〔註109〕《金史》卷91《敬嗣暉傳》，中華書局1975年，第2028頁。
〔註110〕《金史》卷104《孟奎傳》，中華書局1975年，第2290頁。
〔註111〕《金史》卷129《胥持國傳》，中華書局1975年，第2794頁。
〔註112〕《金史》卷129《胥持國傳》，中華書局1975年，第2794頁。
〔註113〕《金史》卷107《張行信傳》，中華書局1975年，第2365頁。
〔註114〕《金史》卷104《奧屯忠孝傳》，中華書局1975年，第2299頁。
〔註115〕《金史》卷106《尤虎高琪傳》，中華書局1975年，第2346頁。
〔註116〕《金史》卷93《守純傳》，中華書局1975年，第2062頁。
〔註117〕《金史》卷93《守純傳》，中華書局1975年，第2062頁。

省點差接送伴宋國使官，令史周昂具數員呈請。左司都事李炳乘醉見之，怒曰：『吾口舉兩人即是，安用許爲？』命左右攬昂衣欲杖之，會左司官召昂去乃已，詈諸令史爲奴畜。明日語權令史李秉鈞曰：『吾豈惟箠罵，汝進退去留，亦皆在我！』群吏將陳訴，會官劾奏，事下大理寺議，差接送伴官事當御前，炳謂口舉兩人，當科違制。谷曰：『口舉兩人，一時之言，當杖贖。攬昂衣欲加杖，當決三十。』」〔註118〕這說明，左右司官有監督左右司令史的權力，但是，用杖刑處罰令史，則是非法的行爲。其實，不僅是左右司官杖責是非法的，宰相杖責令史也是非法的，如海陵王時，徒單恭任相「於都堂脊杖令史馮仲尹，御史臺劾之，海陵杖之二十」〔註119〕即是一例。

　　上面的三條史料，說明尚書省令史與宰相和左右司官的糾紛，其一般的程序，應是御史臺劾奏，大理寺審理；宰相和左右司官雖有監督權，卻不能逾法行事。因此，宰相及其僚屬機關左右司在法律約束下，其權力是有限的。

　　這些史料說明，尚書省令史、左右司官親附宰相，因此形成一定的朋黨勢力，在金朝是存在的。宰相監督左右司官和左右司令史的制度，應是左右司官和左右司令史親附宰相的原因所在。但是，封建法律在本質上是維護皇帝集權的。宰相、左右司官和左右司令史間的糾紛，由御史臺劾奏和大理寺審理的程序，在時時刻刻分解著這種私人關係。前述大理寺丞鄒谷裁決左司都事李炳「口舉兩人，一時之言，當杖贖。攬昂衣欲加杖，當決三十」〔註120〕，當時，章宗曾問：「李炳讀書人，何乃至是？〔註121〕」宰相爲李炳辯護，答：「李炳疾惡，眾人不能容耳」〔註122〕。章宗說：「炳誠過矣，告者未必是也」〔註123〕。此事，還是以大理寺意見爲準，執行處罰李炳的裁決。宰相的辯護，未能發揮作用。

三、皇帝在宰相與左右司關係中的作用

　　皇帝直接聽取左右司官奏事，左右司官在一定程度上影響決策權。貞元三年和正隆元年海陵王「廢朝，常數月不出，有急奏，召左右司郎中省於臥

〔註118〕《金史》卷104《鄒谷傳》，中華書局1975年，第2289頁。
〔註119〕《金史》卷120《徒單恭傳》，中華書局1975年，第2616頁。
〔註120〕《金史》卷104《鄒谷傳》，中華書局1975年，第2289頁。
〔註121〕《金史》卷104《鄒谷傳》，中華書局1975年，第2289頁。
〔註122〕《金史》卷104《鄒谷傳》，中華書局1975年，第2289頁。
〔註123〕《金史》卷104《鄒谷傳》，中華書局1975年，第2289頁。

內」〔註124〕。正隆六年，世宗在東京即位，改元爲「大定」。這一消息，也是左司郎中向海陵王報告的。世宗時，孛朮魯阿魯罕任右司郎中，「奏請徙河南戍軍屯營城中者於十里外」〔註125〕，得到世宗的採納。宣宗時，有士兵高敏等人，因貪鞍馬、衣仗殺平陽公府騎兵十餘，騙招撫使高倫，以「敵兵之偵伺者」〔註126〕上報。其後，事情敗露，指高倫爲首謀，高倫不勝棰楚，誣伏。當時，張公理任右司郎中。這一案件，直到即將判決時，他還在保持懷疑的態度。宣宗問他，他回答「倫雖自款伏，而其家訴敏輩殺人之日，倫適飲酒河南，迨報至，始北歸。以次第推，倫何得爲首惡？罪疑惟輕，忠厚之至。且歲旱已久，願緩倫死，以察天意。」〔註127〕這一意見，得到宣宗的採納，「遣中使赦倫」〔註128〕。天興元年，哀宗「親巡之計決，諸將皆預其議」〔註129〕，快結束時，首領官張哀、晶天驤上奏「尙有舊人諳練軍務者，乃置而不用，今所用者，皆不見軍中事體，此爲未盡」〔註130〕。哀宗問未用者是誰，得到的回答是樞密院判官白華。其後，哀宗任命白華爲右司郎中。哀宗在蔡州，左右司員外郎王鶚奏「蔡自遷避以來，人物叢雜，且密邇宋境，姦覘不無。乞依省院例，設譏察官，專一糾察姦細。臣雖不才，願總其事。」於是，哀宗「設四隅譏察官」〔註131〕這些左右司官，都對相關政事的決策產生了一定的影響。

除奏事外，皇帝和左右司官在政務處理上有時有其它方面的聯繫。皇帝通過左右司官瞭解情況。世宗御翠巒閣，召應奉翰林文字張汝弼和左司郎中高衍瞭解情況，問：「近日除授，外議何如？宜以實奏，毋少隱也。有不可用者當改之。」〔註132〕皇帝通過左右司發佈命令。高德基任尙書省令史，海陵

〔註124〕《金史》卷5《海陵紀》，中華書局1975年，第105頁。

〔註125〕《金史》卷91《孛朮魯阿魯罕傳》，中華書局1975年，第2024頁。

〔註126〕〔金〕元好問：《資善大夫吏部尙書張公神道碑銘並引》，載《遺山先生文集》卷20，四部叢刊初編縮本，商務印書館1936年，第209頁。

〔註127〕〔金〕元好問：《資善大夫吏部尙書張公神道碑銘並引》，載《遺山先生文集》卷20，四部叢刊初編縮本，商務印書館1936年，第209頁。

〔註128〕〔金〕元好問：《資善大夫吏部尙書張公神道碑銘並引》，載《遺山先生文集》卷20，四部叢刊初編縮本，商務印書館1936年，第209頁。

〔註129〕《金史》卷114《白華傳》，中華書局1975年，第2511頁。

〔註130〕《金史》卷114《白華傳》，中華書局1975年，第2511頁。

〔註131〕〔金〕王鶚：《汝南遺事》卷3，叢書集成初編本，商務印書館1939年，第28頁。

〔註132〕《金史》卷83《張汝弼傳》，中華書局1975年，第1869頁。

即位，命左司郎中賈昌祚向高德基傳聖旨：「卿公直果敢，今委卿南京行省勾當」〔註133〕。大定初，高衎任左司郎中，世宗「使衎傳詔臺省百司曰：『凡上書言事，或爲有司沮遏，許進表以聞』」〔註134〕。完顏襄因修築邊堡復拜左丞相，章宗「遣左司郎中阿勒根阿海降詔褒諭」〔註135〕。明昌四年五月章宗「諭左司：『遍諭諸路，令月具雨澤田禾分數以聞。』」〔註136〕

　　在文獻中能夠檢索到左右司官檢劾宰相的史料。世宗時，大定十二年二月曾下詔：「自今官長不法，其僚佐不能糾正又不言上者，並坐之」〔註137〕。左右司官檢劾宰相，當與此有關。章宗時，楊伯通任參知政事，「監察御史路鐸劾奏伯通引用鄉人李浩，以公器結私恩。左司郎中賈益承望風旨，不複檢詳，言之臺端，欲加糾劾」〔註138〕，楊伯通因此居家待罪並上表請辭。哀宗時，斜卯愛實任翰林直學士兼左司郎中，彈劾右丞相完顏賽不、平章政事白撒、右丞顏盞世魯、參知政事兼樞密副使赤盞合喜〔註139〕，對他們的任職有直接影響。這些，都是皇帝利用左右司官牽制宰相的史實。

　　總之，金朝時，左右司令史和左右司官負責具體政務的處理，宰相監督左右司官和左右司令史，是尚書省政務處理的基本制度。因宰相監督左右司官和左右司令史，左右司官、左右司令史和宰相經常形成一定的利益集團。但是，在一般情況下，因監察體系的存在和法律處置的有效，這種利益集團不能長期存在。皇帝與左右司有直接的聯繫，左右司官有時直接向皇帝上奏意見，並得到皇帝的採納。皇帝有時通過左右司官對宰相進行一定程度的牽制。這些，都是值得注意的現象。

第三節　宰相與六部的關係

　　宰相與六部的關係，是宰相在上監督，六部在下執行的關係。但是，因爲皇帝在其中發揮了一定的作用，六部在與宰相的關係中表現出了一定的獨立性。

〔註133〕《金史》卷90《高德基傳》，中華書局1975年，第1996頁。
〔註134〕《金史》卷90《高衎傳》，中華書局1975年，第2006頁。
〔註135〕《金史》卷94《內族襄傳》，中華書局1975年，第2091頁。
〔註136〕《金史》卷10《章宗紀二》，中華書局1975年，第229頁。
〔註137〕《金史》卷7《世宗紀中》，中華書局1975年，第155頁。
〔註138〕《金史》卷95《楊伯通傳》，中華書局1975年，第2119頁。
〔註139〕詳見《金史》卷114《斜卯愛實傳》，中華書局1975年，第2515頁。

一、金朝的六部

自隋唐以來，六部作爲中央主要行政機構，在行政體制中佔有重要地位。金朝六部上承唐宋，職掌基本相同。

六部，「國初與左、右司通署，天眷三年始分治」〔註140〕。當時，「左右司侍郎不除，卻置員外郎各一人。六部初置吏、戶、禮三侍郎，位正四品，後置三尚書，仍兼兵、刑之位，正三品。又增三侍郎，升諸司郎中爲從五品，添置員外郎。其後六曹皆置尚書。」〔註141〕吏、戶、禮三部設置在先，兵、刑、工三部設置在後，尚書、侍郎、郎中、員外郎依次設置，六部齊備，是經過了一系列措置的。檢索《金史‧百官志》，六部各設尚書一員，侍郎一至二員，郎中一至二名，員外郎一至三員。這是就一般情況而言。其實，吏、戶二部侍郎、郎中和員外郎曾有些變動，即吏部郎中「天德二年，增作四員，後省」〔註142〕，吏部員外郎「天德二年，增作四員，後省」〔註143〕；戶部侍郎「泰和八年減一員，大安二年復增」〔註144〕，戶部郎中「天德二年置五員，泰和省作二員，又作四員，貞祐四年置八員，五年作六員」〔註145〕。在尚書、侍郎、郎中、員外郎下，又有職官主事和吏員令史、譯史、通事等若干名。

六部職掌，在《金史‧百官志》中有記載。吏部，「掌文武選授、勳封、考課、出給制誥之政」〔註146〕。戶部，「郎中而下，皆以一員掌戶籍、物力、婚姻、繼嗣、田宅、財業、鹽鐵、酒麴、香茶、礬錫、丹粉、坑冶、榷場、市易等事，一員掌度支、國用、俸祿、恩賜、錢帛、寶貨、貢賦、租稅、府庫、倉廩、積貯、權衡、度量、法式、給授職田、拘收官物、并照磨計帳等事」〔註147〕，這些，是戶部職權範圍所在。禮部，「掌凡禮樂、祭祀、燕享、學校、貢舉、儀式、制度、符印、表疏、圖書、冊命、祥瑞、天文、漏刻、國忌、廟諱、醫卜、釋道、四方使客、諸國進貢、犒勞張設之事」〔註148〕。

〔註140〕《金史》卷55《百官志一》，中華書局1975年，第1219頁。
〔註141〕〔宋〕徐夢莘：《三朝北盟會編》卷221，上海古籍出版社2008年6月第2版，第1595頁。
〔註142〕《金史》卷55《百官志一》，中華書局1975年，第1220頁。
〔註143〕《金史》卷55《百官志一》，中華書局1975年，第1220頁。
〔註144〕《金史》卷55《百官志一》，中華書局1975年，第1232頁。
〔註145〕《金史》卷55《百官志一》，中華書局1975年，第1232頁。
〔註146〕《金史》卷55《百官志一》，中華書局1975年，第1220頁。
〔註147〕《金史》卷55《百官志一》，中華書局1975年，第1233頁。
〔註148〕《金史》卷55《百官志一》，中華書局1975年，第1234頁。

兵部，「掌兵籍、軍器、城隍、鎮戍、廐牧、鋪驛、車輅、儀杖、郡邑圖志、險阻、障塞、遠方歸化之事」〔註149〕。刑部員外郎，「一員掌律令格式、審定刑名、關津譏察、赦詔勘鞫、追徵給沒等事；一員掌監戶、官戶、配隸、訴良賤、城門啓閉、官吏改正、功賞捕亡等事」〔註150〕。這些，是刑部職權範圍所在。工部，「掌修造營建法式、諸作工匠、屯田、山林川澤之禁、江河堤岸、道路橋梁之事」〔註151〕。

在金朝，宰相輔助皇帝決策，制定政策，由六部具體負責執行。宰相和六部的關係，是一個值得考察的問題。

二、宰相與六部的關係

宰相與六部的關係，主要是宰相監督六部執行的關係。

（一）宰相在六部官員選任上具有一定的影響力

金朝制度，「文武選皆吏部統之」〔註152〕，「自從九品至從七品職事官，部擬。正七品以上，呈省以聽制授」〔註153〕。所謂「呈省以聽制授」，當即左司職掌「每有除拜，凡尚書省所不敢擬注者，則一闕具二三人以聽制授焉」〔註154〕。六部官員，除主事是從七品外，尚書、侍郎、郎中、員外郎都是正七品以上官，都在「呈省以聽制授」的範圍內。

檢索《金史》，有以下數條史料。熙宗時，「韓丞相企先輔政，好獎進人材，田鼗輩風采，誠一時人士魁，名士皆顯達焉。」〔註155〕田鼗因此官至吏部侍郎，成為韓企先的親信。完顏亮任尚書左丞「務攬持權柄，用其腹心為省臺要職，引蕭裕為兵部侍郎」〔註156〕。大定初，「尚書省擬（楊）邦基刑部郎中」〔註157〕，世宗問：「縣官即除郎中，如何？」〔註158〕尚書令張浩答：「邦基前為兵部員外郎矣，且其人材可用」〔註159〕世宗表示同意。賈少沖為刑部

〔註149〕《金史》卷55《百官志一》，中華書局1975年，第1235頁。
〔註150〕《金史》卷55《百官志一》，中華書局1975年，第1236頁。
〔註151〕《金史》卷55《百官志一》，中華書局1975年，第1237頁。
〔註152〕《金史》卷52《選舉志二》，中華書局1975年，第1160頁。
〔註153〕《金史》卷52《選舉志二》，中華書局1975年，第1160頁。
〔註154〕《金史》卷52《選舉志二》，中華書局1975年，第1160頁。
〔註155〕〔金〕劉祁撰，崔文印點校：《歸潛志》卷10，中華書局1983年，第110頁。
〔註156〕《金史》卷5《海陵紀》，中華書局1975年，第92頁。
〔註157〕《金史》卷90《楊邦基傳》，中華書局1975年，第2007頁。
〔註158〕《金史》卷90《楊邦基傳》，中華書局1975年，第2007頁。
〔註159〕《金史》卷90《楊邦基傳》，中華書局1975年，第2007頁。

郎中，世宗對左丞相紇石烈良弼說：「（賈）少沖為人柔緩，不稱刑部之職，其議易之」〔註160〕，於是，「以（丁）暐仁為刑部郎中」〔註161〕。這些史料說明，「呈省以聽制授」時，尚書省的左司擬定職官的人選，呈遞給皇帝，然後，皇帝與宰相商議，決定職官的任命。在這一過程中，宰相能夠發揮一定的影響力。

（二）宰相通過六部執行政令

金朝制度，皇帝有令，宰相命六部執行，是一般的程序。在此，以吏、戶、吏三部為例，說明這一問題。

大定七年十一月，世宗對宰相說：「聞縣令多非其人，其令吏部察其善惡，明加黜陟。」〔註162〕大定二十九年，章宗「以選舉十事，命奉御合魯論尚書省定擬」。〔註163〕據此，吏部作出一系列答覆〔註164〕，成為章宗時期行政的準則。明昌三年，章宗說：「舊制，每季到部求仕人，識字者試以書判，不識字者問以疑難三事，體察言行相副者。其令自今隨季部人並令依條試驗。」〔註165〕宰相上奏「既體察知與所舉相同，又試中書判，若不量與升除，無以示勸。」〔註166〕

大定三年，世宗對宰相說「國家經費甚大，向令山東和糴，止得四十五萬餘石，未足為備。自古有水旱，所以無患者，由蓄積多也。山東軍屯處須急為二年之儲，若遇水旱則用賑濟。自餘宿兵之郡，亦須糴以足之。京師之用甚大，所須之儲，其敕戶部宜急為計。」〔註167〕大定十七年，世宗問宰相「遼東賦稅舊六萬餘石，通檢後幾二十萬。六萬時何以仰給，二十萬後所積幾何？」〔註168〕，「戶部契勘」後，回答「先以官吏數少故能給，今官吏兵卒及孤老數多，以此費大。」〔註169〕

明昌年間，章宗對宰相說：「今風俗侈靡，莫若律以制度，使貴賤有等。

〔註160〕《金史》卷90《丁暐仁傳》，中華書局1975年，第2008頁。
〔註161〕《金史》卷90《丁暐仁傳》，中華書局1975年，第2008頁。
〔註162〕《金史》卷6《世宗紀上》，中華書局1975年，第140頁。
〔註163〕《金史》卷54《選舉志四》，中華書局1975年，第1206頁。
〔註164〕《金史》卷54《選舉志四》，中華書局1975年，第1206～1208頁。
〔註165〕《金史》卷54《選舉志四》，中華書局1975年，第1195頁。
〔註166〕《金史》卷54《選舉志四》，中華書局1975年，第1195頁。
〔註167〕《金史》卷50《食貨志五》，中華書局1975年，第1117頁。
〔註168〕《金史》卷52《食貨志二》，中華書局1975年，第1058頁。
〔註169〕《金史》卷52《食貨志二》，中華書局1975年，第1058頁。

其令禮部具典故以聞。」〔註170〕尚書省批送禮部節文，有「應有宣聖廟去處，即便修整」〔註171〕字樣，是對章宗的回應。

上述諸條史料，涉及吏、戶、禮三部事。兵、刑、工三部事，在程序上，亦當與此相同。

（三）宰相監督六部工作

熙宗時，程宷上書，有「尚書省，天子喉舌之官，綱紀在焉。臣願詔尚書省，戒勵百官，各揚其職，以立綱紀」〔註172〕的表述。程宷的上書，表明朝廷的一般理念，即尚書省總領綱紀，百官各司其職。

在日常行政中，尚書省左右司分房治事，與六部對口辦公，宰相監督六部工作，就是通過這種途徑進行的。張公理因宰相堅持「朝省尤須得人」〔註173〕，自穀熟縣進京，任尚書省令史，在「知管差除房」〔註174〕工作，並「提控吏部銓選」〔註175〕。元好問曾以「東曹掾吏部主事」〔註176〕，任職於左司同時兼職吏部主事，承左丞李蹊命，爲完顏良佐撰褒忠廟碑。這些，都是宰相通過左右司監督六部的佐證。

左右司分房治事，與六部對口辦公。但是，與六部官相比，左右司官的官品低。因此，對六部官員的處罰需要由宰相實施。

熙宗時，宗弼任左丞相，蔡松年、曹望之、許霖提到吏部侍郎田毅「專進退人材自利，將不利朝廷」〔註177〕。當時，「選人龔夷鑒除名，值赦，赴吏部銓，得預覃恩。毅已除橫海，部吏以夷鑒白毅，毅乃倒用月日署之」〔註178〕。宗弼本已認定田毅結黨，此事經尚書省令史許霖揭發，遂成田毅黨獄。大定

〔註170〕《金史》卷43《輿服志下》，中華書局1975年，第984頁。

〔註171〕〔金〕李桌《金文最》卷67《京兆府重修府學碑》，中華書局1990年，第974頁。

〔註172〕《金史》卷105《程宷傳》，中華書局1975年，第2309頁。

〔註173〕〔金〕元好問：《資善大夫吏部尚書張公神道碑銘》，《遺山先生文集》卷20，四部叢刊初編縮本，商務印書館1936年，第208頁。

〔註174〕〔金〕元好問：《資善大夫吏部尚書張公神道碑銘》，《遺山先生文集》卷20，四部叢刊初編縮本，商務印書館1936年，第208頁。

〔註175〕〔金〕元好問：《資善大夫吏部尚書張公神道碑銘》，《遺山先生文集》卷20，四部叢刊初編縮本，商務印書館1936年，第208頁。

〔註176〕〔金〕元好問：《贈鎮南軍節度使良佐死節碑》，《遺山先生文集》卷27，四部叢刊初編縮本，商務印書館1936年，第274頁。

〔註177〕〔金〕劉祁撰，崔文印點校：《歸潛志》卷10，中華書局1983年，第110頁。

〔註178〕《金史》卷89《孟浩傳》，中華書局1975年，第1979頁。

三年，參知政事李石「買革去舊貼，下倉支粟，倉司不敢違，以新粟與之」〔註179〕。世宗聽說了這件事，問戶部尚書梁銖。因為「梁銖對不以實」〔註180〕，所以世宗「命尚書左丞翟永固鞫之」〔註181〕。結果，「梁銖削官四階，降知火山軍，（李）石罷為御史大夫。」〔註182〕世宗時，王翛任戶部侍郎，「賑濟密雲等三十六縣猛安人戶，冒請粟三萬餘石，為尚書省奏奪官一階，出為同知北京留守事」〔註183〕。貞祐二年十一月，宣宗問宰相朮虎高琪：「所造軍器往往不可用，此誰之罪也？」〔註184〕朮虎高琪答：「軍器美惡在兵部，材物則戶部，工匠則工部。」〔註185〕宣宗指示「治之！且將敗事。」〔註186〕這說明，宰相監督六部執行政令，是政務運行的基本途徑。左右司分房治事，與六部對口辦公，只是宰相監督六部執行政令的中間環節罷了。

三、皇帝在宰相與六部關係中的作用

金朝時期，有一些六部官員能夠面對宰相有所駁正，表現出一定的獨立性。值得注意的是，他們的行為得到了皇帝的讚賞和鼓勵。

皇統年間，六部官員的獨立性就已經有所表現。王競任禮部員外郎，「時海陵當國，政由己出，欲令百官避堂諱，競言人臣無公諱，遂止。蕭仲恭以太傅領三省事封王，欲援遼故事，親王用紫羅傘。事下禮部，競與郎中翟永固明言其非是，事竟不行」〔註187〕。胡礪任禮部郎中時，「海陵拜平章政事，百官賀於廟堂，礪獨不跪。海陵問其故，礪以令對，且曰：『朝服而跪，見君父禮也。』」〔註188〕世宗時，高德基任刑部尚書，「有犯罪當死者，宰相欲從末減，德基曰：『法無二門，失出猶失入也。』不從。」〔註189〕宰相上奏時，世宗說：「刑部議，是也。」〔註190〕肯定了高德基的意見，並召集六部尚書，

〔註179〕《金史》卷86《李石傳》，中華書局1975年，第1912頁。
〔註180〕《金史》卷86《李石傳》，中華書局1975年，第1912頁。
〔註181〕《金史》卷86《李石傳》，中華書局1975年，第1912頁。
〔註182〕《金史》卷86《李石傳》，中華書局1975年，第1912頁。
〔註183〕《金史》卷105《王翛傳》，中華書局1975年，第2315～2316頁。
〔註184〕《金史》卷106《朮虎高琪傳》，中華書局1975年，第2341頁。
〔註185〕《金史》卷106《朮虎高琪傳》，中華書局1975年，第2341頁。
〔註186〕《金史》卷106《朮虎高琪傳》，中華書局1975年，第2341頁。
〔註187〕《金史》卷125《王競傳》，中華書局1975年，第2723頁。
〔註188〕《金史》卷125《胡礪傳》，中華書局1975年，第2722頁。
〔註189〕《金史》卷90《高德基傳》，中華書局1975年，第1996頁。
〔註190〕《金史》卷90《高德基傳》，中華書局1975年，第1996頁。

宣佈：「自朕即位以來，以政事與宰相爭是非者，德基一人而已。自今部上省三議不合，即具以聞。」〔註191〕鼓勵六部尚書堅持自己的意見。章宗時，也有類似的行為。明昌元年十一月，章宗「召禮部尚書王脩、諫議大夫張暐詣殿門，諭之曰：『朝廷可行之事，汝諫官、禮官即當辯析。小民之言，有可採者朕尚從之，況卿等乎？自今所議毋但附合於尚書省。』」〔註192〕世宗和章宗的這種行為，為宣宗所繼承。張行信任禮部尚書，當時「丞相朮虎高琪擅權，百官側目」〔註193〕，張行信「因廷議事」〔註194〕，「獨抗言折之」〔註195〕，宣宗很高興。第二天，張行信「拜參知政事」〔註196〕。興定三年正月，宣宗「敕尚書省，自今六部稟議常事，但可再送，不得趣召辨正。餘應入法寺定斷而再送，猶未當者具以聞，下吏治之。宰相執政以下皆不得召部寺官，部寺官亦不得詣省，犯者論違制。」〔註197〕其限制宰相侵權，保持部、寺官獨立行使職權的意圖是明顯的。〔註198〕

金朝宰相與六部的關係，是宰相監督和六部執行的關係。但是，皇帝在宰相與六部的關係中發揮了一定作用，六部經常對宰相表現出一定的獨立性，這是耐人尋味的。

第四節　宰相與樞密院（元帥府）的關係

樞密院（元帥府）是金朝全國最高軍事機構。研究宰相與樞密院（元帥府）的關係，能夠加深對宰相掌握軍事權力的理解，加深皇帝在宰相掌握軍事權力的過程中的作用的理解。實際上，在金朝一定時期，最高軍事機構除

〔註191〕《金史》卷90《高德基傳》，中華書局1975年，第1996頁。

〔註192〕《金史》卷9《章宗紀一》，中華書局1975年，第216頁。

〔註193〕〔金〕劉祁撰，崔文印點校：《歸潛志》卷6《張左丞行信》，中華書局1983年，第58頁。

〔註194〕〔金〕劉祁撰，崔文印點校：《歸潛志》卷6《張左丞行信》，中華書局1983年，第58頁。

〔註195〕〔金〕劉祁撰，崔文印點校：《歸潛志》卷6《張左丞行信》，中華書局1983年，第58頁。

〔註196〕〔金〕劉祁撰，崔文印點校：《歸潛志》卷6《張左丞行信》，中華書局1983年，第58頁。

〔註197〕《金史》卷15《宣宗紀中》，中華書局1975年，第342頁。

〔註198〕參見楊樹藩先生《遼金中央政治制度》，（臺灣）商務印書館1978年，第117頁。

樞密院（元帥府），還有都元帥府和大都督府，其與宰相的關係，在這裡一併考察。

一、金朝的樞密院（元帥府）

樞密使出現於唐朝永泰年間，掌機密文書。其後，權漸重。五代後梁設崇政院，後唐改樞密院，崇政使、樞密使的地位在宰相上。遼朝設北、南二樞密院，兼掌軍政，源自五代樞密院。北宋時，中書門下與樞密院對掌文武二柄，樞密院才成爲全國最高軍事機構。金朝時期存在著兩種樞密院。其一是太祖和太宗時期負責管理中原軍民的樞密院〔註199〕，源自遼制。其二是海陵王天德年間所設，負責管理全國軍事事務的樞密院，源自宋制。二者有根本的不同，這裡所指的是後者。

金朝樞密院有「樞密使一員，從一品。掌凡武備機密之事。」〔註200〕其下，有樞密副使、簽書樞密院事、同簽樞密院事。樞密院出現前，全國最高軍事機構是都元帥府。都元帥府有都元帥、左右副元帥、左右監軍、左右都監。天德二年，取消都元帥府，設樞密院。正隆六年，海陵王南征時期，設大都督府，有左右領軍大都督、副大都督、監軍、都監，但時間只有三個月。世宗、章宗時期，「樞密院每行兵則更爲元帥府，罷則復爲院」〔註201〕。元帥府的職官設置，與太宗至海陵王時的都元帥府基本相同。其後，因蒙古侵金，戰事不斷，樞密院和元帥府同時並存。總之，金朝最高軍事機構經過了長期的演變過程，以樞密院（元帥府）爲最典型。因此，考察宰相與全國最高軍事機構的關係，應以宰相與樞密院（元帥府）的關係爲中心。

二、宰相與樞密院（元帥府）的關係

金朝宰相與樞密院的關係，有「樞密院雖主兵，而節制在尚書省」〔註202〕的做法。金朝宰相對軍事的參與，當來源於太祖、太宗時期的勃極烈制度。太祖和太宗時期，諸勃極烈共治國政。勃極烈或在朝理政，或在外領兵，具有明顯的軍政合一的特點。熙宗時期，沿用中原漢族王朝的宰相制度，繼承

〔註199〕詳見李涵先生《金初漢地樞密院試析》，載《遼金史論集》第4輯，書目文獻出版社1989年，第180～195頁。
〔註200〕《金史》卷55《百官志一》，中華書局1975年，第1239頁。
〔註201〕王曾瑜先生認爲，這種做法，大致適用於金世宗和金章宗兩代。詳見王曾瑜著《金朝軍制》，河北大學出版社2004年，第12頁。
〔註202〕《金史》卷114《白華傳》，中華書局1975年，第2510頁。

勃極烈制度軍政合一的傳統，確立宰相制度。熙宗時宰相兼領軍政，是有例可查的。金朝的宰相與樞密院的關係，是在此基礎上的自然延伸。揆諸史實，有金一代，宰相對軍事的參與是一直存在的。

前述「樞密院雖主兵，而節制在尚書省」〔註203〕是出現在世宗時期的制度。對於這一體制，目前尚未見到有學者作過專題研究。我的理解是，尚書省對樞密院的節制，主要是指和平時期參與軍事管理；有軍事問題的時候，皇帝與尚書省共議，作出決策；戰爭時期，樞密院改元帥府，由尚書省宰相兼任元帥府長官，統軍出征。「樞密院雖主兵，而節制在尚書省」的集中表現，是宰相參與軍事。

（一）金朝前期宰相與樞密院（元帥府）的關係

自熙宗時期，尚書省下設六部。吏部「掌文武選授、勳封、考課、出給制誥之政」〔註204〕。兵部「掌兵籍、軍器、城隍、鎮戍、廏牧、鋪驛、車輅、儀仗、郡邑圖志、險阻、障塞、遠方歸化之事」〔註205〕。樞密使「掌凡武備機密之事」〔註206〕，負責「選將帥，授方略，山川險要，兵道軍謀」〔註207〕。樞密院所掌，當與此一致。左右司是尚書省僚屬機構，其中左司領吏、戶、禮三部，右司領兵、刑、工三部，統屬於宰相。因此，尚書省主掌兵籍和武職選授，樞密院主掌軍機方略，二者是相輔相成的關係。都元帥府和大都督府與尚書省的關係，當與樞密院和尚書省的關係基本相同。

有軍事問題的時候，皇帝與尚書省宰相共議，作出決策。天眷三年五月，「詔元帥府復取河南、陝西地」〔註208〕。皇統元年四月，「宗弼請伐江南，從之」〔註209〕。這時，宗幹任領三省事，居中輔政，這兩次用兵，應是經其同意作出的決策。皇統元年六月，「詔都元帥宗弼與宰相同入奏事」〔註210〕。當時，金對南宋用兵。奏事時，當議及軍事。正隆年間，設大都督府，準備南征。正隆南征前後，宰相對用兵發表自己的意見。當時，宰相耨盌溫敦思忠、

〔註203〕《金史》卷114《白華傳》，中華書局1975年，第2510頁。
〔註204〕《金史》卷55《百官志一》，中華書局1975年，第1220頁。
〔註205〕《金史》卷55《百官志一》，中華書局1975年，第1235頁。
〔註206〕《金史》卷55《百官志一》，中華書局1975年，第1239頁。
〔註207〕《金史》卷92《徒單克寧傳》，中華書局1975年，第2048頁
〔註208〕《金史》卷4《熙宗紀》，中華書局1975年，第75頁。
〔註209〕《金史》卷4《熙宗紀》，中華書局1975年，第77頁。
〔註210〕《金史》卷4《熙宗紀》，中華書局1975年，第77頁。

耶律安禮、張浩、紇石烈良弼諫阻海陵王伐江南，而「南伐之計皆（李）通等贊成之」〔註211〕。

宰相統兵出征，在文獻中多見。皇統年間，都元帥府主管軍事，宗弼時任左丞相兼都元帥，與南宋劃淮而治，起到了重要作用。正隆年間，宰相紇石烈良弼和李通分別以右領軍大都督和左領軍副大都督的身份領兵南征。這些，都是宰相領兵出征的事例。

這個時期，宰相與都元帥府互為表裏，對於推動相關問題的解決，具有重要的作用。如宗幹任領三省事，與左丞相完顏希尹聯合，藉重都元帥完顏宗弼的力量，清除宗磐、宗雋、撻懶集團，即是成功的一例。但是，宰相與都元帥府的結合，宗室貴族集團壟斷軍政事務，直接限制皇權，是熙宗「臨朝端默」的重要原因。因此，海陵王即位，取消都元帥府，設置樞密院，成為管理軍事事務的最高機構。正隆六年，在對宋戰爭中，海陵王設大都督府，成為戰時全國最高軍事機構。海陵王親自執掌軍權，樞密使完顏昂（奔睹）任左領軍大都督，宰相紇石烈良弼任右領軍大都督，與熙宗時期有了根本的不同。世宗、章宗時期及其以後，宰相與樞密院（元帥府）的關係，與熙宗和海陵王時期又有所不同。但是，宰相兼領軍政，自熙宗至金末，則基本上是相同的，這是本節關注的重點所在。

（二）金朝中期宰相與樞密院（元帥府）的關係

在金朝中期的省院關係上，清代史學家趙翼有「金中葉以後宰相不與兵事」條，即「明昌以後，則兵事惟樞密院主之，而尚書省初不與聞。蓋是時蒙古勃興，北鄙騷動，惟恐漏泄傳播，故惟令樞密主之，其後遂為樞密院之專職，而宰相皆不得預。」〔註212〕通過對史料的整理，我們發現，趙翼的觀點，與史實多不符。

尚書省通過吏部和兵部掌握兵籍和武職選授，這種制度在世宗、章宗、衛紹王時與熙宗、海陵王時是一致的。因此，尚書省和樞密院在軍事上的分工，在世宗、章宗、衛紹王時未出現明顯變化，茲不贅述。

皇帝與尚書省共議這一決策方式，在章宗時期，亦與熙宗至世宗時期同。

〔註211〕《金史》卷129《李通傳》，中華書局1975年，第1788頁。
〔註212〕〔清〕趙翼著，王樹民校證：《廿二史箚記校證》，中華書局1984年，第642頁。

大定年間，因梁肅建議，世宗命親軍讀《孝經》〔註213〕。參知政事完顏宗敘建議修築沿邊壕塹，因紇石烈良弼反對而作罷。〔註214〕宋人於襄陽漢江上造舟爲浮橋，「南京統軍司聞而奏之」〔註215〕。世宗問宰相：「卿等度之，以爲何如」〔註216〕，魏子平答：「臣聞襄陽薪芻，皆於江北取之，殆爲此也。」〔註217〕這些，都是宰相議軍事的實例。章宗即位，「時北邊有警，詔百官集尙書省議之」〔註218〕。當時，「太尉克寧銳意用兵」〔註219〕。承安二年（1197年）八月，北邊再起兵端。章宗「以邊事未寧，詔集六品以上官於尙書省，問攻守之計」〔註220〕。隨後，有了對北邊部落的第二次用兵。這兩次用兵前的百官集議，都是在尙書省舉行的，宰相當是集議的主持者和參與者。泰和年間對宋用兵前，章宗君臣共議方略，當時的左丞相完顏宗浩、左丞僕散端、參知政事獨吉思忠和賈鉉都曾參加並提出自己的意見。〔註221〕承安年間右丞相完顏宗浩與平章政事張萬公在「北邊不寧，議築壕壘以備守戍」〔註222〕問題上的異同，亦是這個時期宰相參與軍事決策的記錄。大安三年，右丞相徒單鎰建議內徙昌、桓、撫三州，平章政事移剌、參知政事梁璫表示反對；徒單鎰建議設行省於東京，衛紹王表示反對。〔註223〕這些，都是宰相對備邊措施的研討。大安三年十二月「太保張行簡、左丞相僕散端宿禁中議軍事」〔註224〕，是蒙軍兵臨城下時皇帝與宰相大臣議軍事的記載。〔註225〕

　　戰爭時期，樞密院改元帥府，由尙書省宰相兼任元帥府長官，統軍出征。這樣的戰時體制，雖略有變，但其與熙宗至海陵王時期基本一致則是事實。

　　戰爭時期，樞密院改元帥府，這是世宗時期的制度安排。世宗時期，鎮

〔註213〕《金史》卷89《梁肅傳》，中華書局1975年，第1984頁。
〔註214〕《金史》卷88《紇石烈良弼傳》，中華書局1975年，第1952頁。
〔註215〕《金史》卷89《魏子平傳》，中華書局1975年，第1977頁。
〔註216〕《金史》卷89《魏子平傳》，中華書局1975年，第1977頁。
〔註217〕《金史》卷89《魏子平傳》，中華書局1975年，第1977頁。
〔註218〕《金史》卷97《移剌益傳》，中華書局1975年，第2160頁。
〔註219〕《金史》卷97《移剌益傳》，中華書局1975年，第2160頁。
〔註220〕《金史》卷10《章宗紀二》，中華書局1975年，第242頁。
〔註221〕《金史》卷101《僕散端傳》，中華書局1975年，第2230頁；《金史》卷93《獨吉思忠傳》，中華書局1975年，第2064頁。
〔註222〕《金史》卷93《宗浩傳》，中華書局1975年，第2074頁。
〔註223〕《金史》卷99《徒單鎰傳》，中華書局1975年，第2189～2190頁。
〔註224〕《金史》卷13《衛紹王紀》，中華書局1975年，第294頁。
〔註225〕《金史》卷99《徒單鎰傳》，中華書局1975年，第2189～2190頁。

壓契丹族起義軍和對南宋用兵，由宰相僕散忠義出任統帥；對北方草原部落
用兵，由紇石烈志寧統軍出征，都取得了勝利。章宗明昌、承安間對北方部
落用兵，大規模的用兵有兩次。第一次是自明昌六年五月至承安二年八月，
左丞相夾谷清臣、右丞相完顏襄相繼以本職統軍出征，右丞夾谷衡、參知政
事完顏裔則以本職統軍備邊。第二次是自承安二年九月至承安三年十一月，
完顏襄帶「樞密使兼平章政事」〔註226〕銜統軍出征。這兩次用兵期間，樞密
院並未直接改制爲元帥府，而是一直存在，這是與世宗時期不同的地方。但
是，尚書省宰相作爲軍事長官帶兵出征則是一貫的做法。泰和六年起，對宋
用兵。泰和六年五月「戊子，平章政事僕散揆兼左副元帥，陝西兵馬都統使
充爲元帥右監軍，知眞定府事烏古論誼爲元帥左都監。辛卯，以征南詔中外。」
〔註227〕其後，金朝三易主帥。泰和八年五月，平章政事兼左副元帥完顏匡回
朝，「己未，更元帥府爲樞密院」〔註228〕。在此期間，樞密院改制爲元帥府，
用宰相兼任元帥府長官統軍出征的制度恢復，與世宗時期相同。世宗時樞密
院改制爲元帥府的戰時體制雖在章宗時有些變化，但用宰相作爲軍事統帥的
做法與世宗時是相同的。衛紹王時，大安三年，平章政事獨吉思忠、參知政
事完顏承裕領兵出征，即「平章政事獨吉千家奴，參知政事胡沙行省事備邊」
〔註229〕。其後，尚書左丞完顏綱「行省事於縉山」〔註230〕，也是用宰相統軍
出征的實例。這說明，世宗、章宗、衛紹王時，用宰相作爲軍事統帥的做法
是一以貫之的。

　　與「樞密院雖主兵，而節制在尚書省」的制度相比，這個時期樞密院對
軍事的參與，有據可查的只有樞密使兼平章政事完顏襄、樞密副使權參知政
事胥持國、樞密副使夾谷衡和樞密副使完顏匡分別在承安、泰和年間帶兵出
征，以及完顏匡在泰和年間對宋軍北進的可能性進行推斷的言論〔註231〕等寥
寥數條。與此相比，尚書省宰相參與軍事管理、軍事決策和統軍出征則是這
一時期具有普遍性的現象。

　　因此，趙翼的「金中葉以後宰相不與兵事」條根據不足。趙翼的認識有

〔註226〕《金史》卷10《章宗紀二》，中華書局1975年，第243頁。
〔註227〕《金史》卷12《章宗紀四》，中華書局1975年，第275頁。
〔註228〕《金史》卷12《章宗紀四》，中華書局1975年，第284頁。
〔註229〕《金史》卷13《衛紹王紀》，中華書局1975年，第293頁。
〔註230〕《金史》卷98《完顏綱傳》，中華書局1975年，第2181頁。
〔註231〕參見《金史》卷98《完顏匡傳》，中華書局1975年，第2167頁。

何依據尚不得而知。章宗時期，完顏襄、胥持國、夾谷衡、完顏匡等以樞密院官的身份出征。金朝後期，樞密院的獨立性有所加強，在大臣們的言辭中有所表現。對於這些，趙氏或許有所關注，並得出「金中葉以後宰相不與兵事」的結論。但是，如果對史實做全面的檢索和考察，則會得出相反的結論。

（三）金朝後期宰相與樞密院（元帥府）的關係

在金朝後期的省院關係上，清代史學家趙翼有「金中葉以後宰相不與兵事」〔註232〕的觀點，前述已詳。通過對史料的整理，我們發現，趙翼的觀點，與史實多不符。張帆先生在《中國古代官僚政治制度研究》中指出「金朝後期尚書省宰相兼任樞密院官的事例仍時有出現」且「金朝樞密院奏事官中有一人專主『省院議事』」〔註233〕。其結論是，對金朝後期省院關係「似亦不能作絕對化理解」〔註234〕。張帆先生所言甚簡，對金朝後期省院關係的細節未作詳細闡述。其餘各家則鮮有論及。

金朝後期，樞密院的獨立性曾一度有所增強，是一個值得注意的現象。這種現象的出現，是在宣宗時期。

宣宗時期，貞祐四年正月，「乙亥，以殿前都點檢皇子遂王守禮為樞密使，樞密使濮王守純為平章政事」〔註235〕。二月，「甲申朔」，宣宗「詔皇太子控制樞密院事」〔註236〕。同月，「皇太子既總樞務，詔有司議典禮，以金鑄『撫軍之寶』授太子，啟稟之際用之。」〔註237〕樞密院的獨立性開始增強。興定元年二月「己酉，命樞密院汰疲軟軍士。」〔註238〕興定二年二月，「乙丑，諭樞密曰：『中京商、虢諸州軍人願耕屯田，比括地授之。聞徐、宿軍獨不願受，意謂予田必絕其廩給也。朕肯爾耶。其以朕意曉之。』」〔註239〕興定二年七月，「用點檢承玄言，遣官詣諸道選寄居守闕丁憂官及親軍入仕才堪總兵者，得

〔註232〕〔清〕趙翼著，王樹民校證：《廿二史劄記校證》，中華書局1984年，第642頁。

〔註233〕參見吳宗國先生主編《中國古代官僚政治制度研究》，北京大學出版社2004年，第342頁。

〔註234〕參見吳宗國先生主編《中國古代官僚政治制度研究》，北京大學出版社2004年，第342頁。

〔註235〕《金史》卷14《宣宗紀上》，第316頁。

〔註236〕《金史》卷14《宣宗紀上》，第316頁。

〔註237〕《金史》卷14《宣宗紀上》，第316頁。

〔註238〕《金史》卷15《宣宗紀中》，第328頁。

〔註239〕《金史》卷15《宣宗紀中》，第334頁。

一百六人，付樞密任使。」〔註240〕興定三年八月，「乙酉，命樞密遣官簡嶺外諸軍之武健者，養之彰德、邢、洺、衛、濬、懷、孟等城，弱者罷遣。」〔註241〕興定元年六月「丙辰，詔樞密院遣經歷官分論行院，嚴兵利器以守衝要，仍禁飲宴，違以軍律論。」〔註242〕在宣宗的支持下，興定一、二、三年間，樞密院開始對兵藉、屯田、任官等方面的事務有所涉及，並開始對樞密院的派出機構行樞密院進行垂直管理。至興定二年十二月，「癸亥，尙書省言：『樞密掌天下兵，皇太子撫軍，而諸道又設行院。其有功及失律者，須白院，啓東宮，至於奏可，然後誅賞，有司但奉行而已。自今軍中號令關賞罰者，皆明注詔旨、教令，毋容軍司售其姦欺。』」〔註243〕宣宗同意。這條材料說明在哀宗作皇太子期間，對軍中賞罰有一定深度的參與。上面這些，證明在貞祐、興定年間樞密院獨立性明顯增強，對宰相軍權的行使有所排斥。

金朝後期，推動樞密院獨立性增強的直接因素，當是宣宗加強皇權的需要。貞祐元年，紇石烈執中任尙書令，宣宗即位，成爲傀儡。朮虎高琪擅殺紇石烈執中，宣宗不能正其罪，卻任其爲相。宣宗依賴朮虎高琪，致使其「威權太重」〔註244〕。宣宗「性本猜忌」〔註245〕，內心不安，是可以理解的。所以，他任高汝礪爲相，分朮虎高琪財權〔註246〕；命皇子完顏守純爲相，分朮虎高琪政權；皇子完顏守純和完顏守禮先後任樞密使，分朮虎高琪軍權。另外，當時的近侍和臺諫對朮虎高琪權力的限制也具有一定的作用。因此，朮虎高琪雖執政時間稍長，但未能對皇權構成根本性的威脅。在所有這些措施中，樞密院地位的提高，是一個重要方面。但是，樞密院對皇帝負責，全面排斥尙書省，直接影響軍政事務的處理，在當時的情況下，是做不到的。

樞密院獨立性的明顯增強，不合世宗時期的制度。在實際的決策過程中，尙書省和樞密院分離，會給問題的解決帶來弊端。這種情況在哀宗正大年間一直存在，結果引起了朝臣的反對，陳規和楊雲翼的疏奏是其中的兩例。

貞祐四年七月，陳規上書，提及「近詔軍旅之務，專委樞府，尙書省坐

〔註240〕《金史》卷15《宣宗紀中》，第339頁。
〔註241〕《金史》卷15《宣宗紀中》，第347頁。
〔註242〕《金史》卷15《宣宗紀中》，第330頁。
〔註243〕《金史》卷15《宣宗紀中》，第341頁。
〔註244〕《金史》卷106《朮虎高琪傳》，第2342頁。
〔註245〕《金史》卷16《宣宗紀》，第370頁。
〔註246〕對高汝礪「黨附」朮虎高琪的問題，梁錦秀先生已經做了辨析。參見梁先生文《論金代漢族宰相高汝礪》，載《民族研究》1998年第2期，74—84頁。

視利害，泛然不問，以爲責不在己，其於避嫌周身之計則得矣，社稷生靈將何所賴。」〔註247〕正大年間，百官集議，翰林學士楊雲翼認爲「樞密院專制軍政，蔑視尙書省。尙書出政之地，政無大小當總其綱領，付外施行。今軍旅之事，宰相或不得預聞，欲使軍民利病兩不相蔽，得乎？」〔註248〕這兩條史料說明，在「樞密院專制軍政」的初期，這一做法就受到非議並有所鬆動。

在實際的軍事決策和軍事指揮的過程中，尙書省和樞密院的聯繫，也是普遍存在的。

尙書省和樞密院間，有一定的議事的程序。《金史》卷一百一十四《白華傳》對樞密院奏事官的職掌的陳述，能夠給予我們一般的理解：「奏事者，謂事有區處當取奏裁者殿奏，其奏每嫌辭費，必欲言簡而意明，退而奉行，即立文字謂之檢目。省院官殿上議事則默記之，議定歸院亦立檢目，呈覆。有疑則復稟，無則付掾史施行。其赴省議者，議既定，留奏事官與省左右司官同立奏草，圓覆諸相無異同，則右司奏上。」〔註249〕在這裡，我們發現尙書省和樞密院官員共同在殿上議事和在尙書省議事的一般情況，從這些情況看，其制度在程序上已經比較嚴密。

省院合議的情況在金朝後期屢見。貞祐四年，「復遣官括河南牧馬地，既籍其數，上命省院議所以給軍者」〔註250〕。興定三年二月，「胥鼎言：『軍中誅賞，近制須聞朝廷。賞由中出，示恩有歸，可。部份失律，主將不得即治其罪，不可。』詔尙書樞密雜議。」〔註251〕興定五年十二月，「以大元兵下潼關、京兆，詔省院議之」〔註252〕。葭州提控王公佐在葭州北石山子「招集餘眾得二千餘人」〔註253〕，完顏合達上疏「臣願馳至延安，與元帥買住議，以兵護公佐軍民來屯吳堡，伺隙而動。」〔註254〕宣宗「詔省院議之，於是命合達率兵取葭州」〔註255〕。納合蒲剌都上疏：「諸軍當汰去老弱，妙選精銳，庶

〔註247〕《金史》卷109《陳規傳》，第2404頁。
〔註248〕〔清〕張金吾編纂：《金文最》卷94《內相文獻楊公神道碑銘》，中華書局1990年版，第1368頁。
〔註249〕《金史》卷114《白華傳》，第2505頁。
〔註250〕《金史》卷47《食貨志二》，第1053頁。
〔註251〕《金史》卷15《宣宗紀中》，第342頁。
〔註252〕《金史》卷16《宣宗紀下》，第359頁。
〔註253〕《金史》卷112《完顏合達傳》，第2466頁。
〔註254〕《金史》卷112《完顏合達傳》，第2466頁。
〔註255〕《金史》卷112《完顏合達傳》，第2466頁。

可取勝。陝西弓箭手不習騎射，可選善騎者代之。延安屯兵甚眾，分徙萬人駐平涼。關中元帥猥多，除京兆重鎮，其餘皆可罷。鞏縣以北，黃河南岸，及金鈎、弔橋、虎牢關、虢州崿嶺，凡斜徑僻路俱當置兵防守。」〔註256〕事情涉及很多個方面，「詔下尚書省、樞密院議，竟不施行」〔註257〕。完顏仲元任元帥右都監，「請試兵西夏，出其不意必獲全勝，兵威既振，國力益完。詔下尚書省、樞密院議」〔註258〕。哀宗即位，「群臣建言可因國喪遣使報哀，副以遺留物，因與之講解，盡撤邊備，共守武休之險。遂下省院議之」〔註259〕。

尚書省宰相參與軍事指揮。貞祐二年，宣宗南遷，完顏承暉與抹撚盡忠留守中都，其職銜一是右丞相兼都元帥，一是平章政事兼左副元帥。貞祐三年，僕散端「以左丞相兼都元帥行省陝西」〔註260〕。李尤魯德裕拜參知政事兼簽樞密院事，「大名、河間、清、滄、觀、霸、河南等兵，德裕將之，並護清、滄糧運」〔註261〕。胥鼎和侯摯在宣宗時期任宰相，長期行省河北、陝西、山東，兼任軍政職務，是這個方面明顯的例子。把胡魯任參知政事期間，興定「四年四月，權尚書右丞、左副元帥，行尚書省、元帥府於京兆」〔註262〕。正大年間，完顏合達任參知政事行省陝西，回朝任平章政事後，再出朝帶兵。天興元年正月，完顏合達在鈞州陣亡。這些都說明，宣宗、哀宗時期，仍有一定數量的宰相直接參與軍事指揮。

尤虎高琪軍權既削，威勢不再；尚書省和樞密院分別各有一個皇子在，宣宗也沒有必要隔離兩個部門，給軍政事務的處理製造障礙。因此，樞密院獨立性雖然增強，但尚書省節制樞密院的制度未出現根本性變化，二者之間有相當多的聯繫。宣宗、哀宗時期，吏、兵二部的職掌亦未有明顯的變化。尚書省和樞密院雖有所分離，但在軍事決策方面存在著經常性的合作。同時，尚書省宰相直接參與軍事指揮。哀宗天興元年，省院合一，尚書省對樞密院的節制有所增強。

我們注意到，「皇太子控制樞密院事」和鑄「撫軍之寶」是貞祐四年二月

〔註256〕《金史》卷122《納合蒲刺都傳》，第2664頁。
〔註257〕《金史》卷122《納合蒲刺都傳》，第2664頁。
〔註258〕《金史》卷134《西夏傳》，第2873頁。
〔註259〕《金史》卷112《完顏合達傳》第2468頁。
〔註260〕《金史》卷101《僕散端傳》，第2232頁。
〔註261〕《金史》卷101《李尤魯德裕傳》，第2237頁。
〔註262〕《金史》卷108《把胡魯傳》，第2390頁。

的事情，同年七月陳規上書提「省院合議」，省院合議的有關史料大量出現在此後，當不是偶然的。雖然陳規上書後，宣宗「覽書不悅」〔註263〕，並「詔付尚書省詰之」〔註264〕，且「宰執惡其紛更諸事，謂所言多不當」〔註265〕，但「省院合議」之議對於尚書省參與軍事問題的處理無疑是有利的，其後有所施行是可以理解的。所以，「樞密院專制軍政」時間甚短。正大年間，「軍旅之事」，宰相只是「或不得豫聞」，說明尚書省宰相對軍事的參與是存在的。但是，即使這樣，因不合金朝中期「樞密院雖主兵，而節制在尚書省」的舊制，導致「軍民利病兩不相蔽」不能完全實現，群臣依然有意見，所以天興年間，朝廷在這個方面有所更革。

　　天興元年四月，「以尚書省兼樞密院事」〔註266〕，此時距離金朝滅亡尚有一年九個月的時間。當時的實際情況是「是月十六日，並樞密院歸尚書省，以宰相兼院官，左右司首領官兼經歷官」〔註267〕。赤盞合喜罷樞密院職後，「合喜既失兵柄，意殊不樂，欲銷院印，諸相謂院事仍在，印有用時，不宜毀」〔註268〕。據此，應是樞密院雖在，但樞密院官員由尚書省兼任，樞密院作為一個機構的獨立性已經消失了。

　　從此，樞密院官一般由尚書省官員兼任。哀宗東征，扈從官員有「右丞相、樞密使兼左副元帥賽不，平章政事、權樞密使兼右副元帥白撒」〔註269〕，留守官員有「參知政事兼樞密院副使完顏奴申」〔註270〕。哀宗在蔡州，右丞完顏仲德「領省院，事無鉅細，率親為之，選士括馬，繕治甲兵」〔註271〕。這些都是尚書省宰相兼樞密院職的例子，說明此前樞密院獨立性增強對尚書省有所排斥的傾向得到了根本的糾正。

　　因此，金朝後期，「樞密院雖主兵，而節制在尚書省。兵興以來，茲制漸改」〔註272〕，出現了省院並立的局面，雖是事實，但需要辨析。其實，樞密

〔註263〕《金史》卷109《陳規傳》，第2409頁。
〔註264〕《金史》卷109《陳規傳》，第2409頁。
〔註265〕《金史》卷109《陳規傳》，第2409頁。
〔註266〕《金史》卷17《哀宗紀下》，第387頁。
〔註267〕《金史》卷114《白華傳》，第2510頁。
〔註268〕《金史》卷113《赤盞合喜傳》，第2497頁。
〔註269〕《金史》卷18《哀宗紀下》，第394和第395頁。
〔註270〕《金史》卷18《哀宗紀下》，第395頁。
〔註271〕《金史》卷119《完顏仲德傳》，第2608頁。
〔註272〕《金史》卷114《白華傳》，第2510頁。

院在一定程度上擺脫尚書省節制的時段甚短，自貞祐四年起，至天興元年，不過十六年。需要指出的是，即使在此期間，尚書省對軍事的參與也是一直存在的，所謂「凡在軍事，省官不得預，院官獨任專見」〔註273〕當屬言過其實。至於趙翼所言「明昌以後，則兵事惟樞密院主之」的「金中葉以後宰相不與兵事」條，則與史實相去更遠了。

三、皇帝在宰相與樞密院（元帥府）關係中的作用

金朝前期，在中央機構中，都元帥府的出現早於尚書省。都元帥府對朝政具有舉足輕重的影響，與尚書省結合，直接限制皇權。當時，皇帝不能在宰相與都元帥府的關係中產生作用，主要是宗室貴族集團佔據尚書省和都元帥府職位的結果，是太祖、太宗時期傳統的延續。海陵王時期，取消都元帥府，設置樞密院。正隆南征，海陵王設置大都督府，直接掌握軍權。熙宗時期的情況，至此出現了根本的改變。

金朝中期，宰相能夠參議軍事，但是軍事決策權由皇帝直接掌握。戰爭時期，樞密院改元帥府，宰相兼任元帥府官領兵出征，是由皇帝直接任命的。並且，在戰爭結束後，取消元帥府，宰相回朝任職，其所兼任元帥府官隨之取消。宰相領兵的做法，有金一代雖經常出現，但只是皇帝的一種臨時安排。因此，樞密院雖主兵，而節制在尚書省的制度，並不意味著宰相在軍事上具有全權。其中的關鍵在於，樞密院雖由尚書省節制，但並不直接隸屬於尚書省。所以，宰相在軍事上的權力是有限的。

金朝後期，在宣宗主持下，樞密院地位提高，與尚書省對立，宰相參議軍事和領兵出征雖與前、中期一致，但是，樞密院對尚書省的軍權有所分割，是皇帝的意圖的體現。金末，尚書省宰相兼任樞密院長官，「並樞密院歸尚書省」，存在時間短，影響小。因此，對宰相在軍事方面的權力作過高的估計，也是不符合史實的。

第五節　宰相與臺諫的關係

宰相掌議政行政，臺諫司監察百官，二者的關係，是中央政治的重要方面。因此，考察宰相與臺諫的關係，對於理解金朝宰相制度，對於理解金朝

〔註273〕《金史》卷114《白華傳》，第2510頁。

中央政治的運行，具有重要的意義。

一、金朝的臺諫

秦有御史府，東漢有御史臺，魏、晉、南北朝、隋、唐、宋因之，爲金朝所沿用。金朝御史臺有御史大夫，「掌糾察朝儀、彈劾官邪、勘鞫官府公事。凡內外刑獄所屬理斷不當，有陳訴者付臺治之」〔註274〕。其下，有御史中丞、侍御史、治書侍御史、殿中侍御史、監察御史。其中，殿中侍御史「每遇朝對立於龍墀之下，專劾朝者儀矩」〔註275〕；監察御史「掌糾察內外非違，刷磨諸司察帳並監祭禮及出使之事」〔註276〕。秦漢時起，已有諫官。但是，直至隋唐，諫官未有獨立機構。至宋仁宗時，設置諫院，諫官從中書、門下二省獨立出來。金朝諫院，有左右諫議大夫，左右司諫，左右補闕，左右拾遺。御史職司監察百官，諫官負責諫諍皇帝。但是，在中國歷史上，因爲皇權的加強和監察百官的需要，唐宋以來，御史和諫官的職能漸趨一致，合稱臺諫。北宋政和元年十二月，「詔臺諫以直道覈是非，毋憚大吏，毋比近習」〔註277〕。金朝大定二十七年（1187 年）十月，世宗說「近時臺諫惟指謫一二細碎事，姑以塞責」〔註278〕。這些，都是「臺諫」合稱的例子。臺諫是皇帝的耳目，對於監察宰相，加強皇權，發揮了重要的作用。

二、宰相與臺諫的關係

臺諫職司監察百官，宰相是其監察的對象。臺諫對宰相的監察，對整頓宰相群體發揮了重要作用。宰相在一定程度上掌握對臺諫的任命和獎懲。因此，朝廷雖有臺諫迴避宰相的規定，但臺諫依附宰相的現象時有出現。

（一）臺諫對宰相的監察

熙宗時，天眷官制中，已有御史臺和諫院。但是，這時的臺諫，在對包括宰相在內的百官的監察中尚未眞正起作用。據洪皓《松漠紀聞》，當時，金朝「諫官並以他官兼之，與臺官皆備員，不彈擊，鮮有論事者」〔註279〕。海

〔註274〕《金史》卷 55《百官志一》，中華書局 1975 年，第 1241 頁。

〔註275〕《金史》卷 55《百官志一》，中華書局 1975 年，第 1242 頁。

〔註276〕《金史》卷 55《百官志一》，中華書局 1975 年，第 1242 頁。

〔註277〕《宋史》卷 20《徽宗紀二》，中華書局 1977 年，第 387 頁。

〔註278〕《金史》卷 8《世宗紀下》，中華書局 1975 年，第 199 頁。

〔註279〕〔宋〕徐夢莘：《三朝北盟會編》卷 221，上海古籍出版社 2008 年 6 月第 2版，第 1595 頁。

陵王時，天德三年正月，他對御史大夫趙資福說「汝等多徇私情，未聞有所彈劾，朕甚不取。自今百官有不法者，必當舉劾，無憚權貴」〔註280〕。天德二年十一月至天德四年（1152年）十月，徒單恭任平章政事，其間「於都堂脊杖令史馮仲尹，御史臺劾之，海陵杖之二十」〔註281〕。此後，臺諫監察宰相的記載，才在文獻中經常出現。

敬嗣暉在正隆年間任參知政事。世宗即位，「惡嗣暉巧佞」〔註282〕，「御史大夫完顏元宜劾奏蕭玉、嗣暉、許霖等六人不可用」〔註283〕，於是「嗣暉降通議大夫，放歸田里」〔註284〕。這是當朝臺諫承皇帝意旨對前朝宰相和大臣的彈劾。完顏晏任左丞相時，完顏守道任左諫議大夫，向世宗諫言「陛下初即位，天下略定，邊警未息，方大有為之時，恐晏非其材。必欲親愛，莫若厚與之祿，俾勿事事」〔註285〕，世宗授完顏晏太尉銜，完顏晏致仕。張景仁任御史大夫時，烏古論元忠任平章政事，「怙寵自任，倨慢朝士」〔註286〕，擅治六品官都水監丞高杲壽，「景仁劾之，朝廷肅然」〔註287〕。

章宗時期，焦旭任監察御史，「彈劾相臣。一無所避」〔註288〕。承安二年，楊伯通拜參知政事，「監察御史路鐸劾奏伯通引用鄉人李浩，以公器結私恩」〔註289〕，楊伯通只好居家待罪。承安三年，御史臺劾奏「胥門十哲」〔註290〕。於是，尚書右丞胥持國罷相。

至金朝後期，臺諫對宰相的彈劾呈現高潮局面。

宣宗時，張行信任左諫議大夫，上疏彈劾參知政事奧屯忠孝，列舉事實後指出：「無事之時，猶不容一相非才，況今多故，乃使此人與政，如社稷何！」〔註291〕隨後，奧屯忠孝罷相。貞祐三年十月，「平章抹撚盡忠下獄既久，監察

〔註280〕《金史》卷5《海陵紀》，中華書局1975年，第96～97頁。
〔註281〕《金史》卷120《徒單恭傳》，中華書局1975年，第2616頁。
〔註282〕《金史》卷91《敬嗣暉傳》，中華書局1975年，第2028頁。
〔註283〕《金史》卷91《敬嗣暉傳》，中華書局1975年，第2028頁。
〔註284〕《金史》卷91《敬嗣暉傳》，中華書局1975年，第2028頁。
〔註285〕《金史》卷88《完顏守道傳》，中華書局1975年，第1956頁。
〔註286〕《金史》卷84《張景仁傳》，中華書局1975年，第1893頁。
〔註287〕《金史》卷84《張景仁傳》，中華書局1975年，第1893頁。
〔註288〕〔金〕李嗣周：《中議大夫西京路轉運使焦公墓碑》，《金文最》卷86，中華書局1990年，第1259頁。
〔註289〕《金史》卷95《楊伯通傳》，中華書局1975年，第2119頁。
〔註290〕《金史》卷129《胥持國傳》，中華書局1975年，第2794頁。
〔註291〕《金史》卷104《奧屯忠孝傳》，中華書局1975年，第2299頁；《金史》卷

御史許古言：『盡忠逮繫有司，此必重罪，而莫知其由，甚駭眾聽。乞遣公正重臣鞫之。如得其實，明示罪目，以厭中外之心。』」〔註292〕隨後，宣宗誅抹撚盡忠並以其罪狀布告天下。興定三年，宣宗子英王守純任平章政事，「時監察御史程震言其不法，宣宗切責，杖司馬及大奴尤不法者數人」〔註293〕。元光元年三月，「尚書右丞徒單思忠以病馬輸官，冒取高價，御史劾之，有司以監主自盜論死」〔註294〕，只是因宣宗「顧惜大體」〔註295〕，徒單思忠才「降授陳州防禦使」〔註296〕。把胡魯再拜參知政事：「胡魯拜命日，巡護衛紹王宅都將把九斤來賀」，御史黏割阿里上言，「九斤不當遊執政門，胡魯亦不當受其賀，請併案之」』〔註297〕。於是，宣宗下詔責備把胡魯。

奧屯忠孝、徒單思忠、把胡魯、完顏守純、抹撚盡忠五相或罷或責或誅，顯示出臺諫的力量。

完顏素蘭任監察御史，面見宣宗，彈劾朮虎高琪奸惡，宣宗說：「此乃大事，汝敢及之，甚善。」〔註298〕許古任侍御史，「時丞相朮虎高琪擅權，變亂祖宗法度」〔註299〕，許古「上章劾之」〔註300〕。高汝礪任相多年，「哀宗初即位，諫官言汝礪欺君固位，天下所共嫉，宜黜之以屬百官。」〔註301〕對朮虎高琪和高汝礪，宣宗和哀宗有所袒護，當時臺諫彈劾未果。

哀宗時期，正大元年十二月，陳規任補闕，「言將相非材，且薦數人可用者」〔註302〕。康錫拜監察御史，言「宰相侯摯、師安石非相材」〔註303〕。張特立任監察御史，上章彈劾宰相「方今三面受敵，百姓凋敝，宰相非才，臣

107《張行信傳》同，中華書局 1975 年，第 2365 頁。
〔註292〕《金史》卷 14《宣宗紀上》，中華書局 1975 年，第 314 頁。
〔註293〕《金史》卷 93《宣宗三子傳》，中華書局 1975 年，第 2062 頁。
〔註294〕《金史》卷 16《宣宗紀下》，中華書局 1975 年，第 361～362 頁。
〔註295〕《金史》卷 16《宣宗紀下》，中華書局 1975 年，第 361～362 頁。
〔註296〕《金史》卷 16《宣宗紀下》，中華書局 1975 年，第 361～362 頁。
〔註297〕《金史》卷 108《把胡魯傳》，中華書局 1975 年，第 2392 頁。
〔註298〕《金史》卷 109《完顏素蘭傳》，中華書局 1975 年，第 2399 頁。
〔註299〕〔金〕劉祁撰，崔文印點校：《歸潛志》卷 4《許司諫古》，中華書局 1983 年，第 37 頁。
〔註300〕〔金〕劉祁撰，崔文印點校：《歸潛志》卷 4《許司諫古》，中華書局 1983 年，第 37 頁。
〔註301〕《金史》卷 107《高汝礪傳》，中華書局 1975 年，第 2362 頁。
〔註302〕《金史》卷 109《陳規傳》，中華書局 1975 年，第 2410 頁。
〔註303〕〔金〕元好問：《大司農丞康君墓表》，《遺山先生文集》卷 21，四部叢刊初編縮本，商務印書館 1936 年，第 226 頁。

恐中興之功未可以歲月期也」〔註304〕，並指出「尚書右丞顏盞世魯遣其奴與小民爭田，失大臣體」〔註305〕。張特立所彈劾，涉及宰相有侯摯、師安石、顏盞世魯等多名，因史料的缺失，其結果不得而知。

大體上，臺諫彈劾宰相有兩個理由，一是其不法，二是其非才。遭到彈劾的宰相多被責或去職，說明臺諫在政治鬥爭中具有舉足輕重的作用。

（二）宰相對臺諫的任命與獎懲

金朝文獻中，不僅有臺諫監察宰相的記載，同時存在的，是宰相對臺諫的控制的史實。尚書省掌握臺諫的任命和獎懲，這是宰相控制臺諫的基本條件。

1、臺諫的任命

金朝制度，尚書省掌百官除擬，臺諫對宰相的監察，往往會受其牽制，這是原因之一。

按《金史‧選舉志》「凡選監察御史，尚書省具才能者疏名進呈，以聽制授。任滿，御史臺奏其能否，仍視其所察公事具書於解由，以送尚書省。」〔註306〕則尚書省直接掌握監察御史的任命升遷。這一情況，給宰相掌握臺諫控制輿論提供了條件。對於這個問題，時人已有關注。大定年間，梁肅「上疏論臺諫」〔註307〕，向世宗提出建議「臺官自大夫至監察，諫官自大夫至拾遺，陛下宜親擇，不可委之宰相，恐樹私恩，塞言路也。」〔註308〕世宗雖然採納了梁肅的提議，但是，文獻中檢索不到在這個方面作出明確規定的記載，或並未實行，具體情況不得而知。大定二十九年二月，章宗「敕御史臺，自今監察令本臺辟舉，任內不稱職亦從奏罷」〔註309〕，但是，「明昌三年，覆命尚書省擬注，每一闕則具三人或五人之名，取旨授之。」〔註310〕這樣，御史臺曾掌握監察御史的任命權，但為時甚短，僅三年左右。至貞祐四年，又規定監察御史「命臺官辟舉」〔註311〕但「以名申省，定其可否」〔註312〕，尚書省

〔註304〕《金史》卷128《張特立傳》，中華書局1975年，第2773頁。
〔註305〕《金史》卷128《張特立傳》，中華書局1975年，第2774頁。
〔註306〕《金史》卷54《選舉志四》，中華書局1975年，第1201頁。
〔註307〕《金史》卷89《梁肅傳》，中華書局1975年，第1983頁。
〔註308〕《金史》卷89《梁肅傳》，中華書局1975年，第1983頁。
〔註309〕《金史》卷9《章宗紀一》，中華書局1975年，第209頁。
〔註310〕《金史》卷54《選舉志四》，中華書局1975年，第1201頁。
〔註311〕《金史》卷54《選舉志四》，中華書局1975年，第1202頁。
〔註312〕《金史》卷54《選舉志四》，中華書局1975年，第1202頁。

在程序上仍有發揮作用的空間。

實際上，不僅限於監察御史，御史臺高級官員的任命，有時也直接受到「當路者」的影響。高楨任御史大夫，「楨久在臺，彈劾無所避，每進對，必以區別流品，進善退惡爲言，當路者忌之。薦張忠輔、馬諷爲中丞，二人皆險詖深刻，欲令以事中楨。」〔註313〕「諷、忠輔皆文史巧法，不能與楨絲髮相假借，楨畏其害己，因訴於海陵，海陵以楨太祖舊臣，每慰安之。」〔註314〕按金朝制度，當時能夠推薦御史中丞的人選的「當路者」，應是當朝宰相。御史臺的職能，本是監察百官。「當路者」在其官員任命上上下其手，直接限制對自己不利的官員行使監察權力，以保護自己的利益。

諫院的諫議大夫、司諫、補闕、拾遺，是正四品至正七品職官。金朝制度，「文武選皆吏部統之。自從九品至從七品職事官，部擬。正七品以上，呈省以聽制授」〔註315〕。諫院官員的任用，應由尚書省呈遞名單，由皇帝選取。前引梁肅議「臺官自大夫至監察，諫官自大夫至拾遺，陛下宜親擇，不可委之宰相，恐樹私恩，塞言路也」，說明諫官雖然由皇帝親擇，但名單由尚書省確定，尚書省在程序上亦有發揮作用的空間。

因此，宰相能夠通過對臺諫的任命途徑的掌握，直接削弱其對自身的監察。

2、宰相對臺諫的獎懲

宰相掌握對臺諫的獎懲，對不利於己的臺諫往往棄而不用甚至置之死地。臺諫對宰相的監察往往會受到限制，這是原因之二。

世宗曾對宰相說：「監察御史職事修舉，然後遷除。不舉職者，大則降罰，小則決責，仍不得去職。」〔註316〕這是世宗直接授予宰相獎懲臺諫的權力。章宗時，宰相掌握獎懲臺諫的權力，這種情況，與世宗時期相同。章宗曾說：「凡言事者，議及朕躬亦無妨，語涉宰相，間有憎嫌，何以得進？」〔註317〕路鐸任右拾遺，上書言宰相權重，提醒章宗「乞陛下勿泄此言，泄則臣齏粉矣」，但是「章宗並以此言告宰相，雖留再任，宰相愈銜之」〔註318〕。完顏伯

〔註313〕《金史》卷84《高楨傳》，中華書局1975年，第1890頁。
〔註314〕《金史》卷90《馬諷傳》，中華書局1975年，第1998頁。
〔註315〕《金史》卷52《選舉志二》，中華書局1975年，第1157頁。
〔註316〕《金史》卷73《守能傳》，中華書局1975年，第1691～1692頁。
〔註317〕《金史》卷100《路鐸傳》，中華書局1975年，第2207頁。
〔註318〕《金史》卷100《路鐸傳》，中華書局1975年，第2206頁。

嘉任監察御史時，「劾奏平章政事僕散揆」〔註319〕，有人表示憂慮，說「與宰相有隙，奈何？」〔註320〕宣宗時期，「（尤虎）高琪爲相，專權用事，惡不附己者，衣冠之士，動遭窘辱」〔註321〕，「臺諫職當言責，迫於凶威，噤不敢忤。」〔註322〕其實，即使臺諫反對，成功的可能性也不大。尤虎高琪立法，「職官有犯皆的決」〔註323〕，左司諫抹撚胡魯剌和右司諫許古上書，請求取消這一做法。宣宗「初欲行之」〔註324〕，但是「高琪固執以爲不可，遂寢」〔註325〕。貞祐四年七月，監察御史陳規上奏章「條陳八事」〔註326〕，指出朝政弊端，提出自己的建議。其一，是「責大臣以身任安危」〔註327〕。其二，是「任臺諫以廣耳目」〔註328〕。當時，宣宗「覽書不悅，詔付尙書省詰之」〔註329〕，「宰相惡其紛更諸事，謂所言多不當」〔註330〕，於是，陳規「惶懼待罪」〔註331〕。元朝史臣所謂「孟鑄、宗端修、路鐸盡言於章宗，皆擯斥不遂」，「宣宗時，完顏素蘭、許古皆敢言者，亦挫於高琪、汝礪之手」〔註332〕。其中所提臺諫仕途不暢，多與宰相有直接的關係。陳規、許古任司諫，程震、雷淵任監察御史，其任職直接受宰相影響。當時「宰相用人，必先擇無鋒芒、軟熟易制者，曰『恐生事』。故正人君子多不得用，雖用亦未久，遽退閒」〔註333〕，所以，「臺諫官如陳司諫規、許司諫古、程、雷御史，皆不能終其任也」〔註334〕。翻檢有關史料，金朝中後期，有名的臺諫官，多有因監察宰相遭到排斥打擊的經歷，說明宰相相對於臺諫的優勢地位。

〔註319〕《金史》卷100《完顏伯嘉傳》，中華書局1975年，第2208頁。
〔註320〕《金史》卷100《完顏伯嘉傳》，中華書局1975年，第2208頁。
〔註321〕《金史》卷107《張行信傳》，中華書局1975年，第2367頁。
〔註322〕《金史》卷109《完顏素蘭傳》，中華書局1975年，第2399頁。
〔註323〕《金史》卷109《許古傳》，中華書局1975年，第2414頁。
〔註324〕《金史》卷109《許古傳》，中華書局1975年，第2415頁。
〔註325〕《金史》卷109《許古傳》，中華書局1975年，第2415頁。
〔註326〕《金史》卷14《宣宗紀上》，中華書局1975年，第319頁。
〔註327〕《金史》卷109《陳規傳》，中華書局1975年，第2404頁。
〔註328〕《金史》卷109《陳規傳》，中華書局1975年，第2404頁。
〔註329〕《金史》卷109《陳規傳》，中華書局1975年，第2409頁。
〔註330〕《金史》卷109《陳規傳》，中華書局1975年，第2409頁。
〔註331〕《金史》卷109《陳規傳》，中華書局1975年，第2409頁。
〔註332〕《金史》卷100傳「贊」，中華書局1975年，第2214頁。
〔註333〕〔金〕劉祁撰，崔文印點校：《歸潛志》卷7，中華書局1983年，第70頁。
〔註334〕〔金〕劉祁撰，崔文印點校：《歸潛志》卷7，中華書局1983年，第70～71頁。

（三）臺諫對宰相的迴避與依附

臺諫與宰相同朝任官，或因政見相同，或因利益相關，雙方會形成一定的聯繫。朝廷對臺諫與宰相的關係有所約束。但是，文獻中能夠檢索到臺諫依附宰相的事例，說明朝廷的規定在執行的過程中疏漏有時在所難免。

1、臺諫對宰相的迴避

因為臺諫職司監察，宰相是其監察對象，金朝制度中有臺諫迴避宰相的規定，避免雙方形成盤根錯節的關係。

大定二十九年十一月，御史臺上奏：「故事，臺官不得與人相見。蓋為親王、宰相、形勢之家，恐有私徇。然無以訪知民間利病、官吏善惡。」〔註335〕章宗下詔：「自今許與四品以下官相見，三品以上如故」〔註336〕。宰相是一、二品職官，在此前後，御史臺官員與尚書省宰相間不得相見的規定是明確的。

唐括貢任御史大夫，「會貢生日，右丞相襄、參知政事劉瑋、吏部郎中喜、中都兵馬都指揮使和喜為貢壽，遂犯夜禁，和喜遣軍人送襄至第。監察御史徒單德勝劾其事，下刑部逮喜等問狀。」〔註337〕章宗「以襄、瑋大臣釋之」〔註338〕，而「貢等各解職」〔註339〕。這個事例說明，上述規定得到了執行。

2、臺諫對宰相的依附

臺諫依附宰相，形成朋黨勢力。「冷岩十俊」和「胥門十哲」成員值得注意。

章宗時，完顏守貞任相，「禮接士大夫在其門者，號『冷岩十俊』」〔註340〕。劉祁《歸潛志》載：「余嘗聞故老論金朝女直宰相中，最賢者曰完顏守貞。相章宗，屢正言，有重望。自號冷岩，接援士流，一時名士如路侍御鐸、周戶部德卿諸公皆倚以為重。」〔註341〕完顏守貞改任西京留守，「朝京師」〔註342〕，

〔註335〕《金史》卷9《章宗紀一》，中華書局1975年，第212～213頁。
〔註336〕《金史》卷9《章宗紀一》，中華書局1975年，第212～213頁。
〔註337〕《金史》卷120《唐括貢傳》，中華書局1975年，第2626頁。
〔註338〕《金史》卷120《唐括貢傳》，中華書局1975年，第2626頁。
〔註339〕《金史》卷120《唐括貢傳》，中華書局1975年，第2626頁。
〔註340〕《金史》卷104《孟奎傳》，中華書局1975年，第2290頁。
〔註341〕〔金〕劉祁撰，崔文印點校：《歸潛志》卷10，中華書局1983年，第112頁。
〔註342〕《金史》卷95《董師中傳》，中華書局1975年，第2115頁。

章宗「欲復用」〔註343〕，但「監察御史蒲剌都等糾彈數事」〔註344〕，幸而「（董）師中辨其誣，而舉守貞正人可用」〔註345〕，「守貞由是復拜平章政事」〔註346〕。其後，守貞以罪罷相，曾經參與推舉的臺諫官董師中、路鐸、李敬義皆出任外官。〔註347〕鎬王永中一案，因張汝弼妻高陀斡起，當時「章宗心疑永中，累年不釋。諫官賈守謙、路鐸上疏欲寬解上意，章宗愈不悅。平章政事完顏守貞持其事不肯決，章宗怒守貞，罷知濟南府，諸諫官皆斥外，賜永中死。」〔註348〕在這些事中，宰相完顏守貞與臺諫官董師中、路鐸、李敬義、賈守謙等因政見一致，逐漸接近，「冷巖十俊」，或因此而形成。

同一時期，胥持國專權，形成「胥門十哲」〔註349〕，其中就有右司諫張復亨和右拾遺張嘉貞。御史臺彈劾「胥門十哲」，稱「復亨、嘉貞尤卑佞苟進，不稱諫職。」〔註350〕。於是，「持國以通奉大夫致仕，嘉貞等皆補外」〔註351〕。從御史臺的奏章看，這個集團中的張復亨和張嘉貞依附胥持國，主要是出於利益方面的考慮，與完顏守貞集團成員有所不同。

臺諫依附宰相形成政治集團的現象，以章宗時為最明顯。金朝其它時期，則相對鮮見。這說明，金朝時，在宰相與臺諫的關係上，主要表現為雙方的鬥爭。至於雙方的交結，則是相對次要的方面。

三、皇帝在宰相與臺諫關係中的作用

對於金朝宰相與臺諫的關係，時人有所闡述。陳規曾說：「政事之臣者宰相執政，和陰陽，遂萬物，鎮撫四夷，親附百姓，與天子經綸於廟堂之上者也。議論之臣者諫官御史，與天子辨曲直、正是非者也。二者豈可偏廢哉。」〔註352〕說明二者都是協助皇帝治理天下的助手。因此，皇帝在二者之間關係中的作用值得關注。

〔註343〕《金史》卷95《董師中傳》，中華書局1975年，第2115頁。
〔註344〕《金史》卷95《董師中傳》，中華書局1975年，第2115頁。
〔註345〕《金史》卷95《董師中傳》，中華書局1975年，第2115頁。
〔註346〕《金史》卷95《董師中傳》，中華書局1975年，第2115頁。
〔註347〕《金史》卷95《董師中傳》，中華書局1975年，第2115頁。
〔註348〕《金史》卷64《世宗元妃張氏傳》，中華書局1975年，第1522頁。
〔註349〕《金史》卷129《胥持國傳》，中華書局1975年，第2794頁。
〔註350〕《金史》卷129《胥持國傳》，中華書局1975年，第2794頁。
〔註351〕《金史》卷129《胥持國傳》，中華書局1975年，第2794頁。
〔註352〕《金史》卷109《陳規傳》，中華書局1975年，第2404頁。

　　皇帝鼓勵和支持臺諫監察宰相。海陵王時，曾經對御史大夫趙資福說：「汝等多徇私情，未聞有所彈劾，朕甚不取。自今百官有不法者，必當舉劾，無憚權貴。」〔註353〕高楨任御史大夫「楨久在臺，彈劾無所避，每進對，必以區別流品，進善退惡爲言，當路者忌之。」〔註354〕當路者用張忠輔、馬諷任御史中丞，欲不利於高楨。「正隆例封冀國公，楨因固辭曰：『臣爲眾小所嫉，恐不能免，尙可受封爵耶？』海陵知其忠直，慰而遣之。」〔註355〕對他表示支持。大定二年，完顏元宜拜御史大夫，世宗詔曰：「高楨爲御史大夫，號爲正直，頗涉煩碎，臣下衣冠不正亦被糾舉。職事有大於此者，爾宜勉之。」〔註356〕大定二年八月，世宗詔御史臺「卿等所劾，惟諸局行移稽緩，及緩於赴局者耳，此細事也。自三公以下，官僚善惡邪正，當審察之。若止理細務而略其大者，將治卿等罪矣！」〔註357〕耨盌溫敦謙任御史中丞，世宗對他說：「省部官受請託，有以室家傳達者。官刑不肅，士風頹弊如此，其糾正之。」〔註358〕世宗的言語暗示，以宰相爲首的朝廷百官都是臺諫的監察對象，臺諫應該合理行使自己的監察權力。明昌六年三月，章宗對新任諫官言「國家設置諫官，非取虛名，蓋責實效，庶幾有所裨益。卿等皆朝廷選擇，置之諫職，如國家利害、官吏邪正，極言無隱。」〔註359〕承安三年四月，章宗諭御史臺：「隨朝大小官雖有才能，率多苟簡，朕甚惡之，其察舉以聞。」〔註360〕興定三年（1219年）八月，宣宗敕御史臺官「朕處分尙書事，或至數日不奉行，及再問則巧飾次第以對。大臣容有遺忘，左右司玩弛，臺臣當糾。今後復爾，並罪卿等。」〔註361〕隨後，規定「御史上下半月勾檢省中制敕文字」〔註362〕，實際上是對尙書省加強監察的制度化的規定。哀宗時，許古致仕，命趙秉文草制，有「擢自先朝。置之諫列。斥安昌竊位。已聞折檻之忠。及梁冀伏辜。方見埋輪之志」〔註363〕，表彰其作爲臺諫官對於整頓朝綱的重要作用。

〔註353〕《金史》卷5《海陵紀》，中華書局1975年，第96～97頁。

〔註354〕《金史》卷84《高楨傳》，中華書局1975年，第1890頁。

〔註355〕《金史》卷84《高楨傳》，中華書局1975年，第1890頁。

〔註356〕《金史》卷132《完顏元宜傳》，中華書局1975年，第2831頁。

〔註357〕《金史》卷6《世宗紀上》，中華書局1975年，第129頁。

〔註358〕《金史》卷84《耨盌溫敦謙傳》，中華書局1975年，第1883～1884頁。

〔註359〕《金史》卷10《章宗紀二》，中華書局1975年，第235頁。

〔註360〕《金史》卷11《章宗紀三》，中華書局1975年，第248頁。

〔註361〕《金史》卷15《宣宗紀中》，中華書局1975年，第346頁。

〔註362〕《金史》卷15《宣宗紀中》，中華書局1975年，第346頁。

〔註363〕〔金〕趙秉文：《許道眞致仕制》，《金文最》卷11，中華書局1990年，第147頁。

　　皇帝信任和祖護宰相，直接影響臺諫對宰相的監察。大定二十九年九月，「監察御史焦旭劾奏太傅克寧、右丞相襄不應請車駕田獵，上曰：『此小事，不須治之。』」〔註364〕左丞完顏守貞出任地方官員，「監察御史蒲剌都劾奏守貞前宴賜北部有取受事，不報」〔註365〕。其後，守貞回任平章政事，章宗「賜玉帶，並以蒲剌都所彈事與之，曰：『朕度卿必不爾，故以示卿。』」〔註366〕前述宣宗和哀宗時，臺諫彈劾尤虎高琪和高汝礪未果，也是皇帝迴護宰相的結果。

　　皇帝對臺諫和宰相關係的事例證明，自海陵王時期，皇帝對臺諫監察百官多次表示鼓勵和支持，顯示了對於整頓綱紀的重視。但是，皇帝信任和祖護宰相，則在一定程度上削弱了臺諫對宰相的監察。皇帝對臺諫監察宰相為首的朝廷百官有所鼓勵和支持，對宰相則又有所信任和祖護。這樣一來，金朝臺諫與宰相併立和鬥爭，形成一種互相制約的關係，最終集權於皇帝。

第六節　宰相與近侍的關係

　　近侍本是皇帝身邊負責上傳下達的服務人員，但是，因為與皇帝接近而逐漸掌握權力，漸漸凌駕於宰相之上，成為皇帝控制宰相的一支力量。

一、金朝的近侍

　　金朝制度，近侍局官員，有「提點，正五品。使，從五品。副使，從六品」〔註367〕，「直長，正八品」〔註368〕。其下吏員，有奉御十六人，奉職三十人。近侍局官員與吏員共同組成近侍集團。其中，奉御，舊名入寢殿小底；奉職，舊名不入寢殿小底。奉御和奉職是大定十二年新定的名稱。檢索文獻，唯遼朝宮帳中多「小底」，如耶律良「重熙中，補寢殿小底」〔註369〕即是其中一例。因此，金朝近侍局，在制度上當與遼有一定的淵源。近侍的來源，「多以貴戚、世家、恩倖者居其職，士大夫不預焉」〔註370〕。據周峰先生統計，《金

〔註364〕《金史》卷9《章宗紀一》，中華書局1975年，第212頁。
〔註365〕《金史》卷73《守貞傳》，中華書局1975年，第1688頁。
〔註366〕《金史》卷73《守貞傳》，中華書局1975年，第1688頁。
〔註367〕《金史》卷56《百官志二》，中華書局1975年，第1255頁。
〔註368〕《金史》卷56《百官志二》，中華書局1975年，第1255頁。
〔註369〕《遼史》卷96《耶律良傳》，中華書局1974年，第1398頁。
〔註370〕〔金〕劉祁撰，崔文印點校：《歸潛志》卷7，中華書局1983年，第78頁。

史》中有明確身份的近侍 74 人，其中女眞人 58 人，占 78%。〔註 371〕從近侍局職掌「掌侍從，承敕令，轉進奏帖」〔註 372〕推測，近侍應僅僅是皇帝身邊負責飲食起居和上傳下達的一個群體。但是，檢索《金史》和相關文獻，則會發現其職掌不僅限於此。實際上，近侍因與皇帝接近，對金朝政治的影響逐漸加深，至金朝後期已經成爲一支舉足輕重的力量。

近侍在皇帝身邊，經常由皇帝安排搜集信息，供皇帝決策時參考。大定二十七年二月，世宗「諭宰執曰：『近侍局官須選忠直練達之人用之。朕雖不聽讒言，使佞人在側，將恐漸漬聽從之矣！』」〔註 373〕世宗時，完顏宗道任近侍局使，「右丞相烏古論元忠、左衛將軍僕散揆等嘗燕集，有所竊議，宗道即密以聞。世宗嘉之」〔註 374〕。明昌四年，章宗因區種事，「命近侍二人馳驛巡視京畿禾稼」〔註 375〕。泰和四年，烏古論慶壽遷近侍局局提點。當時，「議開通州漕河，詔慶壽按視」〔註 376〕。同年，章宗對宰相說：「朕賞新茶，味雖不嘉，亦豈不可食也。比令近侍察之，乃知山東、河北四路悉椿配於人。」〔註 377〕興定二年四月，宣宗遣近侍局副使訛可與侍御史完顏素蘭「同赴遼東，察訪叛賊萬奴事體」〔註 378〕。近侍作爲信息渠道和決策體制中的一環的重要性可見一斑。興定五年，宣宗說：「今奉御、奉職多不留心採訪外事。聞章宗時近侍人秩滿，以所採事定陞降。今亦宜預爲考核之法，以激勸之。」〔註 379〕這說明在章宗和宣宗時，近侍收集信息曾經成爲一時的制度。

近侍直接秉承皇帝的旨意，對宗室諸王、朝廷百官和平民百姓傳達旨令。世宗時期，曾因許王府文學劉璣奏事，命近侍向許王永中傳達旨意：「卿有長史，而令文學奏事何也？後勿復爾。」〔註 380〕明昌五年，章宗欲駕幸景明宮，御史中丞董師中等臺諫官上疏極諫。章宗怒，「遣近侍局直長李仁願詣尚書省，召師中等諭之曰：『卿等所言，非無可取，然亦有失君臣之體者。今命平章諭旨，其往聽

〔註 371〕周峰：《金代近侍初探》，《內蒙古社會科學》1998 年第 2 期，第 33 頁。
〔註 372〕《金史》卷 56《百官志二》，中華書局 1975 年，第 1255 頁。
〔註 373〕《金史》卷 8《世宗紀下》，中華書局 1975 年，第 197 頁。
〔註 374〕《金史》卷 73《宗道傳》，中華書局 1975 年，第 1677 頁。
〔註 375〕《金史》卷 50《食貨志五》，中華書局 1975 年，第 1124 頁。
〔註 376〕《金史》卷 101《烏古論慶壽傳》，中華書局 1975 年，第 2237 頁。
〔註 377〕《金史》卷 49《食貨志四》，中華書局 1975 年，第 1108 頁。
〔註 378〕《金史》卷 15《宣宗紀中》，中華書局 1975 年，第 336 頁。
〔註 379〕《金史》卷 16《宣宗紀下》，中華書局 1975 年，第 356 頁。
〔註 380〕《金史》卷 97《劉璣傳》，中華書局 1975 年，第 2157 頁。

焉。』」〔註381〕哀宗在蔡州，派遣近侍「宣諭州民」〔註382〕。當時「敵兵去遠，商旅頗行，小民歡呼鼓舞，以爲復見太平，公私宿釀，一日皆盡。」〔註383〕

關於近侍收集信息和傳達旨令，自世宗時期起即屢見於記載，至金末不絕，是一種常規的做法，這種做法使其在信息傳遞渠道中佔據了切要的位置。

在收集信息和傳達旨令外，近侍還承擔其它任務。如賞軍。大定五年「詔近侍局使裴滿子寧佩金牌，護衛醜底、符寶祗候駝滿回海佩銀牌，諭諸路將帥，以宋國進到歲幣銀絹二十萬兩、匹，盡數給與見存留及放散軍充賞」〔註384〕。承安元年十二月，「遣提點太醫近侍局使李仁惠勞賜北邊將士」〔註385〕。移民。宣宗時期，「朝廷遣近侍局直長溫敦百家奴曁刑部侍郎奧屯胡撒合徙吉州之民於丹以避兵鋒」〔註386〕。徵糧。天興元年十二月，「哀宗次黃陵岡，遣奉職尤甲搭失不、奉職權奉御黏合斜烈來歸德徵糧」〔註387〕。監軍。元帥右監軍、邠涇總帥、權參知事完顏訛可「奉旨於邠、涇、鳳翔往來防秋。奉御六兒監戰，於訛可爲孫行，而訛可動爲所制，意頗不平，漸生猜隙」〔註388〕。其後，因奉御六兒回朝奏言，河中陷落，完顏訛可受杖而死。上面的這些活動，都是近侍按照皇帝的安排，直接進行的。

二、宰相與近侍的關係

近侍預政，與宰相發生了一定的關係。雙方既有交結也有爭鬥，呈現出複雜的局面。

（一）宰相與近侍的交結

熙宗時，李老僧「與大興國有親，素相厚。海陵秉政，興國屬諸海陵，海陵以爲省令史」〔註389〕。這樣看來，宰相與近侍相結，在熙宗時已有之。

〔註381〕《金史》卷95《董師中傳》，中華書局1975年，第2115頁。
〔註382〕〔金〕王鶚：《汝南遺事》卷1，叢書集成初編本，商務印書館1939年，第7頁。
〔註383〕〔金〕王鶚：《汝南遺事》卷1，叢書集成初編本，商務印書館1939年，第7頁。
〔註384〕《金史》卷87《僕散忠義傳》，中華書局1975年，第1940頁。
〔註385〕《金史》卷10《章宗紀二》，中華書局1975年，第240頁。
〔註386〕《金史》卷109《許古傳》，中華書局1975年，第2417頁。
〔註387〕《金史》卷116《石盞女魯歡傳》，中華書局1975年，第2544頁。
〔註388〕《金史》卷111《內族訛可傳》，中華書局1975年，第2446頁。
〔註389〕《金史》卷132《李老僧傳》，中華書局1975年，第2828頁。

其後，海陵謀變，通過李老僧結大興國，保證了政變的順利進行。世宗時期，烏古論元忠罷相，出爲北京留守，世宗「責諭之曰：『汝強悍自用，顓權而結近密。汝心叵測，其速之官。』」〔註390〕章宗時期，元妃李氏有寵，其兄李喜兒任宣徽使，弟帖哥任近侍局使，「一家權勢薰天，士大夫好進者往往趨附」〔註391〕。胥持國與元妃李氏相結，與帖哥有聯繫應是可以推知的。實際上，章宗時期，完顏守貞「以在政府日嘗與近侍竊語宮掖事，而妄稱奏下，上命有司鞫問，守貞款伏，奪官一階，解職」〔註392〕。其罪名之一是「曾報傚之弗思，輒私權之自樹，交通近侍，密問起居，窺測上心，預圖趨向」〔註393〕。宣宗時，「紇石烈執中之誅，近侍局嘗先事啓之，遂以爲功，陰秉朝政」。當時，尤虎高琪「託此輩以自固」〔註394〕。這些都說明宰相與近侍的交結是經常出現的現象。

（二）宰相與近侍的爭鬥

宰相與近侍的爭鬥，雙方的力量此消彼長。大體上，宰相力量逐漸減弱，近侍力量則逐漸增強，是一個基本的趨勢。

海陵時期，小底藥師奴與靈壽縣主有姦當斬，「海陵欲杖之，謂近臣曰：『藥師奴於朕有功，再杖之即死矣。』丞相李睥等執奏藥師奴於法不可恕，遂伏誅。」〔註395〕大定初，「近侍有欲罷科舉者」，尙書令張浩表示反對，世宗未聽從近侍的意見。〔註396〕明昌初，河間饑荒，奉御蒲察五斤移文提刑司開倉賑濟，然後奏聞。當時，章宗同意，但尙書令徒單克寧說：「陛下始親大政，不宜假近侍人權，乞正專擅之罪」〔註397〕。於是，章宗杖責蒲察五斤並將其罷職。〔註398〕徒單克寧去世後，章宗思念他，把他「由泰州都軍召爲振肅」〔註399〕。由此看來，這個時期宰相對近侍的抑制是相對有效的。

〔註390〕《金史》卷120《烏古論元忠傳》，中華書局1975年，第2624頁。
〔註391〕〔金〕劉祁撰，崔文印點校：《歸潛志》卷10，中華書局1983年，第113頁。
〔註392〕《金史》卷73《守貞傳》，中華書局1975年，第1690頁。
〔註393〕《金史》卷73《守貞傳》，中華書局1975年，第1690頁。
〔註394〕《金史》卷101《抹撚盡忠傳》，中華書局1975年，第2229頁。
〔註395〕《金史》卷63《后妃傳上》，中華書局1975年，第1511頁。
〔註396〕《金史》卷83《張浩傳》，中華書局1975年，第1864頁。
〔註397〕《金史》卷12《章宗紀四》，中華書局1975年，第274頁。
〔註398〕《金史》卷12《章宗紀四》，中華書局1975年，第274頁。
〔註399〕《金史》卷12《章宗紀四》，中華書局1975年，第274頁。

　　宣宗時，張行信拜參知政事，「爲近侍所譖，出鎮涇州」〔註400〕。貞祐四年，僕散端「以疾請致仕，不許，遣近侍與太醫診視。端雖癃老，凡朝廷使至必遠迓，宴勞不懈，故讒構不果行。」〔註401〕其言行謹慎，當與其對近侍權力有所畏懼有關。興定年間，宣宗與宰相之間因近侍預政問題曾有所爭論。平章政事抹撚盡忠請宣宗慎選近侍局任職人員，其意對近侍預政有所排斥。〔註402〕宣宗的意見是「自世宗、章宗朝許察外事，非自朕始也。如請謁營私，擬除不當，臺諫不職，非近侍體察，何由知之？」〔註403〕並對抹撚盡忠的言論不以爲然，說：「朕自今不敢問若輩，外間事皆不知，朕幹何事，但終日默坐聽汝等所爲矣。方朕有過，汝等不諫，今乃面訐，此豈爲臣之義哉！」〔註404〕抹撚盡忠謝罪。天興元年，斜卯愛實說：「今近侍權太重，將相大臣不敢與之相抗」〔註405〕。天興二年六月，哀宗「詔仲德議遷蔡，仲德雅欲奉上西幸，因贊成之」。等到了蔡州，完顏仲德「領省院，事無鉅細率親爲之，選士括馬，繕治甲兵，未嘗一日無西志」。但是，「近侍左右久困睢陽，幸即汝陽之安，皆娶妻營業不願遷徙，日夕爲上言西行不便。未幾，大兵梗路，竟不果行。仲德每深居燕坐，瞑目太息，以不得西遷爲恨。」〔註406〕完顏仲德主張哀宗西幸，其意圖因近侍預政受阻，近侍的權力，漸重於宰相，直至金末。

　　宰相與近侍交結，其原因在於近侍接近皇帝，掌握信息渠道的關鍵環節，能夠伺察皇帝的趨向，有隨時進言的條件，宰相能夠利用近侍鞏固權位。但是，近侍預政，對朝政的運行會產生不利影響。所以，宰相需要抑制近侍。宰相爲首的百官對近侍的抑制一般是通過進諫皇帝間接進行的。章宗以前，朝政相對清明，皇帝能夠接受宰相的諫言，近侍的權力擴張不至於直接影響政局的發展。世宗對宰相談及官員的選任時曾說：「此宰相事也，左右近侍雖常有言，朕未敢輕信。」〔註407〕後來，世宗又對宰相言「近侍局官須選忠直練達之人用之。朕雖不聽讒言，使佞人在側，將恐漸漬聽從之矣！」〔註408〕

〔註400〕〔金〕劉祁撰，崔文印點校：《歸潛志》卷6，中華書局1983年，第58頁。
〔註401〕《金史》卷101《僕散端傳》，中華書局1975年，第2232頁。
〔註402〕《金史》卷101《抹撚盡忠傳》，中華書局1975年，第2229頁。
〔註403〕《金史》卷101《抹撚盡忠傳》，中華書局1975年，第2229頁。
〔註404〕《金史》卷101《抹撚盡忠傳》，中華書局1975年，第2229頁。
〔註405〕《金史》卷114《斜卯愛實傳》，中華書局1975年，第2516頁。
〔註406〕《金史》卷119《完顏仲德傳》，中華書局1975年，第2608頁。
〔註407〕《金史》卷88《石琚傳》，中華書局1975年，第1962頁。
〔註408〕《金史》卷8《世宗紀下》，中華書局1975年，第197頁。

宣宗以後，皇帝對近侍的依賴增加，宰相進諫經常受到打擊，近侍的權力迅速擴張，結果「中外蔽隔」〔註409〕，「至於大臣退黜，百官得罪，多自局中，御史之權反在其下矣」〔註410〕。在元朝史臣看來，「金人所謂寢殿小底猶周之綴衣」〔註411〕，但「南渡後，人主尤委任，大抵視宰相臺部官皆若外人，而所謂心腹則此局也」〔註412〕。近侍的權力，漸漸凌駕於宰相之上，是金朝宰相與近侍關係的基本趨勢。

三、皇帝在宰相與近侍關係中的作用

近侍是皇帝的心腹。從近侍的來源看，他們多爲女眞人，且與皇帝有著千絲萬縷的聯繫。宣宗時，宰相抹撚盡忠「奏應奉翰林文字完顏素蘭可爲近侍局」〔註413〕，宣宗答：「近侍局例注本局人及宮中出身，雜以他色，恐或不和。」〔註414〕則更顯示了近侍是在皇帝直接控制下自成體系的一個群體。皇帝與近侍的關係在平時的生活細節和行政過程中有所表現。熙宗時期，已經有「一日，熙宗與近侍飲酒」〔註415〕的記載，皇帝與近侍的親近關係可見一斑。其後，海陵祖護小底藥師奴，蒲察五斤因與章宗親近罷而復任。哀宗時期，近侍有所謂三姦，即張文壽、張仁壽、李麟之三人。當時，「近侍二張一李，皆以倖進，擾亂朝綱，人莫敢指謫。」〔註416〕正大五年四月，哀宗「以御史言三姦不已」〔註417〕，竟「四日不視朝」〔註418〕。陳規「疏其姦以狀聞，既而皆降除外，未幾命復其位」〔註419〕。其後，陳規再諫，三姦罷職，但陳規亦出補外官。天興元年，近侍干預朝政，斜卯愛實上章諫言，「章既上，近侍數人泣訴上前曰：『愛實以臣等爲奴隸，置至尊何地耶！』」〔註420〕斜卯愛

〔註409〕《金史》卷101《抹撚盡忠傳》，中華書局1975年，第2229頁。
〔註410〕〔金〕劉祁撰，崔文印點校：《歸潛志》卷7，中華書局1983年，第79頁。
〔註411〕《金史》卷132《逆臣傳論》，中華書局1975年，第2829頁。
〔註412〕〔金〕劉祁撰，崔文印點校：《歸潛志》卷7，中華書局1983年，第79頁。
〔註413〕《金史》卷101《抹撚盡忠傳》，中華書局1975年，第2229頁。
〔註414〕《金史》卷101《抹撚盡忠傳》，中華書局1975年，第2229頁。
〔註415〕《金史》卷132《逆臣傳論》，中華書局1975年，第2829頁。
〔註416〕〔金〕段成己：《中議大夫中京副留陳規墓表》，《金文最》卷109，中華書局1990年，第1568頁。
〔註417〕《金史》卷17《哀宗紀上》，中華書局1975年，第380頁。
〔註418〕《金史》卷17《哀宗紀上》，中華書局1975年，第380頁。
〔註419〕〔金〕段成己：《中議大夫中京副留陳規墓表》，《金文最》卷109，中華書局1990年，第1568頁。
〔註420〕《金史》卷114《斜卯愛實傳》，中華書局1975年，第2516頁。

實隨即離朝，出任中京留守。上述兩例，說明皇帝袒護近侍、排斥朝臣，在金末已經是明顯的事實了。

政變時，近侍的行為能直接說明其與皇帝的關係。金朝近侍參與政變在金朝後期具有相當大的普遍性。宣宗時期，紇石烈執中跋扈，奉御完顏思烈上言「願早誅權臣，以靖王室」〔註421〕。「提點近侍局慶山奴、副使惟弼、奉御惟康請除執中，宣宗念援立功，隱忍不許」〔註422〕。朮虎高琪擅殺紇石烈執中，宣宗降詔褒諭：「武衛副使提點近侍局慶山奴、近侍局使斜烈、直長撒合輦累曾陳奏，方憤圖之。斜烈漏此意於按察判官胡魯，胡魯以告翰林待制訛出，訛出達於高琪，今月十五日將胡沙虎戮訖。」〔註423〕說明近侍在其中發揮了一定的作用。蒲察官奴兵變，「內局令宋乞奴與奉御吾古孫愛實、納蘭忔答、女奚烈完出密謀誅官奴」〔註424〕。平定蒲察官奴之亂，則更顯示了近侍與皇帝利益關係的一致性。因此，近侍是皇帝的心腹，雙方之間形成了休戚與共的關係。

如前所述，世宗時，近侍提供給皇帝的消息，已經開始對宰相發揮作用。章宗時，近侍的權力比世宗時有所增長。宣宗以後，皇帝對近侍的依賴增加，宰相的進諫經常受到打擊，近侍的權力迅速擴張，結果「中外蔽隔」〔註425〕，「至於大臣退黜，百官得罪，多自局中，御史之權反在其下矣」〔註426〕。在元朝史臣看來，「金人所謂寢殿小底猶周之綴衣」〔註427〕，但「南渡後，人主尤委任，大抵視宰執臺部官皆若外人，而所謂心腹則此局也。」〔註428〕需要注意的是，終金一代，近侍與皇帝一體，沒有出現近侍集團脫離皇帝的控制獨立行使權力的局面。因此，近侍權力的加強，是皇權加強的一種表現形式。近侍監察宰相，執行政令，是皇帝控制宰相的一個手段。

〔註421〕《金史》卷111《內族思烈傳》，中華書局1975年，第2454頁。
〔註422〕《金史》卷133《紇石烈執中傳》，中華書局1975年，第2838頁。
〔註423〕《金史》卷106《朮虎高琪傳》，中華書局1975年，第2341頁。
〔註424〕《金史》卷116《蒲察官奴傳》，中華書局1975年，第2548～2549頁。
〔註425〕《金史》卷101《抹撚盡忠傳》，中華書局1975年，第2229頁。
〔註426〕〔金〕劉祁撰，崔文印點校：《歸潛志》卷7，中華書局1983年，第79頁。
〔註427〕《金史》卷132《逆臣傳》「論」，中華書局1975年，第2829頁。
〔註428〕〔金〕劉祁撰，崔文印點校：《歸潛志》卷7，中華書局1983年，第79頁。

第五章　皇帝與宰相的關係

　　宰相的任免，宰相行使職權，宰相間、宰相與左右司和六部、宰相與其它中央機構的關係，都是和皇帝與宰相的關係具有一定聯繫的問題。因此，金朝皇帝與宰相的關係，是宰相制度研究的中心問題之一。在檢索史料的基礎上，筆者認識到，宰相制度是金朝政治制度的中心。宰相制度的這個地位，是與皇帝對宰相的控制機制有直接關係的。金朝皇帝與宰相的關係，經過了一個長期的發展過程。

第一節　宰相制度在政治制度中的地位

　　金朝宰相制度是政治制度的中心，尚書省是政治樞紐，宰相是推動政令制定和執行的主要力量。在繼承女眞舊制和唐、宋、遼制度的基礎上，金朝進行了改革，形成和完善了宰相制度。在金朝各個機構中，尚書省是政治樞紐，宰相通過議政和行政權力的行使，實現對皇帝的匡輔和對天下的治理。金朝宰相機構是尚書省，宰相與皇帝議政，或在尚書省會議中議事，通過左右司監督六部行政。實際上，金朝百官集議，主要也是以宰相爲中心的。宰相行政，也不僅限於監督左右司、六部；除左右司、六部外，諸寺、監也在宰相的監督下。宰相通過尚書省節制樞密院的方式，直接參與軍事決策和執行。宰相掌握人事權，一般情況下能夠對御史臺施加影響。金朝皇帝控制宰相的機制逐漸完善，宰相的權力限制在一定範圍內，相權成爲皇權控制下的一種權力。在皇帝和百官間，以宰相爲中心的信息流通是順暢的，這保證了宰相議政和行政權行使的穩定性。

宰相在議政上直接輔助皇帝，對政令的制定產生影響，前面已經闡述甚多。宰相在行政上體現皇帝的意志，推動政令的執行，尚需略作補充。檢索《金史》卷五十九《百官志》四，有兩條史料值得注意：

> 其一，「遞牌」條：「遞牌，即國初之信牌也。至皇統五年三月，復更造金銀牌，其制皆不傳。大定二十九年，製綠油紅字者，尚書省文字省遞用之。硃漆金字者，敕遞用之。並左右司掌之，有合遞文字，則牌送各部，付馬鋪轉遞，日行二百五十里。如臺部別奉聖旨文字，亦給如上制。」〔註1〕

> 其二，「虎符」條：「其符用虎，並五左一右，左者留御前，以侍臣親密者掌之，其右付隨路統軍司、招討司長官主之，闕則次官主之。若發兵三百人以上及徵兵、召易本司長貳官，從尚書省奏請左第一符，近侍局以囊封付主奏者，尚書備錄聖旨，與符以函同封，用尚書省印記之，皆專使帶牌馳送至彼。主符者視其封，以右符勘合，然後奉行，若一有參差者，不敢承用。主者復用囊封貯左符，上用職印，具發兵狀與符以本司印封，即日還付使者，送尚書省以進，乃更其封，以付內掌之人。」〔註2〕

這兩條史料，說明尚書省在皇帝與左右司、六部、路府州縣官，以及皇帝與統軍司、招討司官中間，在程序上，處於樞紐的地位。

因此，宰相是推動政令的制定和執行的主要力量，尚書省是政治樞紐，宰相制度是金朝政治制度的中心。

第二節　金朝皇帝對宰相的控制機制

王瑞來先生對中國古代王朝皇帝與宰相的關係進行過全面的考察，其觀點是「皇帝需要宰相的輔佐，宰相則需要在皇帝的支持下主持文武大政。從這個意義上說，二者是互相依存的。然而，皇帝還時時防範宰相專權，宰相也經常限制皇帝越軌。從這個意義上說，二者又是互相制約的。」〔註3〕就金朝的實際情況而言，宰相限制皇帝越軌，其諫諍和封駁的作用是有限的。但

〔註1〕《金史》卷59《百官志四》，中華書局1975年，第1335頁。
〔註2〕《金史》卷59《百官志四》，中華書局1975年，第1336頁。
〔註3〕王瑞來：《宰相故事——士大夫政治下的權力場》，中華書局2010年，第345頁。

是，皇帝對宰相的控制機制，則成功地起到了防範宰相專權的效果。因爲尚書省是金朝政務運行的樞紐，所以，金朝皇帝重點考慮的問題是如何控制宰相，以集中權力，保證政務平穩運行。金朝皇帝控制宰相的機制，主要表現在以下一些方面。

一、控制機制之一

皇帝對宰相的控制機制之一，是防止宰相兼有行政、軍事、監察權力，從而集權於己。

金朝中央，尚書省、樞密院、臺諫分司行政、軍事、監察，互相牽制，宰相不能集中權力。皇帝用樞密院分宰相軍權，宰相不能長期掌握軍事權力。熙宗時的都元帥府是對宋用兵的機構，女眞宗室貴族集中掌握軍事權力，是皇權不伸的原因之一。海陵即位，天德二年，罷都元帥府，設樞密院，集中軍權。正隆南征，海陵設大都督府，御駕親征，把軍事指揮權直接掌握在皇帝的手中。世宗時起，戰爭時期，樞密院改元帥府，臨時指派宰相領兵出征；戰爭結束，罷元帥府，恢復樞密院，宰相回朝。當時，宰相雖能參與軍事決策，但軍事指揮權是皇帝直接掌握的。這一體制，在金末戰爭時期有所改變，但宣宗提高樞密院地位，使其與尚書省互相牽制。因此，皇帝直接掌握軍事最高決策權和指揮權，宰相只有參與決策權和臨時指揮權，其軍事權力被分割了。金朝的臺諫，是皇帝的耳目，對於集中皇權有直接的作用。臺諫雖由宰相提名，但皇帝親自任命，是皇帝用於削減相權的工具。臺諫官彈劾宰相，其理由之一是宰相不法。宰相不法，是其法外行權，擅自行事的結果。這種擅自行事的傾向，如果不能及時糾正，相權就會逐漸增強，在無形中削弱皇權。縱觀金朝全程，皇帝有時因信任宰相而有所袒護，但一般情況下重視臺諫的言論；宰相在一定程度上掌握臺諫的任免，臺諫對宰相有所依附，但臺諫任免的最終決策權掌握在皇帝手中，在本質上是皇帝監察百官的工具，宰相因此去職者甚多。實際上，如前所述，因皇帝勤政，和左右司、六部保持直接聯繫，並直接通過近侍行使權力，這些都在一定程度上分割了宰相的權力，牽制了宰相的施政行爲。金朝時，宰相兼職少，且多爲暫時兼任，不具備長期穩定集中權力的條件。因此，有金一代，一般情況下，宰相謹守本職，議政行政而已，其權力是有限的。皇帝集權於己，能夠實現對宰相的控制。

二、控制機制之二

皇帝對宰相的控制機制之二，是用女眞官員掌握權力，保證皇權的穩定。

金朝實行種族統治，通過女眞官員中掌握權力。左丞相一職，女眞人的比例在 90%以上。在平章政事、右丞相、左丞相、尙書令、領三省事五個職位上，則一般在 70%以上。女眞人在宰相中佔據了多數職位，其比例在 60%以上。程妮娜先生據《金史》統計，金朝國家最高軍事機構樞密院，長官樞密使均爲女眞人，副長官樞密副使女眞人占 70%強。〔註4〕徐松巍先生統計，金朝御史大夫 36 名，其中女眞人 26 名，契丹 4 名，漢 3 名，渤海 3 名；御史中丞 46 名，其中女眞人 22 人，契丹 4 名，漢 20 名。〔註5〕從中，不難看出女眞人的優勢地位。上面的幾組數字，都有助於說明，金朝的行政、軍事、監察權力，是掌握在女眞人手中的。需要說明的是，皇帝對女眞人權力，也是有所限制的。熙宗時，宗室貴族集團曾限制皇帝的權力。但是，海陵王即位，屠殺宗室，遷都中都，並把宗室貴族南遷中原，且「防近族而用疏屬」〔註6〕，基本消除了這一因素。有金一代，雖政變不斷，但宗室子即位，女眞高級官員擁護，則是一貫的。因此，權力掌握在女眞人手中，是保證皇權穩定的因素。

三、控制機制之三

皇帝對宰相的控制機制之三，是宰相多級多員，首相職位遞降，皇帝駕馭方便。

檢索《金史》卷五十五《百官志一》，宰相職位，自尙書令至參知政事，定員 9 員。熙宗時期和海陵王正隆官制改革前，有領三省事，則爲 10 至 12 員。宰相層級，自領三省事至參知政事有 6 個層級，取消領三省事後，則是 5 個層級，實際上一般有 4 個層級之多。熙宗時期和海陵王正隆官制改革前，宰相一般是 8～10 名。海陵王正隆年間，宰相一般是 5～6 名。世宗時期，宰相一般是 5～8 名。章宗、衛紹王、宣宗時，宰相一般在 4～6 名間。哀宗時，實際任職的宰相一般在 2～4 名間。議政時，難免眾說紛紜，意見難以統一。行政時，各負其責，事權不易集中。一般情況下，皇帝擇善而從，宰相領命

〔註4〕 程妮娜：《金代政治制度研究》，吉林大學出版社 1999 年，第 253～254 頁。
〔註5〕 詳見徐松巍先生《金代監察制度特點芻議》，載《求是學刊》1991 年第 3 期，第 86 頁。
〔註6〕 《金史》卷 116《內族承立傳》，中華書局 1975 年，第 2552 頁。

而行。金朝時期，宰相一般由多民族組成，且出身各不相同，不能形成統一的利益集團。宰相多級多員，皇帝掌握任免宰相的權力，能夠通過宰相群體的重組，實現人員的流動，從而保持對宰相群體的控制。首相位高，但一般不能壟斷決策和行政權力。自海陵王時，首相職位呈遞降趨勢，即自領三省事至尚書令，自尚書令至左丞相，自左丞相至右丞相。至哀宗天興二年時，首相降至右丞。首相職位降低，皇帝駕馭起來方便。這種情況下，皇帝能夠直接控制宰相〔註7〕，皇權的行使暢通無阻。宰相對皇權的向心力遠勝於離心力，他們是圍繞皇權運轉的議政和行政的群體。

四、控制機制之四

皇帝對宰相的控制機制之四，是防止宰相控制信息傳播途徑，皇帝通過多種途徑收集信息和傳達政令。

樞密院（元帥府）、臺諫、近侍，都是皇帝收集信息和傳達政令的途徑，具體情況，不再贅述。此外，皇帝有其它一些安排，防止宰相控制言路。

金朝皇帝通過翰林學士院、集賢院、益政院官，聽取意見和建議。金朝時，有「諫官詞臣入直禁中」〔註8〕的故事。大定二十五年十月，世宗「命學士院、諫院、秘書監、司天台、著作局、閣門、通進、拱衛、直武器署等官，凡直宮中，午前許退。」〔註9〕承安二年六月，章宗「以澄州刺史王遵古為翰林直學士，仍敕無與撰述，入直則御前，或霖雨，免入直，以遵古年老，且嘗侍講讀也」〔註10〕。翰林在宮中值日，是所謂侍臣，向皇帝奏事，有一定的方便條件，自不待言。興定元年，設集賢院，是備咨詢、與謀議的機構，有知集賢院、同知集賢院、司議官和諮議官等官員。哀宗時，正大三年，設益政院，「置於內庭，以學問該博、議論宏遠者數人兼之。日以二人上直，備顧問，講《尚書》、《通鑒》、《貞觀政要》」〔註11〕，「名為經筵，實內相也」〔註12〕。這些機構，間接

〔註7〕劉肅勇先生《論金世宗分相權》，對世宗時期皇帝控制宰相的情況有詳細的論述。這種情況，在金朝時期具有一定的典型性。詳見劉肅勇先生《論金世宗分相權》，《社會科學輯刊》1988年第3期，第75～77頁。

〔註8〕《金史》卷125《楊伯仁傳》，中華書局1975年，第2724頁。

〔註9〕《金史》卷8《世宗紀下》，中華書局1975年，第190頁。

〔註10〕《金史》卷10《章宗紀二》，中華書局1975年，第242頁。

〔註11〕《金史》卷56《百官志二》，中華書局1975年，第1280頁。

〔註12〕〔金〕元好問：《內相文獻楊公神道碑銘》，《遺山先生文集》卷18，四部叢刊初編縮本，商務印書館1936年，第184頁。

限制了宰相對言路的控制，增加了皇帝在議政和決策時的主動權。

皇帝有召對、輪對、轉對的安排，聽取百官的意見和建議。承安四年二月，章宗指示有司「自三月一日爲始，每旬三品至五品官各一人轉對，六品亦以次對。臺諫勿與，有應奏事，與轉對官相見，無面對者上章亦聽」〔註13〕。承安四年六月，「右補闕楊庭秀言：『自轉對官外，復令隨朝八品以上、外路五品以上及出使外路有可言者，並許移檢院以聞。則時政得失，民間利病，可周知矣。』從之。」〔註14〕承安五年三月「戶部尚書孫鐸、大理卿完顏撒剌、國子司業蒙括仁本召對便殿」〔註15〕。泰和年間「上以交鈔事，召戶部尚書孫鐸、侍郎張復亨，議於內殿」〔註16〕。皇帝這樣做，通過與百官的對話增加對政事的理解，從而在決策中削弱了宰相的影響力。

皇帝經常在春水秋山多夏捺鉢時通過考察風土民情，掌握官吏任職情況。世宗曾「巡幸所至，必令體訪官吏臧否」〔註17〕。大定十年十月，世宗對大臣說：「比因巡獵，聞固安縣令高昌裔不職，已令罷之。霸州司候成奉先奉職謹恪，可進一階，除固安令。」〔註18〕大定十八年三月，世宗對宰相說：「縣令之職最爲親民，當得賢材用之。邇來犯法者眾，殊不聞有能者。比在春水，見石城、玉田兩縣令，皆年老，苟祿而已。畿甸尚爾，遠縣可知。」〔註19〕大定二十七年九月，世宗對宰相說：「朕今歲春水所過州縣，其小官多幹事，蓋朕前嘗有賞擢，故皆勉力。以此見專任責罰，不如用賞之有激勸也。」〔註20〕大定二十年十月，世宗對宰相說：「察問細微，非人君之體，朕亦知之。然以卿等殊不用心，故時或察問。如山後之地，皆爲親王、公主、權勢之家所佔，轉租於民，皆由卿等之不察。卿等當盡心勤事，毋令朕之煩勞也。」〔註21〕

皇帝下詔，不通過尚書省，直接聽取百官和百姓的意見和建議。大定二年八月，世宗下詔：「百司官吏，凡上書言事或爲有司所抑，許進表以聞，朕

〔註13〕《金史》卷11《章宗紀三》，中華書局1975年，第249頁。
〔註14〕《金史》卷11《章宗紀三》，中華書局1975年，第251頁。
〔註15〕《金史》卷11《章宗紀三》，中華書局1975年，第253頁。
〔註16〕《金史》卷48《食貨志三》，中華書局1975年，第1078頁。
〔註17〕《金史》卷7《世宗紀中》，中華書局1975年，第170頁。
〔註18〕《金史》卷6《世宗紀上》，中華書局1975年，第147頁。
〔註19〕《金史》卷7《世宗紀中》，中華書局1975年，第170頁。
〔註20〕《金史》卷8《世宗紀下》，中華書局1975年，第198頁。
〔註21〕《金史》卷7《世宗紀中》，中華書局1975年，第175頁。

將親覽，以觀人材優劣。」〔註22〕大定二十六年，世宗下詔：「凡陳言文字詣登聞檢院送學士院聞奏，毋經省廷」〔註23〕。泰和元年七月，章宗「諭刑部官，凡上書人言及宰相者不得申省」〔註24〕。貞祐三年五月，宣宗問宰相：「多事之秋，陳言者悉送省。恐卿等不暇，朕於宮中置局，命方正官數員擇可取者付出施行，何如？」〔註25〕，宰相「請如聖諭」〔註26〕。

　　因此，宰相不能保持控制言路的穩定性，皇帝能夠直接接觸來自百官和百姓的信息，以保證決策和行政的相對獨立性。

五、控制機制之五

　　皇帝對宰相的控制機制之五，是限制進士任相，防止進士形成集團性力量。

　　隋唐以來，因科舉制度的實行，進士集團漸漸形成監督和限制皇權的力量。這種現象，在金朝前，以北宋爲最典型。但是，金朝雖實行科舉制度選取人才，類似的現象，在金朝卻並未出現。女眞人在宰相中的比例較大，但女眞人宰相進士出身者比重較小。同時，漢人在宰相中的比例較小，但漢人宰相進士出身者比重較大。而且，漢人官員，進士出身者比重也較大。因此，金朝皇帝限制進士任相，主要表現爲限制漢族進士擔任宰相。

　　檢索相關史料，能夠發現這樣的事實，在儒學和文學上有精深造詣者，一般未擔任宰相，而是在禮部和翰林學士院任職。金朝時，宇文虛中、蔡珪、党懷英、王庭筠、趙秉文、李純甫、王若虛、元好問，是一時文壇領袖，其中趙秉文、李純甫、王若虛是金朝著名的儒學大家。但是，他們都未能升任宰相。升任宰相的進士，在儒學和文學方面一般未表現出精深的造詣，他們處理政事的實際能力是皇帝所重視的任相條件。況且，漢人宰相中，能夠任職右丞相和平章政事的，爲數甚少。進士出身的官員，任職宰相的，一般是在左丞、右丞、參知政事上止步不前。宰相中的高級職位，領三省事、尚書令、左丞相任職者多非進士出身。金朝的進士未政治集團化，宰相不是儒臣的首領，不能限制皇權的行使，是皇權逐漸加強的重要原因。因此，金朝的君主集權，呈現出與北宋不同的局面。

〔註22〕　《金史》卷6《世宗紀上》，中華書局1975年，第128～129頁。
〔註23〕　《金史》卷8《世宗紀下》，中華書局1975年，第193頁。
〔註24〕　《金史》卷11《章宗紀三》，中華書局1975年，第256頁。
〔註25〕　《金史》卷14《宣宗紀上》，中華書局1975年，第309頁。
〔註26〕　《金史》卷14《宣宗紀上》，中華書局1975年，第309頁。

第三節　金朝皇帝與宰相的關係

金朝皇帝與宰相的關係，經過了長期的發展過程。在不同的階段，皇帝與宰相的關係也有所不同。熙宗時，皇帝與宰相間的關係，與太祖和太宗皇帝與勃極烈的關係有直接的聯繫。因此，對金朝皇帝與宰相的關係的研究，應以太祖和太宗時期皇帝與勃極烈的關係爲起點。

一、太祖至太宗時期

太祖至太宗時期，皇帝與勃極烈地位平等，皇帝對勃極烈的控制能力有限。

太祖即位後，「群臣奏事，撒改等前跪」〔註27〕，太祖起身，「泣止之曰：『今日成功，皆諸君協輔之力，吾雖處大位，未易改舊俗也。』」〔註28〕當時，「凡臣下宴集，太祖嘗赴之」〔註29〕，「主人拜」〔註30〕，太祖「亦答拜」〔註31〕。太祖時期，應楊樸建言，「定朝儀，建典章，上下尊卑粗定有序」〔註32〕，且「天輔後」已「正君臣之禮」〔註33〕，但天輔末，太祖親征佔領燕京，「燕人乃備儀物以迎之，其始至於燕之大內也。阿骨打與其臣數人皆握拳坐於殿之戶限上，受燕人之降。且尚詢黃蓋有若干柄，意欲與其群臣皆張之，中國傳以爲笑。」〔註34〕這說明，「典章」和「朝儀」並未成爲制度運作的實際規範。太宗時期，與太祖時期基本相同。《三朝北盟會編》卷165引《燕雲錄》說：「金國置庫收積財貨，誓約惟發兵用之，至是國主（太宗）吳乞買私用過度，諳班告於黏罕，請國主違誓約之罪。於是群臣扶下殿，庭杖二十，畢，群臣復扶上殿。諳版、黏罕以下謝罪，繼時過盞」。這件事說明，皇帝的權力是有限的，需要接受「誓約」的約束和勃極烈們的監督。其後，斜也去世，諳班勃極烈遲遲未定，宗翰、宗幹、宗磐爭立，太宗立宗磐爲皇位繼承人的願望落空。最後，宗峻子

〔註27〕《金史》卷70《撒改傳》，中華書局1975年，第1615頁。
〔註28〕《金史》卷70《撒改傳》，中華書局1975年，第1615頁。
〔註29〕《金史》卷70《撒改傳》，中華書局1975年，第1615頁。
〔註30〕《金史》卷70《撒改傳》，中華書局1975年，第1615頁。
〔註31〕《金史》卷70《撒改傳》，中華書局1975年，第1615頁。
〔註32〕〔宋〕宇文懋昭撰，崔文印校證：《大金國志校證》卷1《太祖武元皇帝紀上》，中華書局1986年，第17頁。
〔註33〕《金史》卷70《撒改傳》，中華書局1975年，第1614～1615頁。
〔註34〕〔宋〕徐夢莘：《三朝北盟會編》卷12，上海古籍出版社2008年6月第2版，第86頁。

宣任諳班勃極烈，宗磐任國論忽魯勃極烈，宗乾和宗翰一任左勃極烈，一任右勃極烈。這實際上是各派勢力折中的結果。當時，雖「議禮制度，正官名，定服色」〔註35〕，但「太宗居位，拱默而已」〔註36〕。這說明，金朝的皇帝制度尚不成熟，其對群臣的控制和支配能力是十分有限的。

太祖和太宗時期，主要是對遼、宋用兵和鞏固金朝政權。當時，在對遼宋用兵的過程中，以宗室貴族為中心的軍事力量興起，所謂「兄弟子姓才皆良將，部落保伍技皆銳兵」〔註37〕。太宗時，東路軍和西路軍控制燕山、雲中兩樞密院，形成和朝廷分庭抗禮的局面。東路軍統帥宗望去世後，西路軍統帥宗翰逐漸掌握了中原漢地軍政事務的主導權。宗翰集團，就是在這一過程中形成的。太祖、太宗時期，金朝政權進行了封建化改革。當時，杲（斜也）和宗幹在朝廷中有舉足輕重的地位。杲（斜也）去世，宗幹掌握了封建化改革的主導權。宗幹集團，就是在這一過程中形成的。杲（斜也）去世後，宗磐擔任國論忽魯勃極烈，其勢力也在逐漸增長。

因此，太祖和太宗時期，皇帝與勃極烈地位平等，對勃極烈的控制能力有限，諸勃極烈勢力增長，是金朝政治派系林立的重要原因。

二、熙宗時期

熙宗時期，宗室貴族任領三省事，權傾朝野，皇帝對朝政的控制能力有限。

熙宗時期，宗翰、宗磐、宗幹由勃極烈轉任領三省事，位高權重，相繼秉政，他們都是宗室貴族的代表。宗翰、宗磐兩個集團在鬥爭中瓦解，宗幹集團主宰朝廷，宗弼成為中原漢地的軍政長官，他們互為表裏。隨後，隨後，宗幹去世，宗弼回朝執政，同時兼任行省長官，權傾朝野。

熙宗在政局中的地位，是耐人尋味的。從實際情況推測，對他行使皇帝權力的能力是不能高估的。儒學是金朝統治者治國的指導思想。熙宗生於天輔三年。天會十三年，熙宗即位時，只是一個十六歲的年輕人。據《三朝北盟會編》，熙宗「稍解賦詩翰（墨），雅歌儒服，烹茶焚香，奕棋戰象」〔註38〕，

〔註35〕《金史》卷76《宗幹傳》，中華書局1975年，第1742頁。

〔註36〕〔宋〕宇文懋昭撰，崔文印校證：《大金國志》卷8《太宗文烈皇帝紀》，中華書局1986年，第130頁。

〔註37〕《金史》卷44《兵志》，中華書局1975年，第991頁。

〔註38〕〔宋〕徐夢莘：《三朝北盟會編》卷166，上海古籍出版社2008年6月第2版，第1197頁。

但不能「明經博古」〔註39〕。皇統元年二月熙宗對侍臣說：「朕幼年遊佚，不知志學，歲月逾邁，深以爲悔。孔子雖無位，其道可尊，使萬世景仰。大凡爲善，不可不勉。」〔註40〕並且「自是頗讀《尚書》、《論語》及《五代》、《遼史》諸書，或以夜繼焉」〔註41〕。其中，「幼年遊佚，不知志學，歲月逾邁，深以爲悔」，恐怕不是熙宗的謙辭。上述諸書，只是一般的經史書目罷了。

有史料證明，直到皇統九年，熙宗對《尚書》仍不甚了了。這一年，「五月戊子，以四月壬申、丁丑天變，肆赦。命翰林學士張鈞草詔，參知政事蕭肄摘其語以爲誹謗」〔註42〕，熙宗怒，殺翰林學士張鈞。據《金史》卷一百二十九《蕭肄傳》，當時「鈞意欲奉答天戒，當深自貶損，其文有曰：『惟德弗類，上干天威』及『顧茲寡昧眇予小子』等語。肄譯奏曰：『弗類是大無道，寡者孤獨無親，昧則於人事弗曉，眇則目無所見，小子嬰孩之稱，此漢人託文字以詈主上也。』」〔註43〕當時，熙宗「大怒，命衛士拽鈞下殿，榜之數百，不死。以手劍劙其口而醢之。」〔註44〕其後，熙宗問起宰相：「誰使爲之？」〔註45〕左丞相宗賢回答：「太保實然」〔註46〕。領三省事完顏亮因此罷職，離開京城。通過這件事，我們不難發現，熙宗對《尚書》基本篇目不明，對天變時皇帝罪己的做法不甚了了。所以，參知政事蕭肄能夠乘間「誹謗」，左右翰林學士張鈞的命運。隨後，有左丞相宗賢趁機進言排擠政敵，又輕易得手。皇統九年十二月，完顏亮發動政變，就與這次罷職引起的心理恐懼有直接的關係。

直到皇統九年，熙宗的儒學修養仍是十分有限的。知識的積纍是有一定過程的，皇統九年，熙宗不過三十一歲，不能對他多加苛責。儒學是中國帝制時代用來指導治國方針的顯學，把儒學修養轉化成治國的能力，並且在朝政的運作中得到實際的訓練，熙宗才能成爲一代明君。但是，他在實際的政治運作中訓練能力的機會有限。熙宗在位，宗翰、宗磐、宗幹、宗弼相繼秉政。皇統元年五月，宗幹去世時，熙宗親臨痛哭，「日官奏，戌、亥不宜哭泣。

〔註39〕〔宋〕徐夢莘：《三朝北盟會編》卷166，上海古籍出版社2008年6月第2版，第1197頁。
〔註40〕《金史》卷4《熙宗紀》，中華書局1975年，第77頁。
〔註41〕《金史》卷4《熙宗紀》，中華書局1975年，第77頁。
〔註42〕《金史》卷4《熙宗紀》，中華書局1975年，第86頁。
〔註43〕《金史》卷129《蕭肄傳》，中華書局1975年，第2780頁。
〔註44〕《金史》卷129《蕭肄傳》，中華書局1975年，第2780頁。
〔註45〕《金史》卷129《蕭肄傳》，中華書局1975年，第2780頁。
〔註46〕《金史》卷129《蕭肄傳》，中華書局1975年，第2780頁。

上曰：『君臣之義，骨肉之親，豈可避之。』」〔註47〕熙宗和宗幹的關係，從熙宗和韓昉間的一席對話能夠反映出來。熙宗問：「周成王何如主？」〔註48〕韓昉答：「古之賢君」〔註49〕。熙宗說：「成王雖賢，亦周公輔佐之力。後世疑周公殺其兄，以朕觀之，爲社稷大計，亦不當非也。」〔註50〕熙宗引周公輔成王的故事，自比成王，把宗幹比作周公。但是，熙宗即位時十六歲，已經成年。這件事從一個側面說明，熙宗雖成年，但未能乾綱獨運，宗幹秉政，主持清除宗磐、宗雋集團。宗幹去世，宗弼秉政，與宗幹在世時基本相同。此即所謂「熙宗在位，宗翰、宗幹、宗弼相繼秉政，帝臨朝端默。」〔註51〕熙宗未掌握決策權力，「廟算制勝，齊國就廢，宋人請臣，吏清政簡，百姓樂業」〔註52〕等等，主要是宗乾和宗弼決策的結果。

因此，熙宗處理朝政的學識、經驗、能力和威望不足。宗弼去世前後，皇統七年至九年間，悼平皇后干預朝政，宰相互相排擠，中樞權力在各種政治力量間流動，熙宗不能對朝政保持穩定的控制，未能採取適當的應對措施，所以其統治被宰相完顏亮、秉德、唐括辯組成的陰謀集團終結。

熙宗雖然「出則清道警蹕，入則端居九重」〔註53〕，與大臣「迥分霄壤」〔註54〕，但只是禮儀上的至尊，並不意味著權力上的至重。他並未直接掌握決策權力，未能利用除三省外的中央機構對領三省事爲首的宰相群體形成有效的控制。領三省事在一定程度上掌握了最終決策權，並通過熙宗推行政令。皇帝居位取名，宰相居中取實，應是當時皇帝與宰相關係的實際情況。

三、海陵王時期

海陵王時期，調整皇帝與宰相的關係，用暴力手段強化對宰相的控制。

自太祖至熙宗時期，隨著金朝政權的鞏固和領土的擴張，宗室功臣集團

〔註47〕《金史》卷4《熙宗紀》，中華書局1975年，第77頁。
〔註48〕《金史》卷4《熙宗紀》，中華書局1975年，第74頁。
〔註49〕《金史》卷4《熙宗紀》，中華書局1975年，第74頁。
〔註50〕《金史》卷4《熙宗紀》，中華書局1975年，第74頁。
〔註51〕《金史》卷63《熙宗悼平皇后傳》，中華書局1975年，第1503頁。
〔註52〕《金史》卷63《熙宗悼平皇后傳》，中華書局1975年，第1503頁。
〔註53〕〔宋〕徐夢莘：《三朝北盟會編》卷116，上海古籍出版社2008年6月第2版，第1197頁。
〔註54〕〔宋〕徐夢莘：《三朝北盟會編》卷116，上海古籍出版社2008年6月第2版，第1197頁。

形成了盤根錯節的利益關係，控制政局，皇帝成爲他們手中的傀儡。這種貴族政治局面，與金朝的集權化進程是不一致的。所以，海陵王即位，採取措施，開始集中權力。

海陵王即位，用屠殺的辦法，直接剷除宗室功臣集團。天德二年四月，海陵王殺「太傅、領三省事宗本，尙書左丞相唐括辯，判大宗正府事宗美」並殺「領行臺尙書省事秉德，東京留守宗懿，北京留守卞及太宗子孫七十餘人，周宋國王宗翰子孫三十餘人，諸宗室五十餘人」〔註55〕。海陵王通過屠殺的手段，消除了宗室功臣集團對中樞權力的壟斷後，採取兩項措施加強中央集權，一是自上京遷都中都，二是進行官制改革。在當時的情況下，這兩個措施集中表現爲皇權的加強。遷都的過程中，宗室貴族離開了長期居住的故土，分散在中原地區，處於皇帝的直接監督下，他們獨立發展勢力的可能性被消除了。當時的官制改革，具有明顯的成效，所謂「職有定位，員有常數，紀綱明，庶務舉」，所以「終金之世守而不敢變焉」〔註56〕。經過整頓，三省合爲一省，取消了位高權重的領三省事，加強了對宗室功臣集團的監控，形成了分層負責的行政體制，皇帝名實合一，乾綱獨斷。當時，海陵殺女眞宰相秉德、宗本、烏帶、宗義和唐括辯，並經常通過杖責的手段實現對宰相的管理。「左丞相張浩、平章政事張暉每見僧法寶必坐其下，失大臣體，各杖二十。」〔註57〕徒單恭（斜也）任平章政事，「斜也於都堂脊杖令史馮仲尹，御史臺劾之，海陵杖之二十。」〔註58〕張浩任尙書令，同時蕭玉任左丞相，二人諫阻海陵征宋，「海陵杖張浩，並杖玉」〔註59〕。正隆元年閏月，「杖右丞相蕭玉、左丞蔡松年、右丞耶律安禮」〔註60〕。上述尙書令、左丞相、右丞相、平章政事，左丞、右丞，在朝貴爲宰相，海陵動輒杖責，並且振振有詞：「大臣決責，痛及爾體，如在朕躬，有不能已者，汝等悉之。」〔註61〕皇帝杖責宰相，並非始於海陵時。熙宗皇統八、九年，即曾杖責尙書左丞唐括辯、平章政事秉德。海陵王政變，此二人是政變集團成員。海陵在位，杖責

〔註55〕《金史》卷5《海陵紀》，中華書局1975年，第94～95頁。
〔註56〕《金史》卷55《百官志一》，中華書局1975年，第1216頁。
〔註57〕《金史》卷5《海陵紀》，中華書局1975年，第103頁。
〔註58〕《金史》卷120《徒單恭傳》，中華書局1975年，第2616頁。
〔註59〕《金史》卷76《宗本傳附蕭玉傳》，中華書局1975年，第1736頁。
〔註60〕《金史》卷5《海陵紀》，中華書局1975年，第107頁
〔註61〕《金史》卷76《宗本傳附蕭玉傳》，中華書局1975年，第1736頁。

宰相，次數遠在熙宗之上，但未因此出現政變事件。皇帝位尊權重，宰相位卑權輕，皇帝控制宰相，是海陵王時期皇帝與宰相關係的一般情況。但是，海陵王對宰相的控制主要是通過暴力手段實現的，皇帝與宰相間關係的穩定性是有限的。

四、世宗至衛紹王時期

世宗至衛紹王時期，皇帝對宰相保持穩定控制，君主臣輔和君定臣行的關係逐漸成熟。

世宗在東京政變，是對海陵王暴政的否定。因此，世宗即位，得到了朝野上下的擁護。世宗繼承了海陵王時期制度改革的成果，並倡行文治，除制度性約束外，又通過申誡的手段實現對宰相的控制。世宗以聰察著稱，注意修正宰相的細節問題。在這樣的細節修正中，皇帝與宰相間合作關係逐漸成熟。世宗與宰相議政，在《金史》中處處可見，此不贅述。因宰相未能薦賢，或理政有闕，世宗斥責，僅在《金史·世宗紀》即可檢索到十餘條史料。對於不稱職者，如完顏晏，即命其致仕回鄉。對於與近侍交結的宰相烏古論元忠和參與皇位繼承權之爭的宰相張汝弼，則罷相出任地方職官。世宗時，紇石烈良弼、完顏守道、石琚、唐括安禮、移剌道等宰相「佐明主，諫行言聽，膏澤下於民」〔註62〕，「群臣守職，上下相安」〔註63〕，群相議政，皇帝決策，宰相執行，君主臣輔和君定臣行的關係逐漸成熟。

章宗時，沿用世宗的方法，保持對宰相的控制。在議政中，除與宰相共議，百官集議相對增多，召對、輪對、轉對經常舉行，這些都是控制宰相權力的手段。當時，完顏守貞、董師中、張萬公議政於內，完顏襄、僕散揆、完顏宗浩、完顏匡領兵於外，雖有元妃李氏與胥持國集團表裏結合，但未能形成心腹之患；雖有北方草原部落和南宋南北交侵，但均被擊退；雖有黃河水患，但至泰和七年（1207年），人口數上升至金朝最高水平，證明金朝的中樞政治體制在良性運轉。皇帝與宰相群體間，君主臣輔，君定臣行，與世宗時基本相同。

衛紹王雖「柔弱鮮智能」〔註64〕，但其剛剛即位，就清除了章宗元妃李

〔註62〕《金史》卷88「贊」，中華書局1975年，第1970頁。
〔註63〕《金史》卷8《世宗紀下》「贊」，中華書局1975年，第204頁。
〔註64〕《金史》卷13《衛紹王紀》，中華書局1975年，第290頁。

氏集團，同時殺章宗二遺腹子，說明他擅長高層政治鬥爭。值得一提的是，這一行動，是他與完顏匡、僕散端爲首的宰相群體一起完成的，說明世宗和章宗時期皇帝與宰相間的合作關係，在衛紹王一朝得到了良好的延續。後來，完顏匡去世，僕散端罷，獨吉思忠、完顏承裕除名，徒單鎰、孟鑄、梁瑗、胥鼎、賈鉉、賈益謙、完顏承暉任相，各自發揮了重要作用。雖因經驗不足處置不當，蒙軍三路南下並圍攻中都，紇石烈執中兵變弒君，但其事一般能夠在章宗時期查到根源。衛紹王在宰相的任免上未遇到障礙，其軍、政事務的決策，一般情況下也是君臣議政的基礎上作出的，這是與世宗、章宗時期相一致的。這說明，此時的中樞政治體制，在當時運轉良好；只是由於環境的變化，在衛紹王君臣意料之外，所以出現了「政亂於內，兵敗於外」〔註65〕的結果。

五、宣宗至哀宗時期

宣宗至哀宗時期，皇帝對宰相的控制進一步加強，君主臣輔和君定臣行的關係進一步強化。

宣宗時期，因樞密院與尚書省分立，近侍預政增強，臺諫彈劾增多，皇帝與宰相間君主臣輔和君定臣行的關係進一步強化。宣宗時期，有紇石烈執中和尤虎高琪兩個宰相曾集中重權。紇石烈執中和尤虎高琪都是通過兵變執掌權力，不是金朝宰相制度自然發展的結果。其中，紇石烈執中執政的時間只有一個月。隨後，尤虎高琪殺紇石烈執中，宣宗任其爲平章政事。宣宗與尤虎高琪，實際上是一種合作的關係。一旦尤虎高琪有擅權的迹象，宣宗就採取措施削減其事權。值得注意的是，宣宗削減尤虎高琪的過程是順利和有效的。宣宗利用臺諫和近侍收集信息，守緒任樞密使、任命皇子守純任平章政事，從而分割尤虎高琪的軍、政權力，最後殺尤虎高琪。其它的宰相，如高汝礪、張行信、把胡魯、僕散端，都是在宣宗控制下，處理軍政事務的重臣。這是宣宗時皇帝與宰相關係的一般情況。

哀宗時期，在局面孤危的情況下，對宰相保持了穩定的控制。朝廷的重大問題，如對南宋和西夏停戰、對蒙古的和戰，哀宗東遷和招降國用安，都是經皇帝與宰相商議後，由皇帝最終決定的。對不稱職的宰相，如顏盞世魯、赤盞合喜、李蹊，皇帝直接罷免。對作亂的宰相，如蒲察官奴，則由近侍清

〔註65〕 《金史》卷13《衛紹王紀》「贊」，中華書局1975年，第298頁。

除。對有才能的宰相，如完顏合達和完顏仲德，則任其處理軍政事務。這說明，哀宗時期皇帝與宰相關係具有一定的穩定性，與宣宗時期皇帝和宰相間君主臣輔和君定臣行的關係的強化有一定的關係。

綜上所述，金朝時期，宗室貴族集團經過了一個長期的發展過程，其集中表現是太祖和太宗時期勃極烈力量的增長，這在熙宗時期導致領三省事的權傾朝野。海陵王時期對這種情況進行了調整，經世宗時期一系列細節的修正，金朝皇帝與宰相間形成了君主臣輔和君定臣行的關係。這種關係，經章宗和衛紹王時期，在宣宗和哀宗時期得到了強化。金朝皇帝與宰相的關係，是皇帝乾綱獨運，宰相議政執行的關係。皇帝的決策是集中群相意見基礎上的決策，宰相的執行是皇帝意志的集中表現。

結　論

　　金朝宰相制度，在政務運行中具有重要的作用，具有其自身的特點，在中國古代宰相制度史上具有重要的地位。

一、金朝宰相制度的歷史作用

　　太祖時，用猛安、謀克制和孛堇、勃極烈制，對遼用兵不斷取得勝利，金朝疆域迅速擴大。太宗時，對宋用兵，佔領中原地區。同時，太宗推動路府州縣至中央的官制改革，實現了對全國的治理，爲宰相制度的產生準備了條件。太宗時期的官制改革，也推動了孛堇、勃極烈制度的消亡。太宗時，採用自然減員的辦法逐漸消除勃極烈對朝政的影響。天會十年，宗磐、宗幹、宗翰分別擔任國論忽魯勃極烈、左勃極烈、右勃極烈，在形式上與宰相制度是一致的。

　　熙宗時期，宰相制度形成。熙宗時，對國家的治理是有成效的，出現了「廟算制勝，齊國就廢，宋人請臣，吏清政簡，百姓樂業」〔註1〕的局面。宗幹和宗弼主持，排除了宗翰和宗磐兩個集團的影響，推進了金朝的統一和中央集權進程。宗幹和宗弼去世，海陵王爲首的集團的政變，並未中斷這一進程。

　　海陵時，遷都至中都，是在宰相爲首的百官和百姓的支持下完成的〔註2〕。正隆年間，進行了官制改革，「罷中書門下省，止置尚書省。自省而下官司之

〔註1〕《金史》卷64《熙宗悼平皇后傳》，中華書局1975年，第1503頁。
〔註2〕詳見〔宋〕徐夢莘《三朝北盟會編》卷242，上海古籍出版社2008年6月第2版，第1740頁。

別，曰院、曰臺、曰府、曰司、曰寺、曰監、曰局、曰署、曰所」〔註3〕，百官「各統其屬以修其職」〔註4〕，「職有定位，員有常數，紀綱明，庶務舉，是以終金之世守而不敢變焉。」〔註5〕海陵通過宰相治理國家，經濟文化事業在熙宗的基礎上繼續發展。但是，海陵王正隆南征，並未取得宰相群體的一致支持，主要是其一意孤行的結果。南征開始後，金朝的劇變，則從反面證明了宰相在政務運行中的作用的重要性。

世宗至衛紹王時，宰相制度成熟。宰相推動政策的制定和執行，皇帝運用各種手段控制宰相議政和行政，政治、經濟、文化各項事業逐漸展開，金朝進入鼎盛期。當時，鎮壓契丹族起義和對北方部落用兵，對南宋的兩次戰爭，對高麗趙位寵和西夏任得敬的應對，為金朝創造了穩定的發展環境。整頓猛安謀克，改革科舉制度，建立州學縣學教育體系，進行通檢推排，發行鑄幣和紙幣，發展生產，推動了金朝鼎盛時期的到來。這些，都是在皇帝控制下，由宰相監督執行的。衛紹王時，面對一系列問題，未能積極聽取宰相的建議，採取合理的措施，宰相制度的作用未能全面表現出來，局面遂不可收拾。

宣宗至哀宗時，宰相制度衰落。當時，金朝對蒙古、西夏、南宋用兵，或保衛城池，或侵佔疆土，局面混亂。同時，紅襖軍遍佈山東、河北，割據勢力蜂起。金朝國都再遷，困守河南、陝西，環境非常複雜。這時宰相在地方行省監督軍政，在中央議政行政，一直在發揮作用。如對蒙古、西夏、南宋的和戰問題，對南遷猛安謀克授地還是給糧的問題，對發行新幣與否的問題，對遷都與否和遷都方向的問題，皇帝與宰相反覆商議。作出決策後，一般情況下，由宰相負責監督執行。但是，在皇帝的主導下，樞密院的獨立，近侍集團的崛起，以及皇帝控制宰相的其它措施，導致宰相的議政權和行政權的行使，均受到一定的影響。這是金朝疆土日蹙，並逐漸走向滅亡的重要原因。

總之，金朝地域廣大，人口眾多，情況複雜。皇帝即使勤政，也不能兼顧天下事，設官分職，是自然的選擇。金朝皇帝中，世宗最勤政，但也只能「察問細微」〔註6〕，問責宰相，不絕於訓辭而已。所以，金朝時期，宰相在

〔註3〕 《金史》卷55《百官志一》，中華書局1975年，第1216頁。
〔註4〕 《金史》卷55《百官志一》，中華書局1975年，第1216頁。
〔註5〕 《金史》卷55《百官志一》，中華書局1975年，第1216頁。
〔註6〕 《金史》卷7《世宗紀中》，中華書局1975年，第175頁。

皇帝和百官間，議政和行政，行使職權，產生了重要作用。但是，宰相制度的作用，是以皇帝與宰相關係的協調一致爲前提條件的。皇帝對宰相的控制能力不足，和皇帝對宰相控制過甚，都會帶來相應的弊端，並直接影響國力的興衰，這是一個基本的規律。

二、金朝宰相制度的特點

金朝宰相制度經過了長期的演變，形成了自身的特點，主要表現在三個方面：

金朝宰相制度的特點之一，是宰相多級多員，種族交參，堅持女眞至上的原則。

金朝宰相的職位，在熙宗時自領三省事至參知政事是 6 級 10 員。至海陵正隆元年，因取消領三省事和平章政事，則爲 4 級 7 員。世宗時期，恢復平章政事，則爲 5 級 9 員。金朝的宰相群體，由女眞、渤海、契丹、漢四個民族組成。他們所任職務，是互相交錯的。但是，從長時段看，女眞在宰相群體中一直佔據著重要職位，是皇帝最信任的民族。其它三個民族，與女眞人相比，有一定的差距。有金一代，女眞族一直是宰相群體的成員。其任相起點與任相終點，高於渤海、契丹、漢族。女眞在宰相的各個職位上均有分佈，特別是在宰相的職位上，具有明顯優勢。長期任相的宰相中，女眞宰相的數量具有絕對優勢。這些，都說明金朝在宰相的任用上實行女眞至上的原則，以確保其種族統治的穩定和有效。

金朝宰相制度的特點之二，是宰相機構是尙書一省，議政和執行合一，政令制定和執行方便。

熙宗時的宰相機構，爲尙書、中書、門下三省制。因爲中書、門下二省長官中書令和侍中分別由尙書省左丞相和右丞相兼任，所以熙宗時的三省制實際上是以尙書省爲中心的。海陵正隆元年的官制改革，則直接取消中書、門下二省，保留尙書省作爲唯一的宰相機構。因此，宰相兼有議政和行政兩個方面的職責，直接參與政令的制定和執行，議行合一，十分方便和快捷。

金朝宰相制度的特點之三，是皇帝控制宰相，堅持君主臣輔和君定臣行，實行君主集權。

金朝宰相制度的這一特點，與皇帝勤政有直接關係。金朝自太祖至哀宗，

皇帝基本上都保持了勤政的特點。太祖、太宗時期，中樞政治體制是勃極烈制，皇帝集權程度有限。熙宗時，因宗室貴族集團控制朝政，熙宗「臨朝端默」，未能獨立行使皇權。海陵王，消除宗室貴族集團的影響，初步形成了分層負責的政務運作模式。世宗時，這種模式，開始體現出君主臣輔和君定臣行的特點。其影響所及，直至金末。總之，金朝皇帝勤政，通過一系列手段限制宰相的權力於一定範圍內，保持君主集權，實現對天下的治理。

三、金朝宰相制度的歷史地位

金朝宰相制度是在繼承唐、宋、遼三朝制度的基礎上，結合女真舊制而形成的。金朝宰相制度為元朝所沿用，是中國古代宰相制度史上承上啓下的中間環節。

金朝宰相的職位設置，主要是在唐、宋、遼三朝的基礎上經過重新排列組合形成的。但是，其級數和員數之多，則在唐、宋、遼三朝之上。金朝皇權加強，與此有直接關係。金朝宰相制度堅持統治民族至上的原則，與遼朝有相通之處。但是，以官制論，遼朝實行北南面官制，具有二元制的特徵，北面官和南面官間是有一定區別的。至金朝，在中央實行以尚書省為中心的官制，即一元制。一元制的金朝宰相制度，在宰相的任用上，堅持種族交參的原則，與遼朝宰相制度有所不同。

中國古代王朝，因皇權限制相權，在秦漢以下，逐漸由獨相制向群相制發展。經魏晉南北朝至隋唐時期，三省制形成。三省中，中書定策，門下審議，尚書執行，是隋朝與初唐制度。隋朝和初唐的三省制中，宰相互相牽制，直接影響行政效率。初唐以後，三省制逐漸向一省制過渡，其標誌是中書門下體制的出現。中書門下體制中，宰相制度中存在著名實不一的弊端，且宰相層級數量相對少，權相經常出現。唐宋兩朝，三省制向一省制的過渡並未完成。北宋神宗元豐年間的官制改革，曾經有意恢復三省制度，但沒有達到預期效果。至金朝時期，三省制向一省制的過渡完成，尚書省成為唯一的宰相機構。金朝宰相制度在運行體制上，有議政和行政兩個方面。議政方面，有御前奏事和御前議事、尚書省會議、百官集議、咨詢、諫諍、封駁等各個途徑。行政方面，有發佈命令、監督執行、親自處理政務等途徑，宰相還通過兼任其它職務直接處理政事。這些途徑，與唐宋制度基本相同。與唐宋制度的不同之處在於，金朝宰相制度無唐朝前期和北宋元豐制度中的中書出

令、門下封駁、尚書執行這種文書運轉程序，具有議行合一的特徵。這個特徵，與女眞舊制有一定的關係。

金朝皇帝控制宰相的措施，如行政、軍事、監察三種權力分立，統治民族集中掌握權力，宰相多級多員，通過多種途徑收集信息和傳達政令，在唐、宋、遼三朝各有所見。行政、軍事、監察三種權力分立，是唐、宋兩朝的基本做法。統治民族掌握權力，與唐、宋、遼三朝基本相同。宰相職位多級多員，是對唐、宋、遼三朝制度的整理。通過多種途徑收集信息和傳達政令，其中春水秋山沿用自遼，翰林院、集賢院、益政院（經筵）沿用自唐、宋、遼三朝。至於對進士集團的控制，則與唐、宋、遼三朝均有所不同。要之，上述各種措施，沿用自唐、宋、遼者，經金朝皇帝綜合運用，有效加強了君主集權，與三朝有所不同。

「由於有金朝的制度體系作參考，所以元朝一省制的確立過程相對簡明」〔註7〕。元朝宰相制度，中書省是唯一的宰相機構（元朝雖三次設尚書省，但時間均甚短），議行合一，與金朝基本相同。元朝宰相多級多員，蒙古、色目、漢人、南人交錯任相，實行統治民族至上的原則，與金朝基本相同。這說明，元朝宰相制度與金朝宰相制度是一脈相承的。作爲中國宰相制度史上的一個環節，金朝宰相制度是元朝宰相制度的基礎，是元朝宰相制度形成的前提條件。但是，元朝相權強，這與元朝皇帝不熟悉中原王朝典章制度，對宰相的控制機制不夠完善，宰相在議政和行政過程中權傾朝野有直接關係。因此，金朝宰相制度雖爲元朝宰相制度所沿用，但與元朝宰相制度也有所不同。

綜上所述，金朝宰相制度的作用，是以皇帝對宰相的控制爲前提的。作爲金朝政治制度的中心，宰相制度在金朝發揮了一定的作用，在各階段推動了金朝的發展。金朝宰相制度的特點是宰相多級多員，種族交參，女眞至上；金朝宰相機構爲尚書一省，宰相議行合一；皇帝控制宰相，堅持君主臣輔和君定臣行，實行君主集權。作爲中國古代宰相制度發展史上的一個重要環節，金朝宰相制度是在繼承唐、宋、遼制度並結合女眞舊制發展起來的。金朝宰相制度爲元朝所繼承，對元朝宰相制度產生重要的影響。金朝宰相制度與唐、宋、遼、元均有所不同，值得我們作進一步的探索和研究。

〔註 7〕吳宗國：《中國古代官僚政治制度研究》，北京大學出版社 2004 年，第 313 頁。

參考文獻

一、歷史文獻

1. 董克昌，大金詔令釋注〔M〕，哈爾濱：黑龍江人民出版社，1993。
2. 杜佑，通典〔M〕，北京：中華書局，1988。
3. 范成大，攬轡錄〔M〕，上海：商務印書館，1936。
4. 洪皓，松漠紀聞〔M〕，遼海叢書本，瀋陽：遼瀋書社，1985。
5. 洪邁，容齋隨筆〔M〕，上海：上海古籍出版社，1996。
6. 黃大華，金宰輔年表〔M〕，二十五史補編本，北京：中華書局，1955。
7. 李林甫，唐六典〔M〕，北京：中華書局，1992。
8. 李心傳，建炎以來繫年要錄〔M〕，北京：中華書局，1956。
9. 李修生，全元文〔M〕，南京：江蘇古籍出版社，1999。
10. 李燾，續資治通鑒長編〔M〕，北京：中華書局，1992。
11. 李澍田，金碑彙釋〔M〕，長春：吉林文史出版社，1989。
12. 劉祁，歸潛志〔M〕，北京：中華書局，1997。
13. 劉昫，舊唐書〔M〕，北京：中華書局，1975。
14. 馬端臨，文獻通考〔M〕，北京：中華書局，1986。
15. 錢大昕，廿二史考異〔M〕，中華書局，1984。
16. 施國祁，金史詳校〔M〕，上海古籍出版社，2001。
17. 蘇天爵，國朝名臣事略〔M〕，上海：商務印書館，中華民國25年。
18. 脫脫，金史〔M〕，北京：中華書局，1975。
19. 脫脫，遼史〔M〕，北京：中華書局，1974。
20. 脫脫，宋史〔M〕，北京：中華書局1977。

21. 萬斯同，金將相大臣年表〔M〕，二十五史補編本，北京：中華書局，1955。

22. 王鶚，汝南遺事〔M〕，叢書集成初編本，上海：商務印書館，1939。

23. 王惲，秋澗先生大全文集〔M〕，四部叢刊初編縮本，上海：商務印書館，1936。

24. 向南，遼代石刻文編〔C〕，石家莊：河北教育出版社，1995。

25. 徐夢莘，三朝北盟會編〔M〕，上海：上海古籍出版社，2008。

26. 閻鳳梧、康金聲，全遼金詩〔M〕，太原：山西古籍出版社，2002。

27. 閻鳳梧，全遼金文〔M〕，北京：山西古籍出版社，1999。

28. 佚名，大金弔伐錄〔M〕，北京：中華書局，2001。

29. 宇文懋昭，大金國志〔M〕，北京：中華書局，1986。

30. 元好問，中州集〔M〕，北京：中華書局，1959。

31. 元好問，遺山先生文集〔M〕，四部叢刊初編縮本，上海：商務印書館，1936。

32. 張暐，大金集禮〔M〕，北京：中華書局，1985。

33. 張金吾，金文最〔M〕，北京：中華書局，1990。

34. 趙翼，廿二史箚記〔M〕，北京：中華書局，1984。

二、現代著作

（一）學術專著

1. 白鋼，中國政治制度通史〔M〕，北京：人民出版社，1996。

2. 陳茂同，中國歷代選官制度〔M〕，上海：華東師範大學出版社，1994。

3. 陳述，金史拾補五種〔M〕，北京：科學出版社，1960。

4. 陳仲安、王素，漢唐職官制度研究〔M〕，北京：中華書局，1993。

5. 程妮娜，金代政治制度研究〔M〕，長春：吉林大學出版社，1999。

6. 都興智，遼金史研究〔M〕，北京：人民出版社，2004。

7. 范軍、周峰，金章宗傳〔M〕，北京：中國廣播電視出版社，2003。

8. 傅海波、崔瑞德，劍橋中國遼西夏金元史〔M〕，北京：中國社會科學出版社，1998。

9. 金毓黻，宋遼金史〔M〕，上海：商務印書館，1946。

10. 賈玉英，中國古代監察制度發展史〔M〕，北京：人民出版社，2004。

11. 李桂枝，遼金簡史〔M〕，福州：福建人民出版社，2001。

12. 李俊，中國宰相制度〔M〕，上海：商務印書館，1947。

13. 李錫厚，遼史〔M〕，北京：人民出版社，2006。

14. 李治安，元代政治制度研究〔M〕，北京：人民出版社，2003。

15. 劉肅勇，金世宗傳〔M〕，西安：三秦出版社，1986。

16. 漆俠、喬幼梅，遼夏金經濟史〔M〕，保定：河北大學出版社，1994。

17. 三上次男，金代女眞研究〔M〕，哈爾濱：黑龍江人民出版社，1984。

18. 三上次男，金史研究〔M〕，東京：中央公論美術出版社，1970—1972。

19. 宋德金，金史〔M〕，北京：人民出版社，2006。

20. 譚天星，明代內閣政治〔M〕，北京：中國社會科學出版社，1996。

21. 陶晉生，女眞史論〔M〕，臺北：稻鄉出版社，2003。

22. 外山軍治，金朝史研究〔M〕，哈爾濱：黑龍江朝鮮民族出版社，1988。

23. 王德朋，金代漢族士人研究〔M〕，北京：中國社會科學出版社，2006。

24. 王可賓，女眞國俗〔M〕，長春：吉林大學出版社，1988 年。

25. 王慶生，金代文學家年譜〔M〕，江蘇：鳳凰出版社，2005。

26. 王瑞來，宰相故事——士大夫政治下的權力場〔M〕，北京：中華書局，2010。

27. 王素，三省制略論〔M〕，濟南：齊魯書社，1986。

28. 王曾瑜，金朝軍制〔M〕，保定：河北大學出版社，2004。

29. 吳宗國，中國古代官僚政治制度研究〔M〕，北京：北京大學出版社，2004。

30. 武玉環，遼制研究〔M〕，長春：吉林大學出版社，2001。

31. 薛瑞兆，金代科舉〔M〕，北京：中國社會科學出版社，2004。

32. 袁剛，隋唐中樞體制的發展演變〔M〕，臺北：文津出版社，1994。

33. 楊樹藩，遼金中央政治制度〔M〕，臺北：商務印書館，1978。

34. 張博泉，金代經濟史略〔M〕，瀋陽：遼寧人民出版社，1981。

35. 張博泉，金史簡編〔M〕，瀋陽：遼寧人民出版社，1984。

36. 張帆，元代宰相制度研究〔M〕，北京：北京大學出版社，1997。

37. 張國剛，唐代官制〔M〕，西安：三秦出版社，1987。

38. 張金鑑，中國政治制度史〔M〕，臺北：三民書局，1978。

39. 張希清，宋朝典章制度〔M〕，長春：吉林文史出版社，2001。

40. 趙永春，金宋關係史〔M〕，北京：人民出版社，2005。

41. 中國人民解放軍軍事科學院，南宋金軍事史〔M〕，北京：軍事科學出版社，2006。

42. 周道濟，中國宰相制度研究，臺灣：華岡出版社，1974。

43. 周峰，完顏亮評傳〔M〕，北京：民族出版社，2002。

44. 諸葛憶兵，宋代宰輔制度研究〔M〕，北京：中國社會科學出版社，2000。

45. 祝總斌，兩漢魏晉南北朝宰相制度研究〔M〕，北京：中國社會科學出版

社，1990。

（二）學術論集

1. 陳述，遼金史論集〔C〕：1，北京：上海古籍出版社，1987。
2. 陳述，遼金史論集〔C〕：2，北京：書目文獻出版社，1987。
3. 陳述，遼金史論集〔C〕：3，北京：書目文獻出版社，1987。
4. 陳述，遼金史論集〔C〕：4，北京：書目文獻出版社，1989。
5. 陳述，遼金史論集〔C〕：5，北京：文津出版社，1991。
6. 干志耿、王可賓，遼金史論集〔C〕：8，長春：吉林文史出版社，1994。
7. 韓世明，遼金史論集〔C〕：10，北京：中國社會科學出版社，2007。
8. 李錫厚，臨潢集〔M〕，保定：河北大學出版社，2001。
9. 歷史研究編輯部，遼金史論文集〔C〕，瀋陽：遼寧人民出版社，1985。
10. 劉浦江，遼金史論〔M〕，瀋陽：遼寧大學出版社，1999。
11. 穆鴻利、黃鳳岐，遼金史論集〔C〕：7，鄭州：中州古籍出版社，1996。
12. 唐長孺，山居存稿〔M〕，北京：中華書局，1989。
13. 宋德金，遼金論稿〔M〕，武漢：湖北教育出版社，2005。
14. 徐振清、賈雲江，遼金史論集〔C〕：9，鄭州：中州古籍出版社，1996。
15. 張博泉等，金史論稿〔M〕：1，長春：吉林文史出版社，1986。
16. 張博泉等，金史論稿〔M〕：2，長春：吉林文史出版社，1992。
17. 張暢耕，遼金史論集〔C〕：6，北京：社會科學文獻出版社，2001。
18. 張希清、田浩、黃寬重、于建設，10～13世紀中國文化的碰撞與融合〔C〕，上海：上海人民出版社，2006。
19. 中國社會科學院歷史研究所宋遼金元史研究室，宋遼金史論叢〔C〕：1，北京：中華書局，1985。
20. 中國社會科學院歷史研究所宋遼金元史研究室編，宋遼金史論叢〔C〕：2，北京：中華書局，1991。

三、學位論文

1. 陳昭揚，征服王朝下的士人——金代漢族士人的政治、社會、文化論析〔D〕，新竹：國立清華大學歷史研究所，2007。

四、學術論文

1. 愛新覺羅·烏拉熙春，大金得勝陀頌碑女眞文新釋〔J〕，女眞語言文字新研究，東京：明善堂2002：159。

2. 程妮娜，金代一省制度述論〔J〕，北方文物，1998（2）：66～71。

3. 程妮娜，論金代的三省制度〔J〕，社會科學輯刊，1998（6）：107～113。

4. 程妮娜，論金世宗、章宗時期宰執的任用政策〔J〕，史學集刊，1998（1）：17～23。

5. 程妮娜，金朝前期軍政合一的統治機構都元帥府初探〔J〕，吉林大學社會科學學報，1999（3）：27～31。

6. 程妮娜，金前期軍政合一機構都元帥府職能探析〔J〕，史學集刊，2000（2）：17～21。

7. 程妮娜，金代監察制度探析〔J〕，中國史研究，2000（1）：109—116。

8. 崔文印，略論金海陵王完顏亮的評價問題〔C〕，遼金史論集第1輯，上海古籍出版社1987：357～360。

9. 董克昌，怎樣評價完顏亮的功過——兼與劉肅勇同志商榷〔J〕，北方文物，1989（4）：62～68。

10. 范壽琨，李石族屬新證〔J〕，學習與探索，1983（5）：142～142。

11. 范壽琨，關於金朝重臣李石的幾個問題考證〔J〕，社會科學戰線，1988（3）：141～143。

12. 方衍，論金兀朮（上）〔J〕，黑龍江民族叢刊，1987（2）：62～66。

13. 方衍，論金兀朮（下）〔J〕，黑龍江民族叢刊，1987（3）：56～60。

14. 李錫厚，金朝的「郎君」與「近侍」〔J〕，社會科學輯刊，1995（5）：104～109。

15. 李秀蓮，試論金初宰相韓企先與隱者政治〔J〕，遼寧工程技術大學學報，2009（1）：68～69。

16. 梁錦秀，論金代漢族宰相高汝礪，民族研究〔J〕，1998（2）：74～84。

17. 劉慶，金代女眞官制的演變道路〔J〕，民族研究，1987（2）：57～63。

18. 劉肅勇，論金世宗分相權〔J〕，社會科學輯刊，1988（3）：75～77。

19. 羅繼祖，完顏亮小議〔C〕，遼金史論集：2，書目文獻出版社1987：256～261。

20. 齊心，略論韓昉〔J〕，遼金史論集：3，北京：書目文獻出版社1987：220～227。

21. 宋德金，金章宗簡論〔J〕，民族研究，1988（4）：55～64。

22. 湯巧蕾，金代報朝制度初探〔J〕，東方博物，17：77～80。

23. 王德忠，金世宗與宋孝宗之比較研究〔J〕，史學月刊，1999（6）：37～42。

24. 王景義，略論金代勃極烈制度的歷史作用〔J〕，綏化師專學報，1996（4）：76～79。

25. 王景義，略論金代的勃極烈制度〔J〕，社會科學輯刊，1997（3）：90～93。

26. 王可賓，完顏希尹新證〔J〕，史學集刊，1989（2）：17～21。

27. 王可賓，完顏希尹新解〔J〕，北方文物，1996（4）：56～62。

28. 王可賓，遼代女眞官制考略，史學集刊〔J〕，1990（4）：18～21。

29. 王世蓮，李菫・勃極烈考釋〔J〕，吉林大學社會科學學報，1987（4）：49～53。

30. 吳鳳霞，金代尚書省若干問題探討〔J〕，遼金史論集：8，長春：吉林文史出版社，1994：206～216。

31. 武玉環，金朝中央官制的改革〔J〕，北方文物，1987（2）：74～80。

32. 辛更儒，有關完顏宗弼生平和評價的幾個問題〔J〕，學習與探索，1993（6）：131～137。

34. 徐松巍，金代監察制度特點芻議〔J〕，求是學刊，1991（3）：83～86。

35. 楊保隆，試談金代廢除勃極烈制度的最初動因〔J〕，社會科學戰線，1994（1）：185～192。

36. 楊果，金代翰林與政治〔J〕，北方文物，1994（4）：67～69。

37. 楊軍，金熙宗心理變態原因初探〔C〕，吉林大學古籍研究所建所二十週年紀念文集，吉林文史出版社，2003：270～284。

38. 張博泉，略論完顏宗弼〔J〕，學習與探索，1983（5）：122～128。

39. 張博泉、程妮娜，完顏阿骨打略論〔J〕，遼金史論集：1，上海古籍出版社 1987：336～356。

40. 張博泉，試論金世宗的治世思想及其得失〔J〕，北方文物，1983（3）：1～9。

41. 張博泉，金天會四年（1126 年）「建尚書省」微議〔J〕，社會科學輯刊，1987（4）：35～38。

42. 趙冬暉，金初勃極烈官制的特點〔C〕，遼金史論集：1，上海：上海古籍出版社 1987：371～380。

43. 趙冬暉，論金熙宗時期國家政體的轉變〔C〕，遼金史論集：2，書目文獻出版社 1987：226～244。

44. 周峰，金代近侍初探〔J〕，內蒙古社會科學，1998（2）：33～37。

45. 周峰，論完顏亮對宰執的任用〔J〕，哈爾濱學院學報，2002（5）：109～115。

後　記

　　這本小書，緣起於諸葛憶兵先生的《宋代宰輔制度研究》和張帆先生的《元代宰相制度研究》。這兩本書，爲本書的撰寫，提供了指導性意見。隨後，在跟隨武玉環先生攻讀博士學位期間，沿著先生的遼金元政治制度史的治學路徑，與師弟陳德洋先生一起探討，多有啓發。因此，選取了《金朝宰相制度研究》爲題，對有關問題展開學習和研究。從博士研究生入學算起，以至於今日，已有 8 年。延宕日久，庶事紛擾，進步遲緩，想起業師武玉環先生對學生的期盼，不覺汗顏。

　　作者學力有限，史料運用與理論分析的能力，均有所不足。如書中有點滴可取之處，皆是師友幫助的結果。業師武玉環先生提供了全面的指導，王德忠、趙永春、苗威、高福順、劉輝、李洪權、蔣金玲、陳德洋等諸位老師，以及張宏、王雷、呂洪偉、程嘉靜、孫赫、劉曉飛、王欣欣、王尙、陶莎、黃鵬、張靜、王凱、孫偉祥等諸位師弟師妹，或是提供富有價值的參考意見，或是惠賜相關資料，使作者獲益良多。對以上諸位先生的各種幫助，在此致以最誠摯的謝意。書中不精當之處，尙祈各位專家學者不吝賜教，以幫助作者進一步提高。